Java lernen in abgeschlossenen Lerneinheiten

Wie sage ich es meinem Freund dem Computer?

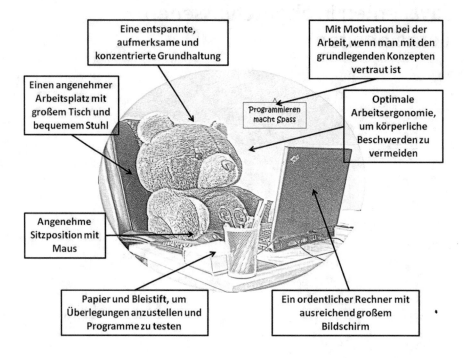

Eine entspannte, aufmerksame und konzentrierte Grundhaltung

Mit Motivation bei der Arbeit, wenn man mit den grundlegenden Konzepten vertraut ist

Einen angenehmer Arbeitsplatz mit großem Tisch und bequemem Stuhl

Programmieren macht Spass

Optimale Arbeitsergonomie, um körperliche Beschwerden zu vermeiden

Angenehme Sitzposition mit Maus

Papier und Bleistift, um Überlegungen anzustellen und Programme zu testen

Ein ordentlicher Rechner mit ausreichend großem Bildschirm

Sebastian Dörn

Java lernen in abgeschlossenen Lerneinheiten

Der Einstieg in die Programmierung mit vielen Beispielen

2. Auflage

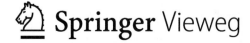 Springer Vieweg

Sebastian Dörn
Hochschulcampus Tuttlingen
Tuttlingen, Deutschland

ISBN 978-3-658-39914-6   ISBN 978-3-658-39915-3   (eBook)
https://doi.org/10.1007/978-3-658-39915-3

Die Deutsche Nationalbibliothek verzeichnet diese Publikation in der Deutschen Nationalbibliografie;
detaillierte bibliografische Daten sind im Internet über http://dnb.d-nb.de abrufbar.

Planung/Lektorat: Leonardo Milla
Springer Vieweg ist ein Imprint der eingetragenen Gesellschaft Springer Fachmedien Wiesbaden
GmbH und ist ein Teil von Springer Nature.
Die Anschrift der Gesellschaft ist: Abraham-Lincoln-Str. 46, 65189 Wiesbaden, Germany

Vorwort

Können Sie sich mit Ihrem Computer unterhalten, damit er Ihnen bei der Arbeit hilft? Wenn nicht, dann sprechen Sie nicht seine Sprache. Unser Freund der Computer versteht kein Deutsch, Englisch, Französisch oder Spanisch. Seine bevorzugten Sprachen sind Java, C, C++, Python, JavaScript, PHP, SQL oder R. Hunderttausende oder Millionen von Codezeilen steuern die Geräte, Maschinen oder Apps, die wir täglich verwenden.

Warum Programmieren lernen?
Die heutigen Arbeitsumgebungen sind durch eine starke Zunahme von programmierbaren Systemengeprägt, die nur durch Programmierkenntnisse effizient bedienbar sind. In der digitalen Welt wird es für viele Tätigkeitsfelder immer bedeutender sein, dass Menschen in der Lage sind, mit Maschinen zu kommunizieren. Um dem Computer seine Aufgaben mitzuteilen, müssen wir dessen spezifische Regeln lernen. Mit der digitalen Revolution entwickelt sich das Programmieren neben Lesen, Schreiben und Rechnen zu einer vierten Grundfertigkeit des Menschen. Eine qualifizierte Programmierausbildung ist für viele Mitarbeiter heute unerlässlich, um bei der Konzeption und Entwicklung von modernen Produkten und Dienstleistungen mitzuwirken. Die Kunst des Programmierens besteht im Erstellen einer Handlungsanweisung für eineMaschine, sodass diese eine spezielle Aufgabe ausführt. Die Kreativität besteht darin, für eine Maschine eine Handlungsanweisung für das Ausführen einer Aufgabe zu erstellen. Programmieren ist deutlich mehr als das Eintippen von einzelnen Codezeilen. Eine zentrale Aufgabe beim Programmierenist korrekten, sauberen und einfach gestalteten Programmcode abzuliefern. In gutem Code können Sie auftretende Fehler einfacher finden und schneller beseitigen. Änderungen in den Anforderungen der Software sind zügiger umsetzbar. Zusätzliche Komponenten und Module sind mit geringerem Aufwand zu integrieren. Verständlicher Code ist für neue Teammitglieder schneller zu begreifen und benötigt deutlich weniger Aufwand für die Dokumentation.

Für viele Wissensarbeiter gehört es heute zu einer Schlüsselqualifikation, gewisse sich oft wiederholendeAufgabenstellungen mit Hilfe von Computerprogrammen zu automatisieren. Das Ziel ei- ner jeden Software ist uns Menschen vom stumpfsinnigen Ausführen der immer gleichen Tätigkeit zu befreien. Viele verschwenden jedoch Stunden mit Tippen und Klicken in Office-Anwendungen, um immer die gleichen Routineaufgaben zu bearbeiten. In der Unternehmens-praxis gibt es dafür unzählige Beispiele: Zusammensuchen und Aufbereiten von Daten aus verschiedenen Quellen, Erstellen von Berichten mit Abbildungen und Tabellen, Eintragen von bereits vorhandenen Daten in ein anderes Computer-system oder das Versenden von vielen E-Mails mit vorformulierten Texten.

Viele Routineaufgaben in der Unternehmenspraxis sind extrem zeitauf-wendig und speziell, sodassdafür keine fertigen Softwareprodukte existieren. Alle Aufgaben sind zu abstrahieren, durch passende Algorithmen abzubilden und in Programmiercode zu gießen, um diese automatisch ausführbarzu machen. Meistens ist wenig Programmierarbeit notwendig, damit der Computer die not-wendigen Daten zusammensucht, sinnvolle Auswertungen erstellt und das ganze automatisch in einen Bericht überträgt. Auf diese Weise können Sie aufwendige Arbeitspläne oder Qualitätsberichte vollkommen automatisch erzeugen. Wenn sich die Datenbestände ändern, lassen sich diese Berichte per Knopfdruck aktualisieren.

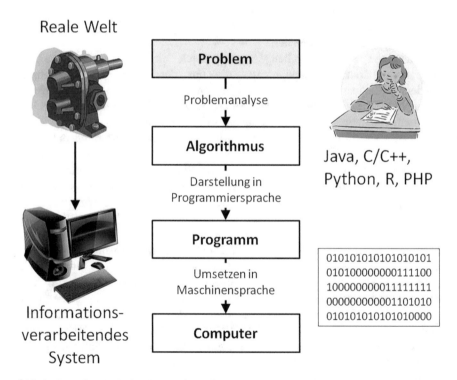

Abb. 1 Das Grundprinzip der Programmierung vom Problem über den Algorithmus zum Computerprogramm

Der Begriff der Künstliche Intelligenz ist heute in aller Munde. Die KI-Revolution ist im vollen Gange, sie läuft! Fast jede Woche sind neue Entwicklungen aus der Künstlichen Intelligenz in den Medien zu lesen. Die Aufgabe der KI ist einen Computer so zu programmieren, dass dieser eigenständig Probleme löst. Das maschinelle Lernenein zentrales Teilgebiet der KIverleiht Maschinen die Fähigkeit aus den vorhandenen Datenmengen zu lernen und zum selbstständigen Verbessern seiner Fähigkeiten. Die wertvollsten Firmen unseres Planeten sind zu großen Teilen reine Daten-Raffinerien, die den wertvollen Rohstoff Daten mit Algorithmen in Informationen und Wissen umwandeln. Sie gestalten ihr Angebot aus Produkten und Services allein auf Basis von Daten und deren Analyse. Die Analyse von Daten ist im Ingenieurwesen, in derNaturwissenschaft, in der Medizin oder in der Psychologie von herausragender Bedeutung. Und ohne Programmierer geht dabei gar nichts! Diese sind in jedem KI-Projekt zwingend notwendig, um die notwendigen Daten aus den isolierten Datenbanken automatisiert zusammenzutragen. Das Sammeln und Aufbereiten der Daten benötigt in der Regel 80 Prozent des gesamten Projektaufwandes.

Mehr Informationen zur Welt des Programmierens, zum Automatisieren der Wissensverarbei- tung, zu den Geheimnissen der Künstlichen Intelligenz und viele weitere spannende Aspekte zur Digitalisierung finden Sie in unseren Sachbuch *Digitale Intelligenz: Das Betriebssystem für Digitale Revolutionäre* im Springer-Verlag (2021).

Wie funktioniert Programmieren?
Das Grundprinzip der Programmierung ist in Abb. 1 dargestellt. Am Anfang steht im mer ein Problem, das mit Hilfe eines Computerprogramms zu lösen ist. Nach einer sorgsamen Problemanalyse ist ein Algorithmus für diese Aufgabenstellung zu entwerfen. Algorithmen sind geniale Ideen in Form von speziellen Handlungsanweisungen. Ein Computerprogramm ist die konkrete Umsetzung des Algorithmus in eine Programmiersprache. Das Programm besteht aus einer Reihe von Anweisungen, die dem Rechner vorgeben, was er zu tun hat.

Eine Programmiersprache ist eine Sprache zum Formulieren von Algorithmen und Datenstrukturen. Ähnlich einer natürlichen Sprache besitzen Programmiersprachen einen bestimmten Wortschatz (Schlüsselwörter) und eine Grammatik (Syntax), nach deren Regeln der Programmcode zu bilden ist. Die Sätze in einer Programmiersprache sind die syntaktisch korrekten Anweisungen. Das Ergebnis ist eine Software in Form eines Quellcodes in dieser Programmiersprache. Beim Erstellen eines Programmiercodes spricht man in der Informatik von der Implementierung. Für das Ausführen des Computerprogramms wird dieses durch einen Compiler automatisiert in die Maschinensprache des jeweiligen Rechners übersetzt.

Es gibt eine große Vielfalt von Programmiersprachen für die unterschiedlichsten Aufgaben: Entwurfvon Softwaresystemen und Apps, Auswerten von statistischen Datensätzen, Erzeugen von Steuerungsinformationen für Werkzeugmaschinen, Programmieren von Mikroprozessoren, Abfragen von Datenbanken, Erstellen von graphischen Benutzeroberflächen oder Internetseiten.

Warum Java lernen?

Die Programmiersprache Java ist heute eine der am meisten genutzten Programmiersprachen. Diese objektorientierte Programmiersprache ist eine eingetragene Marke des Unternehmens Oracle und eine weit verbreitete Entwicklungsplattform für das Erstellen von Software. In der objektorientierten Programmierung wird versucht, unsere reale Welt möglichst einfach durch interagierende Objekte in einer Programmiersprache abzubilden. Für Programmiereinsteiger ist die Sprache Java angenehm, da sie auf fehleranfällige Konzepte wie Zeiger verzichtet, und den noch sehr leistungsfähig ist.

Mit Java lassen sich plattformunabhängige Programme schreiben, die sich auf vielen verschiedenenComputersystemen ausführen lassen. Mit dieser Programmiersprache lässt sich eine große Anzahl von unterschiedlichen Softwareprojekten entwickeln, wie beispielsweise Anwendungspro- gramme, Computerspiele, Datenbankanwendungen oder Gerätesteuerungen. Viele Hersteller ent- wickeln eigene Java-Laufzeitumgebungen für ihre Plattform, sodass die Sprache Java auch in Autos, Hi-Fi-Anlagen und anderen elektronischen Geräten verwendet wird. Das Entwickeln von Apps für das Betriebssystem Android erfolgt ebenfalls mit Java. Die Grundlage für die große Verbreitung von Java bilden die umfangreichen Java-Klassenbibliotheken, die den Anwendern das Programmieren wesentlich vereinfachen.

Wie lernen Sie Programmieren?

Das Programmieren kann viel Spaß bereiten, wenn Sie sich mit den allgemeinen Prinzipien und der Syntax der jeweiligen Sprache auskennen. In vielen Programmiersprachen wie Java ist es möglich, bereits mit wenigen einfachen Mitteln sinnvolle Programme zu schreiben. Die Grundlagen der Programmierung mit ihren Grundkonzepten ändern sich nur sehr wenig.

Viele Bücher im Bereich der Programmiersprachen leiden unter dem „Semikolon-Syndrom", d. h. der Leser wird in die Grundlagen einer speziellen Programmiersprache eingeführt. Bei dieser Art der Einführung in das Programmieren beschäftigen Sie sich weniger mit den Konzepten des Programmierens, sondern mehr mit den Eigenschaften einer bestimmten Programmiersprache. Diese Syntaxeigenschaften werden dann oftmals bis ins letzte Detail behandelt, was Anfänger überfordert, da sie die zugehörigen Anwendungsbereiche noch nicht kennen. Dieses Buch hat das Ziel, Ihnen die Kunst des Programmierens mit der Sprache Java beizubringen.

Eine professionelle Qualifikation in Programmieren erlangen Sie nur durch permanentes Üben und Trainieren. Das richtige Programmieren erlernen Sie nicht in einer Woche oder einem Monat. Wie Sportler ihre Muskeln trainieren, trainieren Programmierer ihr logisches und abstraktes Denken. In der Regel benötigen Anfänger selbst nach einem Programmierkurs einen Monat für das Erstellen eines Programms, das ein erfahrener Entwickler an einem halben Tag schafft. Der Durchhaltewillen zahlt sich am Ende für Sie aus. Sie werden immer schneller in der Lage sein, für neue Aufgabenstellungen eigene Lösungen zu entwickeln.

Programmieren kann manchmal aber auch nervenaufreibend sein, und das nicht nur für Anfänger . Beim Programmieren treten häufig Fehler auf: Entweder das Programm wird gar nicht übersetzt, es stürzt ab oder es liefert die falschen Resultate. Je mehr Sie programmieren, desto besser trainieren Sie zentrale Kompetenzen: Problemlösungsfähigkeit, Konzentrationsfähigkeit, Frustrationstoleranz, selbstständiges Arbeiten, usw. Warum ist das so? Jeder Programmierer macht bei seiner Tätigkeit gewisse Fehler. Diese Fehler müssen Sie durch Programmtests herausfinden. Das dauert mitunter sehr lange. Sie entwickeln beim Programmieren eine hohe Frustrationstoleranz, um die Fehler aufzuspüren und diese zu beseitigen. Selbst Ihr Englisch können Sie beim Programmieren verbessern, da viele Dokumente in dieser Sprache vorliegen. Die Programmiersprache ist im Übrigen zweitrangig. Die oben beschriebenen Fähigkeiten erlernen Sie mit jeder Sprache. Natürlich macht es für die Motivation mehr Sinn, eine moderne Sprache aus zuwählen. Die meisten Grundkonzepte sind bis auf einige wenige Syntaxdetails in den meisten aktuellen Sprachen identisch.

Wie ist dieses Buch aufgebaut?

Dieses Buch über die Programmierung mit Java bringt Anfängern anhand einzelner abgeschlossenerLerneinheiten das Programmieren mit Java bei. Es zeigt den Entwurf von effizienten Daten- und Ablaufstrukturen, macht algorithmische Konzepte verständlicher und hilft so dabei, mit Java zu programmieren. Die zentralen Lernziele sind das Verstehen der Abstraktionskonzepte moderner Programmiersprachen und das Erlernen des logischen und algorithmischen Denkens. Mit diesem Wissen können Sie im Anschluss selbstständig eigene Computerprogramme implementieren, um damit praxisrelevante Aufgaben schnell und sicher zu bearbeiten.

Strukturierte Inhalte sorgen für einen maximalen Lernerfolg. Die einzelnen Kapitel dieses Buches sind nach einem einheitlichen Schema aufgebaut:

1. **Lernziele:** Kurze Beschreibung der Inhalte des Kapitels mit den zugehörigen Lernzielen.
2. **Konzept:** Vorstellen der syntaktischen Bestandteile und Programmiermethodiken mit zahlreichen Beispielen.
3. **Beispiele:** Ausführliche Beschreibung einiger ausgewählter Beispielprogramme zum Festigen der Lerninhalte.
4. **Zusammenfassung:** Zusammenfassung der vorgestellten Konzepte zum schnellen Überblick.
5. **Übungen:** Programmieraufgaben zum selbstständigen Entwickeln von Programmen.

Dieses einheitliche Schema soll Ihnen als Leser helfen, die ersten Schritte in die Welt des Programmierens zu setzen.

Programmieren ist nur dann erfolgreich, wenn Sie …

- **… die allgemeinen Prinzipien und die Syntax der jeweiligen Sprache kennen.**
  Das genaue Lesen und Verstehen der Konzepte sowie das Ausprobieren der vorgestellten Beispiele ist wichtig, um Programmieren richtig zu erlernen.
- **… wissen, dass Anfänger sehr lange für das Schreiben von Programmen benötigen.**
  Programmieranfänger sollten sich nicht entmutigen lassen, wenn sie am Anfang sehr lange brauchen, um ein Computerprogramm zu schreiben.
- **… selbstständig versuchen, Computerprogramme zu entwerfen und zu schreiben.**
  Das Programmieren lernen Sie nicht durch Lesen oder Zuschauen, sondern nur durch eigenständige Arbeit am Programmcode.
- **… Durchhaltewillen zeigen und nicht nach wenigen Minuten aufgeben.**
  Ein neuer Programmcode arbeitet in den seltensten Fällen sofort richtig, da meistens noch Fehler enthalten sind.
- **… alle Programme anhand von einigen Testbeispielen überprüfen.**
  Das Testen der Programme mit Hilfe von geeigneten Testbeispielen hat große Relevanz, um zuverlässigen Code zu erzeugen.
- **… wissen, dass die Fehlersuche manchmal sehr lange dauert.**
  Die Korrektur von Fehlern nimmt einen erheblichen Anteil der Entwicklungszeit in Anspruch, sodass auch erfahrene Programmierer teilweise lange nach einem Fehler suchen.

Die wertvollsten Unternehmen der Welt verdanken ihren wirtschaftlichen Erfolg ihren Softwareprodukten. Das Ziel einer jeden Software ist uns Menschen vom stumpfsinnigen Ausführen der immer gleichen Tätigkeit zu befreien. Alleine das Beseitigen von Medienbrüchen innerhalb unterschiedlicher Systeme kann dabei zu enormen Kosteneinsparungen führen. Im Zeitalter von selbstlernenden Robotern und intelligenter Software sind Programmierkenntnisse von herausragender Bedeutung, um das Potential dieser neuartigen Technologien zu erkennen, zu verstehen und umzusetzen. Wir können an Produkten der Zukunft nur mitarbeiten, wenn wir moderne Programmierwerkzeuge sicher beherrschen.

Weitere Informationen zum Thema finden Sie auf meiner Website:

https://sebastiandoern.de.

Zum Schluss sollten Sie eins beim Thema Programmieren nicht vergessen:

PROGRAMMIEREN MACHT SPASS!

Danksagung

Für wertvolle Hinweise und Verbesserungsvorschläge gilt mein Dank Martina Warmer, Werner Nörenberg, Mike Fornefett, Mike Van Doan, Sophia Feldmann, Sarah Leute und Jakob Christian Vogler.

Hinweise und Verbesserungsvorschläge sind sehr willkommen, per E-Mail an sebastian.doern@hs-furtwangen.de.

Tuttlingen   Sebastian Dörn
Oktober 2022

Inhaltsverzeichnis

Wie beginne ich mit dem Java-Programmieren? Erste Schritte in Java

1

Wir starten ohne große Vorrede mit der Installation der Entwicklungsumgebung Eclipse für die Programmiersprache Java. Eine Entwicklungsumgebung ist ein Anwendungsprogramm, das Sie als Programmierer beim Schreiben von Software unterstützt. Anschließend verwenden wir Eclipse zum Erstellen der ersten Java-Programme.

Unsere Lernziele

- Entwicklungsumgebung Eclipse installieren und bedienen.
- Erste Programme in Java erstellen.
- Grundsätze der Programmentwicklung verstehen.
- Fehlermeldungen verstehen und beheben.

Das Konzept

In Abb. 1.1 ist die Arbeitsweise der Programmierung mit Java dargestellt:

- **Integrierte Entwicklungsumgebung** ist ein Softwaretool zur Programmbearbeitung, Befehlsverarbeitung und Dokumentation in einer ansprechenden Benutzeroberfläche.Programmen, Bestandteile.
- **Quellcode** wird mit Hilfe einer integrierten Entwicklungsumgebung (z. B. Eclipse) in einem Texteditor erstellt und als *.java-Datei gespeichert.
- **Compiler** übersetzt den Quellcode in eine vom Computer lesbare Form aus Nullen und Einsen. In Java ist der Compiler ein Bestandteil des Entwicklungswerkzeugs JDK.

© Springer Fachmedien Wiesbaden GmbH, ein Teil von Springer Nature 2023
S. Dörn, *Java lernen in abgeschlossenen Lerneinheiten*,
https://doi.org/10.1007/978-3-658-39915-3_1

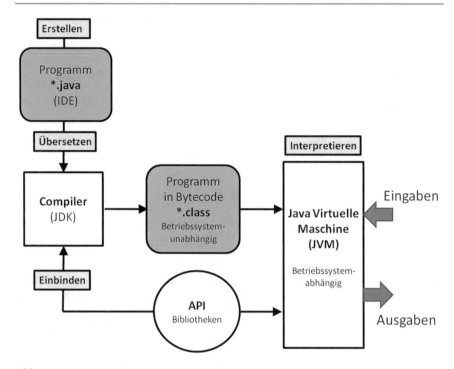

Abb. 1.1 Grundprinzip der Arbeitsweise von Java

- **Bytecode** ist das Ergebnis der Übersetzung des Quellcodes durch den Compiler in Form einer *.class-Datei. Dieser Bytecode ist unabhängig von der verwendeten Rechnerarchitektur.
- **Java Virtuelle Maschine** (JVM) ist eine betriebssystemabhängige Software zum Ausführen des Bytecodes. Rechnerplattform. Im Gegensatz zu vielen anderen Programmiersprachen wird der Code nicht direkt durch die Hardware ausgeführt.
- **API** ist eine Programmierschnittstelle (Application Programming Interface), die bereits vorhandenen Code in Bibliotheken bündelt. Jedes Java-Programm verwendet Code aus der Java-API zum Ausführen nützlicher Aufgaben (z. B. Ausgabe schreiben, Dateien einlesen).

Mit dem betriebssystemunabhängigen Java-Bytecode wird die Plattformunabhängigkeit und Internetfähigkeit von Java gewährleistet. Alle Java-Programme funktionieren ohne Änderungen auf jeder Rechnerarchitektur mit installierter Laufzeitumgebung. In anderen Programmiersprachen wie C/C++ ist das nicht der Fall, da hier der Quellcode direkt in Maschinencode übersetzt wird.

Installation der Entwicklungsumgebung
Für die Programmierung in Java benötigen Sie das Java Development Kit (JDK) und eine integrierte Entwicklungsumgebung (IDE). Das JDK enthält die Java-Laufzeitumgebung JRE mit Klassenbibliotheken, API-Beschreibungen und der Java

Virtual Machine (JVM) sowie diverse Entwicklungswerkzeuge zum Übersetzen, Ausführen und Testen von Java-Programmen. Als integrierte Entwicklungsumgebung verwenden wir in diesem Buch die weitverbreitete Toolplattform Eclipse. Die Software Eclipse unterstützt Sie beim Erstellen des Codes durch das farbige Hervorheben von Schlüsselbegriffen und dem sofortigen Anzeigen und Beheben von syntaktischen Fehlern.

Die Eclipse mit der intergrierten JDK können Sie sich für Ihr jeweiliges Betriebssystem kostenlos aus dem Internet herunterladen:

https://www.eclipse.org/downloads/

Erfahrungsgemäß ändert sich der Installationsablauf von Version zu Version. Wir verzichten daher auf eine detaillierte Anleitung und verweisen auf die Informationen der beiden Webseiten.

Bedienung der Entwicklungsumgebung
Nach der Installation der beiden Programmpakete können wir mit dem Programmieren beginnen. Hierzu legen Sie zunächst an einem sinnvollen Ort in Ihrem Dateisystem einen Ordner (z. B. Programmieren) für unsere Programmierpraktika an. Für das Erstellen eines Java-Programms führen Sie die folgenden Schritte durch:

1. Starten des Programms **Eclipse** durch Doppelklick auf das Programmsymbol.
2. Einstellen des **Workspace** (Arbeitsbereich) in einem gewünschten Ordner (z. B. Programmieren) im Dateisystem.
3. **Anlegen eines Projektordners:**
   (a) Auswahl in der Menüleiste **File** → **New** → **Java Project.**
   (b) Eingabe des **Project name:** Name des Projektes (z. B. Kapitel_1, Kapitel_2, usw.).
   (c) Klicken auf den Button **Finish.**
   (d) Schließen des Begrüßungsfensters.
4. **Hinzufügen einer neuen Klasse** (Textdatei für das Programm):
   (a) Öffnen der Projektmappe im **Package Explorer.**
   (b) Auswahl des Ordners **src** mit der rechten Maustaste.
   (c) Auswahl des Menüpunktes **New** → **Class.**
   (d) Eingabe eines beliebigen Namens, der gleichzeitig der Klassen- und Dateiname ist.
   (e) Setzen des Häkchens bei `public static void main()`.
   (f) Klicken auf den Button **Finish.**

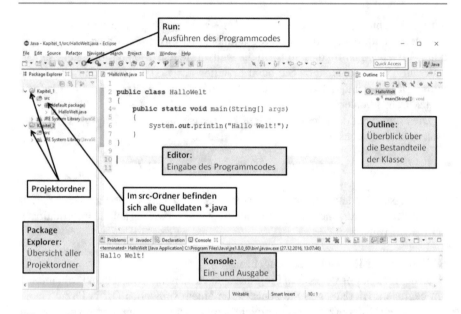

Abb. 1.2 Entwicklungsumgebung Eclipse mit den einzelnen Komponenten

In Abb. 1.2 ist die Programmoberfläche von Eclipse dargestellt:

- **Editor:** Im Editor wird der Code des Programms eingegeben.
- **Package Explorer:** Der Package Explorer zeigt eine Übersicht aller Projektordner im ausgewählten Arbeitsbereich an.
- **Konsole:** Auf der Konsole erfolgt die Ein- bzw. Ausgabe des Programms.
- **Outline:** Die Outline zeigt die Bestandteile in Form von Unterprogrammen des aktuellen Programms (Klasse) an.

Für eine bessere Übersicht schließen Sie alle Fenster, die zusätzlich geöffnet sind.

Erstellen des ersten Java-Programms

An dieser Stelle starten wir mit dem Programmieren in Java. Mit der obigen Anleitung haben Sie bereits einen Projektordner für dieses Kapitel mit dem Namen Kapitel_1 erstellt. Für eine bessere Übersicht ist es sehr empfehlenswert, für jedes Kapitel einen neuen Projektordner anzulegen.

Wir schreiben im Folgenden das einfachste Programm, das sogenannte „Hallo Welt"-Programm. Dazu erstellen Sie zunächst mit der obigen Anleitung eine Klasse mit dem Namen HalloWelt. Setzen Sie bei der Eingabe des Namens ein Häkchen bei `public static void main()`, um sich die händische Eingabe dieser Zeile zu sparen. Nach Ausführen dieser Schritte erhalten Sie das folgende Ergebnis im Editor:

```
1
2 public class HalloWelt {
3
4     public static void main(String[] args) {
5         // TODO Auto-generated method stub
6
7     }
8
9 }
```

Eine *Klasse* stellt einen Art von Rahmen für ein Java-Programm dar. Jede Klasse kann aus einer Vielzahl von Methoden bestehen. Eine *Methode* ist ein Unterprogramm mit einem Namen und einer Liste von Anweisungen. Eine *Anweisung* ist eine einzelne Vorschrift in der Syntax der Programmiersprache, die im Programm ausgeführt wird.

In diesem Fall enthält die Klasse `HalloWelt` eine einzige Methode mit dem Namen `main()`. Beachten Sie, dass der gewählte Name der Klasse gleichzeitig der Datei- und Klassenname ist. Der Klassenname ist das Wort hinter dem Schlüsselwort `class`. Ein *Schlüsselwort* ist ein reserviertes Wort der Programmiersprache mit einer bestimmten Bedeutung. In dem Programmeditor sehen Sie die unterschiedlichen Farben: lila für die Schlüsselwörter, grün für Kommentare, blau für die Ausgabezeichenkette und schwarz für den restlichen Programmtext.

Das Ausführen des Programms erfolgt durch Drücken auf Run in der Menüleiste bzw. durch Drücken auf den grünen Pfeil in der Symbolleiste. Mit diesem Programm erhalten wir noch keine Ausgabe auf der Konsole. Um eine Ausgabe „Hallo Welt!" auf der Konsole zu erzeugen, geben Sie die folgende Anweisung in die `main()`-Methode ein:

```
public static void main(String[] args)
{
System.out.println("Hallo Welt!");
}
```

▶ **TIPP** Bei der Eingabe des Befehls `System.out.println` zeigt Eclipse
   beim Eintippen des Punktes automatisch passende Befehlszeile mit einer
   Erklärung an. Diese Codevervollständigung können Sie auch durch das
   Tastenkürzel Strg + Leertaste aufrufen. Eine Schnellformatierung mit Einrücken des Programmtextes ist mit Strg + Shift + F durchführbar.

Ordnen Sie zur besseren Übersicht die Klammern untereinander und kommentieren Sie das Programm mit einem Kommentar, der durch den Befehl `//` eingeleitet wird. Wenn Sie das Programm jetzt ausführen, erscheint auf der Konsole die Ausgabe `Hallo Welt!`. Sie bekommen eine Fehlermeldung auf der Konsole, wenn Sie die Groß- und Kleinschreibung nicht beachten, ein Zeichen vergessen oder falsch schreiben.

```
 1  // Hallo Welt-Programm
 2
 3  public class HalloWelt
 4  {
 5      public static void main(String[] args)
 6      {
 7          System.out.println("Hallo Welt!");
 8      }
 9  }
10
```

Ausgabe

```
Hallo Welt!
```

Allgemeine Erklärung

- Zeile 1: Kommentar zur Dokumentation des Programmcodes. Ein zeilenweiser Kommentar beginnt mit den zwei Strichen //.
- Zeile 2: Leerzeilen haben keine spezielle Bedeutung und werden dazu benutzt, ein Programm optisch zu gliedern.
- Zeile 3: Ein Java-Programm besteht aus einer Klasse, die mit dem Schlüsselwort public class eingeleitet wird. Der Name der Klasse muss exakt mit dem Dateinamen (Endung *.java) übereinstimmen. In einer Java-Textdatei sind beliebig viele Klassen definierbar, nur eine darf public sein.
- Zeile 4, 6, 8, 9: Der Inhalt einer jeden Klasse oder Methode steht immer in geschweiften Klammern. Mit diesen Klammern wird ein zusammenhängender Block definiert.
- Zeile 5: Ein Java-Programm beginnt mit dem Ausführen der Methode main(). Wenn die Methode main() fehlt, startet das Programm nicht. Zwischen den geschweiften Klammern stehen die Anweisungen der Methode. Die Schlüssel-wörter public, static und void spezifizieren bestimmte Eigenschaften der Methode main(). Der gesamte Kopfteil der Methode main(), die sogenannte Signatur, ist fest vorgegeben. Die Methode ist öffentlich (public), wird direkt über die Klasse aufgerufen (static), liefert kein Ergebnis zurück (void) und erwartet als Parameter ein Feld von Zeichenketten (String[] args).
- Zeile 7: Die Anweisung System.out.println() erzeugt eine Bildschirmausgabe auf der Konsole. In Java werden Zeichenketten in doppelte Anführungszeichen gesetzt ("..."). Alle Anweisungen sind mit einem Semikolon (;) abzuschließen.

▶   **TIPP** In Eclipse können Sie unter anderem die folgenden Einstellungen vornehmen:

- **Schriftgröße Programm ändern:** Window → Preferences → General → Appearance → Colors and Fonts → Java → Java Editor Text Font
- **Schriftgröße Konsole ändern:** Window → Preferences → General → Appearance → Colors and Fonts → Basic → Text Font
- **Zeilennummer einblenden:** Window → Preferences → General → Editors → Text Editors → Show line numbers
- **Rechtschreibkontrolle einstellen:** Window → Preferences → General → Editors → Text Editors → Spelling
- **Package Explorer einblenden:** Window → Show View → Package Explorer
- **Konsole einblenden:** Window → Show View → Console
- **Explorer öffnen:** Maustaste Projektordner markieren → Show In → System Explorer
- **Klassennamen ändern:** Markieren der Klasse → Rechte Maustaste drücken → Refactor → Rename.
- **Klammern untereinander anordnen:** Window → Preferences → Java → Code Style → Formatter → New → Edit.
- **Abbruch des Programms:** Roter Button (x) über der Konsole drücken.

Grundsätze zur Programmentwicklung

Eine zentrale Aufgabe beim Programmieren ist einen korrekten, übersichtlichen und einfach gestalteten Programmcode abzuliefern. Dafür gibt es in der Praxis zahlreiche Gründe:

- **Schnellere Fehlerkorrektur:** Auftretende Fehler sind einfacher zu finden und können schneller beseitigt werden.
- **Einfachere Anpassungen:** Änderungen in den Anforderungen der Software sind zügiger im Code umsetzbar.
- **Bessere Erweiterungsfähigkeit:** Zusätzliche Komponenten und Module sind mit geringerem Aufwand zu integrieren.
- **Höhere Qualität:** Anpassungen im Code führen an anderen Stellen zu deutlich weniger Folgefehlern.
- **Verbesserte Teamarbeit:** Code ist für neue Teammitglieder schneller zu verstehen und anpassbar.
- **Geringerer Dokumentationsbedarf:** Verständlicher Code benötigt weniger Aufwand für die Dokumentation des Projektes.
- **Höhere Produktivität:** Strukturierter Code führt zu geringeren Entwicklungszeiten und niedrigeren Kosten.

In diesem Buch stellen wir für jedes neue Programmierkonzept wichtige Hinweise zum Gestalten des Programmcodes vor (siehe Anhang A5). Beachten Sie unbedingt diese Hinweise und Anregungen zum Erlernen eines guten Programmierstils. Die allgemeinen Grundsätze für die äußere Form eines Programmcodes sind die Folgenden:

- Beginn eines Programms immer ganz links.
- In jeder Zeile steht nur eine Anweisung.
- Strukturblöcke werden nach rechts mit der Tab-Taste einrücken.
- Geschweifte Klammern untereinander schreiben.
- Leerzeilen zum besseren Strukturieren des Codes einfügen.
- Leerstellen in Anweisungen zur besseren Lesbarkeit verwenden.
- Kurze Kommentare zur Dokumentation des Programms einfügen.

Mit Fehlermeldungen umgehen

Wenn Sie in einem Programm eine Anweisung falsch schreiben, ein Zeichen vergessen oder die Groß- und Kleinschreibung nicht beachten, erhalten Sie vom Compiler eine Fehlermeldung:

```
1  // Hallo Welt-Programm
2
3  public class HalloWelt
4  {
5      public static void main(String[] args)
6      {
7          System.out.println("Hallo Welt!")
8      }
9  }
10
11
12
```

```
Problems  @ Javadoc  Declaration  Console
<terminated> HalloWelt [Java Application] C:\Program Files\Java\jre1.8.0_60\bin\javaw.exe (25.10.2017, 07:58:11)
Exception in thread "main" java.lang.Error: Unresolved compilation problem:
        Syntax error, insert ";" to complete BlockStatements

        at HalloWelt.main(HalloWelt.java:7)
```

```
                        Writable      Smart Insert    10 : 1
```

In diesem Beispiel fehlt das Semikolon am Ende der Anweisung `System.out.println()`.

▶ **TIPP** Wenn Sie ein Programm schreiben, testen Sie unmittelbar alle Anweisungen auf ihre Korrektheit. Führen Sie dazu das Programm aus und schauen Sie sich die Ergebnisse in Ruhe an. Damit lassen sich eventuelle Probleme schneller lokalisieren und beseitigen. Erweitern Sie anschließend das Programm mit weiterem Code, den sie ebenfalls wieder testen.

Wir unterscheiden beim Programmieren die folgenden drei Kategorien von Fehlern:

- *Syntaxfehler* sind Fehler im formalen Aufbau bzw. ein „Rechtschreibfehler" in Schlüsselwörtern und Namen. Diese Fehler erkennt der Compiler während des Übersetzens und das Programm wird nicht kompiliert. Der Compiler gibt dazu eine Fehlermeldung, die Fehlerposition und einen erklärenden Text aus.
- *Laufzeitfehler* entstehen in einem syntaktisch korrekten Programm, das während der Ausführung mit einer Fehlermeldung abbricht. Diese Fehler hängen von den aktuell bearbeiteten Daten ab. Häufig treten diese Fehler beim ersten Testlauf auf. Oftmals arbeitet ein Programm viele Male richtig und bricht nur bei einer bestimmten Datenkombination mit einem Laufzeitfehler ab.
- *Logikfehler* entstehen bei einem Programm, das ohne jegliche Fehlermeldungen läuft, aber falsche Ergebnisse liefert. Logische Fehler sind wie Meerjungfrauen – nur weil sie noch keiner gesehen hat, bedeutet das nicht, dass es keine gibt. Die Logikfehler sind erkennbar, wenn zu bestimmten Testeingaben die zugehörigen Ergebnisse bekannt sind. Logische Fehler entstehen durch Tippfehler oder durch Fehler in der Programmlogik.

Im Anhang A6 finden Sie eine Zusammenstellung von Hinweisen zur Behandlung von Fehlern.

▶   **TIPP** Fehlermeldungen in Programmen gehören zum Alltag eines jeden Programmierers. Zeigen Sie mit dem Mauszeiger auf die gezackten Unterstreichungen, worauf Sie eine kurze Erläuterung des Fehlers erhalten. In vielen Fällen können diese Syntaxfehler relativ einfach behoben werden. Lesen Sie sich dazu die Fehlermeldung auf der Konsole durch. Falls Sie eine Fehlermeldung bekommen, die Sie nicht verstehen, suchen Sie im Internet nach einer Erklärung. Geben Sie dazu den Fehlertext in eine Suchmaschine ein. Sie erhalten dann eine Vielzahl von Links, welche diese Fehlermeldung genau erklären.

▶   **ACHTUNG** In manchen Fällen bietet Eclipse einen sogenannten Quickfix zum Beheben von Syntaxfehlern an:

```
  *HalloWelt.java
 1  // Hallo Welt-Programm
 2
 3  public class HalloWelt
 4  {
 5      public static void main(String[] args);
 6      {
 7          System.out.println("Hallo We   This method requires a body instead of a semicolon
 8      }                                  2 quick fixes available:
 9  }                                        Add body
10                                           Change 'HalloWelt.main' to 'abstract'
11                                                                 Press 'F2' for focus
```

In vielen Fällen ist einer dieser Vorschläge hilfreich. Vermeiden Sie unbedingt Spontanreaktionen durch willkürliches Klicken auf einen Vorschlag, denn dann vergrößert sich oftmals Ihr Problem. Versuchen Sie daher die einzelnen Vorschläge zu verstehen, bevor sie einen auswählen. In dem obigen Fall darf das Semikolon hinter der `main`-Methode nicht stehen. Keiner der beiden Vorschläge des Quickfix ist hier sinnvoll.

Ein Beispiel für einen Laufzeitfehler liefert das folgende Programm:

```
// Hallo Welt-Programm

public class HalloWelt
{
    public static void Main(String[] args)
    {
        System.out.println("Hallo Welt!");
    }
}
```

```
<terminated> HalloWelt (1) [Java Application] C:\Program Files\Java\jre1.8.0_60\bin\javaw.exe (02.08.2018, 15:49:36)
Fehler: Hauptmethode in Klasse HalloWelt nicht gefunden. Definieren Sie die Hauptmethode als:
   public static void main(String[] args):
oder eine JavaFX-Anwendung muss javafx.application.Application erweitern
```

In diesem Fall ist der Name der `main`-Methode großgeschrieben. Damit haben wir eine neue Methode mit dem Namen `Main` erzeugt. Die eigentliche `main`-Methode ist damit nicht vorhanden. Das Programm ist nicht vollständig ausführbar.

▶   **ACHTUNG** Bei der Arbeit mit Eclipse kann es passieren, dass Sie beim Ausführen des Programms eine seltsame Fehlermeldung auf der Konsole vorfinden (z. B. Hauptmethode nicht gefunden). Markieren Sie die auszuführende Klasse im Package Explorer und drücken Sie die linke Maustaste. Wählen Sie im Menüpunkt RunAs den Unterpunkt Java-Application.

Die Beispiele

Beispiel 1.1 (Ausgabe von Informationen) Wir geben statt einmal „Hallo Welt" genau dreimal diese Ausgabe auf der Konsole aus.

```
1  // Hallo Welt-Programm
2
3  public class HalloWelt
4  {
5      public static void main(String[] args)
6      {
7          System.out.println("Hallo Welt!");
8          System.out.println("Hallo Welt!");
9          System.out.println("Hallo Welt!");
10     }
11 }
```

Ausgabe
```
Hallo Welt!
Hallo Welt!
Hallo Welt!
```

Die Zusammenfassung

1. Eine *Programmiersprache* ist eine Sprache mit einer festen Syntax, die nur den Einsatz spezieller Kombinationen ausgewählter Symbole und Schlüsselwörter erlaubt. Die *Schlüsselwörter* sind die „Vokabeln" der Sprache mit einer fest vorgegebenen Bedeutung, die nicht für andere Zwecke (z. B. als Namen) verwendbar sind. Die Syntax einer Programmiersprache umfasst Möglichkeiten zur Definition verschiedener Datenstrukturen (Beschreiben von Daten), Kontrollstrukturen (Steuern des Programmablaufs) und Anweisungen.

2. Eine *Klasse* stellt eine Art Rahmen für ein Java-Programm dar. Jede Klasse kann aus einer Vielzahl von *Methoden* in Form von Unterprogrammen bestehen.

3. Eine *Anweisung* ist eine einzelne Vorschrift (z. B. System.out.println()) in der Syntax der Programmiersprache. Bis auf wenige Ausnahmen sind Anweisungen mit einem Semikolon (;) abzuschließen.

4. Ein *Kommentar* ist ein Text im Quellcode, der vom Compiler ignoriert wird. In Java existieren die folgenden Möglichkeiten für Kommentare:

   - Einzeilige Kommentare beginnen mit // und enden am Ende der aktuellen Zeile.
   - Mehrzeilige Kommentare beginnen mit /*, enden mit */ und können über mehrere Zeilen gehen.
   - Dokumentationskommentare beginnen mit /**, enden mit */ und können sich über mehrere Zeilen erstrecken. Das JDK-Tool javadoc erzeugt aus diesen Kommentaren eine Dokumentation im html-Format.

   Für das bessere Verständnis des Programms ist der Quellcode zu kommentieren.

5. Beim Programmieren können drei Fehlerarten auftreten: Syntaxfehler (Programm startet nicht), Laufzeitfehler (Programm stürzt ab) oder Logikfehler (Programm liefert falsche Resultate).

Die Übungen

Aufgabe 1.1 (Allgemeine Syntaxanweisungen) Überprüfen Sie, ob das obige Programm „Hallo Welt" noch funktioniert, wenn Sie die nachfolgenden Änderungen durchführen. Lesen Sie sich ggf. die Fehlermeldungen genau durch und notieren Sie sich die wesentlichen Aussagen.

a) `String[] args` ⇒ `String[] arg`

b) `String[] args` ⇒ `Strings[] args`

c) `public static void main` ⇒ `static void main`

d) `public static void main` ⇒ `public void main`

e) `public static void main` ⇒ `public static main`

f) `public static void main` ⇒ `public static void mainNEU`

g) `public class HalloWelt` ⇒ `class HalloWelt`

h) `public class HalloWelt` ⇒ `public class Hallo1`

i) `System.out.println("Hallo!");` ⇒ `System.out.println ("Hallo Welt!")`

j) `System.out.println("Hallo!");` ⇒ `System.out.println(Hallo Welt!);`

k) `System.out.println("Hallo!");` ⇒ `System.println("Hallo Welt!");`

Aufgabe 1.2 (Allgemeine Klammerstruktur) Beantworten Sie die folgenden Fragen:

a) Was passiert, wenn Sie die runden Klammern durch geschweifte Klammern ersetzen?

b) Was passiert, wenn Sie die geschweiften Klammern durch runde Klammern ersetzen?

c) Was passiert, wenn Sie Leerzeilen einfügen?

Aufgabe 1.3 (Ausgabe von Informationen) Erstellen Sie ein neues Programm `HalloProgrammierer`, sodass auf dem Bildschirm die folgende Ausgabe erscheint:

```
Hallo Programmierer!
Programmieren mit
Java ist toll.
```

Wie erstelle ich Anweisungen? Variablen, Ausdrücke und Operatoren

In unserem „HalloWelt"-Programm haben wir bisher nur eine einfache Ausgabe erstellt. Eine der wichtigsten Aufgaben beim Programmieren ist das Ausführen von Rechenvorschriften. Dazu benötigen wir Variablen für die Ein- und Ausgabewerte. Diese Werte können dabei von ganz unterschiedlichen Typen sein: z. B. ganze Zahlen, Dezimalzahlen oder Zeichenketten. Mit Werten sind wir in der Lage mit mathematischen Operatoren (z. B. Grundrechenarten, Potenzieren oder Wurzelziehen) zu rechnen.

Unsere Lernziele

- Definition von Variablen erlernen.
- Einfache Datentypen in Java kennenlernen.
- Ausdrücke mit Operatoren formulieren.
- Mathematische Berechnungen fehlerfrei umsetzen.

Das Konzept

Definition von Variablen

Die Definition einer Variablen in Java besteht aus zwei Schritten. Der erste Schritt ist die Deklaration der Variablen durch Verbinden des Variablennamens mit einem Datentyp. Eine ganzzahlige Variable `zahl1` vom Datentyp `int` und eine Dezimalzahl `zahl2` vom Datentyp `double` wird wie folgt in der `main`-Methode deklariert:

```
int zahl1;
double zahl2;
```

© Springer Fachmedien Wiesbaden GmbH, ein Teil von Springer Nature 2023
S. Dörn, *Java lernen in abgeschlossenen Lerneinheiten*,
https://doi.org/10.1007/978-3-658-39915-3_2

Der Variablenname ist eine Folge von Buchstaben, Ziffern und Symbolen, wobei das erste Zeichen keine Ziffer sein darf. Beispiele für Namen sind a, zahl oder nummer_1. Verwenden Sie stets aussagekräftige Namen, die mit einem Kleinbuchstaben beginnen. In Java wird zwischen der Groß- und Kleinschreibung unterschieden, d. h. a und A sind unterschiedliche Namen.

Der Wert selbst wird bei der Deklaration nicht festgelegt. Vom selben Datentyp können Sie mehrere Variable – getrennt durch Kommas – in einer einzigen Zeile deklarieren:

```
int a, b, c;
```

▶   **ACHTUNG** Vergessen Sie am Ende jeder Anweisung nicht das Semikolon. Jede Variable darf nur einmal deklariert werden. In beiden Fällen erhalten Sie ansonsten eine Fehlermeldung.

Der zweite Schritt ist das Initialisieren durch Zuweisen eines Wertes zu einer Variablen. Die Zuweisung wird mit Hilfe des Zuweisungsoperators des Gleichheitszeichens = durchgeführt:

```
zahl1 = 106;
zahl2 = 134.5;
```

Beachten Sie bei Dezimalzahlen den Punkt als Trennzeichen. Sie können eine Dezimalzahl mit dem Symbol e als Zehnerpotenz schreiben, z. B. 1.82e3 für die Zahl 1820.0. Die Deklaration und das Initialisieren einer Variablen kann auch in einem Schritt erfolgen:

```
int zahl3 = 29;
double zahl4 = 308.902;
```

Die Werte der einzelnen Variablen sind im Laufe des Programms beliebig oft abänderbar, z. B.

```
zahl3 = 23;
zahl4 = 235.9;
```

Die ursprünglichen Werte der Variablen werden damit überschrieben.

Ausführen von Rechenvorschriften
Das Ausführen von Rechenvorschriften erfolgt mit Hilfe von Ausdrücken durch mathematische Operatoren. In einem *Ausdruck* steht auf der rechten Seite eine Zuweisung des zu berechnenden Wertes und auf der linken Seite der Name der Variablen:

```
double zahl = zahl2 + zahl4;    // zahl = 370.4
```

Der Wert des Ausdrucks auf der rechten Seite wird in den Speicherplatz der Variablen zahl kopiert. Ein Ausdruck der Form 20 = zahl1; liefert einen Syntaxfehler, da auf der linken Seite kein Variablenname steht. In Ausdrücken können Sie verschiedene Datentypen mischen. Beispielsweise können Sie einen double-Wert durch einen int-Wert teilen, der dann ein double-Ergebnis zurückliefert:

```
int a = 3;
double b = 12.3 / a;    // b = 4.1
```

Beispiel 2.1 (Grundrechenarten) Im folgenden Programm definieren wir zwei ganzzahlige Variablen zum Berechnen und zur Ausgabe der Summe und der Differenz zweier gegebener Werte auf der Konsole. Beachten Sie, dass alle diese Anweisungen in die main-Methode zu schreiben sind:

```
 1  public class Grundrechenarten
 2  {
 3      public static void main(String[] args)
 4      {
 5          // ------------ Eingabe ------------
 6          int zahl1 = 215;
 7          int zahl2 = 34;
 8
 9          // ------------ Berechnung ------------
10          int summe    = zahl1 + zahl2;
11          int differenz = zahl1 - zahl2;
12
13          // ------------ Ausgabe ------------
14          System.out.println("Summe: " + summe);
15          System.out.println("Differenz: " + differenz);
16      }
17  }
```

Ausgabe
```
Summe: 249
Differenz: 181
```

Allgemeine Erklärung

- Zeile 6–7: Definition der Eingabewerte mit einem aussagekräftigen Kommentar.

- Zeile 10–11: Berechnen der Summe und der Differenz mit Hilfe der beiden ganzzahligen Variablen summe und differenz.

- Zeile 14–15: Ausgabe der berechneten Größen summe und differenz mit dem Ausgabebefehl System.out.println() mit einer aussagekräftigen Bezeichnung. Der Operator + verknüpft den Ausgabetext mit der zugehörigen Variablen und wandelt diesen automatisch in eine Zeichenkette um.

▶ **ACHTUNG** Beachten Sie die übliche Punkt- vor Strichrechnung und
   die korrekte Klammerung von Ausdrücken. Eine typische Fehlerquelle
   ist beispielsweise das Berechnen von $\frac{a}{2b}$ durch den falschen Ausdruck
   `a / 2 * b`, anstatt mit Klammern `a / (2 * b)`. Der Ausdruck `NaN`
   steht für einen undefinierten oder nicht darstellbaren Wert, der beispielsweise bei der Division durch 0 auftritt.

Übung 2.1 Erweitern Sie das Programm `Grundrechenarten` mit der Multiplikation und Division. Verändern Sie anschließend das Programm zum Verarbeiten
von Dezimalzahlen.

▶ **TIPP** Spezielle mathematische Berechnungen, für die kein Operator
   zur Verfügung steht, erledigt die Klasse `java.lang.Math`. Beispiele
   sind mathematische Funktionen (z. B. Betragsfunktion, Wurzelfunktion,
   Potenzfunktion, Logarithmus, Winkelfunktion), Konstanten (z. B. Eulersche
   Zahl e, Kreiszahl π), das Runden oder das Bestimmen des Maximums und
   Minimums zweier Zahlen (siehe Anhang A2). Für das Verwenden der Operationen ist der Klassenname `Math` mit dem Punktoperator und dem
   zugehörigen Methodennamen zu benutzen, z. B.

```
double c = Math.sqrt(Math.pow(a, 2) + Math.pow(b,
2));
```

   In diesem Fall wird die Wurzel aus der Summe der beiden Quadratzahlen
   a und b gezogen: $c = \sqrt{a^2 + b^2}$.

Einfache Datentypen
Ein einfacher bzw. primitiver Datentyp legt die Darstellung der Variablen im Speicher
fest. In Java existieren die folgenden einfachen Datentypen:

1. **Ganzzahltypen:**

   - `byte` – für sehr kleine ganzzahlige Werte von -128 bis 127(1 Byte)
   - `short` – für kleine ganzzahlige Werte von $-32\,768$ bis $+32\,767$ (2 Byte)
   - `int` – als Standardtyp für ganzzahlige Werte von -2^{31} bis $+2^{31} - 1$ (4 Byte)
   - `long` – für große ganzzahlige Werte von -2^{63} bis $+2^{63} - 1$ (8 Byte)

2. **Gleitkommazahlen bzw. Dezimaltypen:**

   - `float` – für 6–7 Stellen Genauigkeit von $-3.4 \cdot 10^{38}$ bis $+3.4 \cdot 10^{38}$ (4 Byte)
   - `double` – für 15–16 Stellen Genauigkeit von $-1.7 \cdot 10^{308}$ bis $+1.7 \cdot 10^{308}$ (8 Byte)

3. **Zeichen und Wahrheitswerte:**

   - `char` – für Schriftzeichen (1 Byte)
   - `boolean` – Wahrheitswerte (`true` und `false`)

Abb. 2.1 Aufbau des Datentyps `byte` in Form eines Zahlenkreises

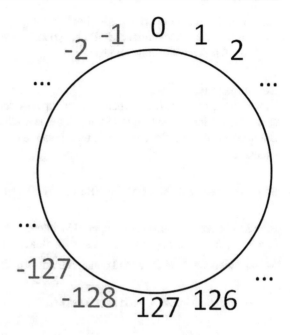

Einen Datentyp können Sie sich durch eine Uhr mit einem Zahlenkreis vom kleinsten bis zum größten darstellbaren Element vorstellen. Eine Variable darf nur Werte aus ihrem Wertebereich annehmen, da es ansonsten zu einem sogenannten Zahlenüberlauf kommt. Nehmen wir an, dass der Wert einer Variablen das größte darstellbare Element des jeweiligen Datentyps ist. Wenn wir zu dieser Zahl den Wert 1 addieren, erhalten wir eine negative Zahl, nämlich das kleinste Element des Datentyps. Der Zahlenüberlauf wird in Java nicht durch einen Fehler oder eine Warnung angezeigt.

Übung 2.2 In Abb. 2.1 ist der Datentyp `byte` durch einen Zahlenkreis gekennzeichnet. Im Wertebereich von -128 bis 127 kann ganz normal addiert werden, z. B.

$$10 + 34 = 44, \ 30 - 60 = -30, \ 100 + 27 = 127, \ \dots$$

Ein Zahlenüberlauf findet statt, wenn zu einer `byte` Zahl eine andere `byte` Zahl addiert wird, deren Summe größer als 127 ist:

$$127 + 1 \overset{\text{byte}}{\to} -128 + 0 = -128$$

$$127 + 2 \overset{\text{byte}}{\to} -128 + 1 = -127$$

$$127 + 23 \overset{\text{byte}}{\to} -128 + 22 = -106.$$

Probieren Sie den Zahlenüberlauf aus, indem Sie die angegebenen Rechnungen in ein Programm schreiben und die Ergebnisse auf der Konsole ausgeben.

▶ **TIPP** Für den Entwurf von speichereffizienten Programmen ist es ratsam, immer den kleinstmöglichen Datentyp zu verwenden, der den benötigten Bereich vollständig abdeckt.

Zeichenketten

Neben den einfachen Datentypen existiert in Java der Datentyp `String` für Zeichenketten. Eine Zeichenkette (String) ist eine endliche Folge von Zeichen (z. B. Buchstaben, Ziffern, Sonderzeichen und Steuerzeichen) aus einem definierten Zeichensatz:

```
String zeichenkette1 = "Hallo Welt";
```

Eine Zeichenkette ist in Java in doppelte Hochkommas zu setzen. Die Ausgabe erfolgt durch `System.out.println(zeichenkette1)`.

Verschiedene Zeichenketten können Sie mit dem Operator + verketten:

```
String zeichenkette2 = "Hallo"+ "Welt";   // zeichenkette2 = "HalloWelt"
```

Mit dem Operator + sind auch Zahlen mit Zeichenketten verknüpfbar:

```
int zahl1 = 1;
String zeichenkette3 = "Hallo Nr."+ zahl1;   // zeichenkette3 = "Hallo Nr.1"
```

Die Anzahl der Elemente in einer Zeichenkette `zeichenkette3` erhalten Sie mit `zeichenkette3.length()`. Das Ergebnis ist ein Wert vom Typ `int`:

```
int anzahl = zeichenkette3.length(); // anzahl = 11
```

Die Klasse String enthält eine ganze Reihe von Methoden zur Manipulation von Zeichenketten (siehe Anhang A2). Sie wenden alle diese Methoden an, indem Sie wie in dem obigen Beispiel `zeichenkette3.length()` den Stringname (hier `zeichenkette3`) gefolgt vom Punktoperator . und den gewünschten Methodennamen (hier `length()`) hinschreiben. Den Rückgabewert der Methode speichern Sie in einer Variablen vom angegebenen Typ.

▶ **ACHTUNG** Viele Programme enthalten Codezeilen, die feste Zahlengrößen miteinander verrechnen. Diese Werte können sich im Laufe der Zeit durch neue Anforderungen verändern. Legen Sie unbedingt für jeden Wert in einem Programm eine eigene Variable an. Damit verschwenden Sie später keine Zeit zum Suchen und Auswechseln der Werte. Mehrfach verwendete Werte sind außerdem schwer zu finden, sodass vergessene

Änderungen den Programmcode fehlerhaft machen. Definieren Sie die notwendigen Variablen eng bei dem Ort der ersten Nutzung.

Typumwandlung

Als Typumwandlung wird das Umwandeln eines Datentyps in einen anderen bezeichnet. Eine implizite Typumwandlung erfolgt ohne Informationsverlust automatisch durch den Compiler. In diesem Fall besitzt der Zieldatentyp einen gleichen oder größeren Wertebereich als der Ausgangsdatentyp. Beispielsweise erfolgt eine implizite Typumwandlung beim Umwandeln des Datentyps int in den Datentyp double:

```
int a = 45;
double b = a; // b = 45.0
```

Beim Verknüpfen zweier unterschiedlich großer Datentypen (z. B. Addition, Multiplikation) wird automatisch in den Datentyp mit dem größeren Wertebereich umgewandelt.

Eine explizite Typumwandlung ist im Programmcode ausdrücklich hinzuschreiben. In diesem Fall wird der Name des gewünschten Typs geklammert vor den zu konvertierenden Ausdruck gestellt. Eine explizite Typumwandlung erfolgt beispielsweise beim Umwandeln des Datentyps double in den Datentyp int:

```
double a = 2.0;
int b = (int) a; // b = 2
```

▶ **ACHTUNG** Das Fehlen der expliziten Angabe der Typumwandlung führt zu einer Fehlermeldung. Wenn Sie in Eclipse mit der Maus auf die zugehörige Variable zeigen, erscheint automatisch ein Vorschlag für eine passende Konvertierung. Beim Rechnen mit byte und short-Zahlen muss eine explizite Typumwandlung stattfinden, ansonsten erscheint die Fehlermeldung

`Type mismatch: cannot convert from int to byte`, z. B.

```
byte a = 10;
byte b = 12;
byte c = (byte) (a + b);
```

Eine char-Variable speichert genau ein Zeichen. Die Werte des Datentyps char speichert Java intern als ganzzahlige Werte über die ASCII-Tabelle (eine 7-Bit-Zeichenkodierung):

```
char zeichen = 'A';
```

Beachten Sie, dass `char`-Zeichen in einfache Hochkommas und `String` in doppelte Hochkommas zu setzen sind. Den zugehörigen ganzzahligen Wert einer `char`-Variablen erhalten wir mit einer expliziten Typumwandlung:

```
int wert = (int) zeichen; // wert = 65
```

Übung 2.3 Probieren Sie das Prinzip der Typumwandlung an ein paar Variablen mit unterschiedlichen Datentypen aus. Geben Sie die erhaltenen Resultate auf der Konsole aus.

▶   **ACHTUNG** Beim Programmieren können beim falschen Einsatz von Datentypen heimtückische Fehler auftreten. Diese Fehler sind mitunter schwer zu finden:

1. **Zahlenüberlauf:** Berechnen von Werten außerhalb des Wertebereiches des Datentyps
   ```
   int a = 1000000;
   long b = 1000000;
   System.out.println(a*a);
   System.out.println(a * b);
   ```
   Bei der ersten Multiplikation erhalten wir ein falsches Ergebnis von -727379968 durch einen Zahlenüberlauf. Bei der zweiten Multiplikation erfolgt eine implizite Typumwandlung in den größeren Datentyp `long` mit dem korrekten Ergebnis 1000000000000.
2. **Genauigkeitsverlust:** Abschneiden von Kommastellen
   ```
   double a = 2.75;
   int b = (int) a; // b = 2
   ```
   Durch die explizite Typumwandlung ist der Wert von `b` nur die Ganzzahl 2, d. h. die Nachkommastellen werden ohne Runden abgeschnitten.
3. **Ganzzahldivision:** Division zweier Ganzzahlen ist eine ganze Zahl
   ```
   int a = 9;
   double b = a / 2; // b = 4.0
   ```
   Beim Verknüpfen zweier Ganzzahlen ist das Ergebnis 4, d. h. der Nachkommateil wird weggeschnitten. Anschließend erfolgt eine implizite Typumwandlung in die Dezimalzahl 4.0. Ein Ausdruck der `double b = 1/a` liefert damit stets den Wert 0. Falls keine ganzzahlige Division erwünscht ist, muss eine der beiden beteiligten Zahlen vom Typ `double` sein, also `double b = a/2.0;` Damit erhalten wir das korrekte mathematische Ergebnis von 4.5.

4. **Gleitkommazahlen:** Genauigkeitsverlust der Datentypen
   Durch die begrenzte Genauigkeit von Gleitkommazahlen werden je
   nach Datentyp weiter hinten stehende Stellen ignoriert. Die Rechnungen mit Gleitkommazahlen sind ungenau, sodass beispielsweise statt
   10.0 der Wert 10.00000000000001 entsteht.

Übung 2.4 Testen Sie diese verschiedenen Arten von Fehlern an Beispielen aus,
sodass Sie eine genaue Vorstellung im Umgang mit Datentypen bekommen.

Ganzzahldivision und Restwert

Die Ganzzahldivision dividiert zwei ganze Zahlen und schneidet den Nachkommateil
weg. Im Zusammenhang mit der Ganzzahldivision ist der Restwertoperator (Modulo
Operator) % ein nützlicher Operator. Der Restwertoperator % liefert den Rest bei der
ganzzahligen Division. Beispielsweise ist $11\%3 = 2$, da 2 der Rest ist bei Division
von 11 durch 3, also $3 \cdot 3 + 2 = 11$.

Beispiel 2.2 Das folgende Programm berechnet von einem angegebenen Cent-
Betrag mit der Ganzzahldivision und dem Restwertoperator die Anzahl der 2- und
1-EUR Münzen:

```
 1 public class Geldwechsel
 2 {
 3     public static void main(String[] args)
 4     {
 5         // ------------ Eingabe ------------
 6         int cent = 979;
 7
 8         // ------------ Berechnung ------------
 9         int zweiEuro = cent / 200;
10         int rest     = cent % 200;
11
12         int einEuro = rest / 100;
13         rest        = rest % 100;
14
15         // ------------ Ausgabe ------------
16         System.out.println("Zwei Euro:  " + zweiEuro + " Stück");
17         System.out.println("Ein Euro:   " + einEuro + " Stück");
18         System.out.println("Restbetrag: " + rest + " Cent");
19     }
20 }
```

Ausgabe

```
Zwei Euro: 4 Stück
Ein Euro: 1 Stück
Restbetrag: 79 Cent
```

Allgemeine Erklärung

- Zeile 6: Definition der Variablen cent vom Datentyp int mit dem aktuellen
  Wert von 979.

- Zeile 9: Ganzzahldivision von cent durch die Ganzzahl 200. Das Ergebnis von 4 Stücl wird in der Variablen zweieuro vom Datentyp int gespeichert.

- Zeile 10: Bestimmen des Restes bei der Ganzzahldivision von cent durch 200 mit dem Restwertoperator %. Das Ergebnis von 179 wird in der Variablen rest vom Datentyp int gespeichert.

- Zeile 12: Ganzzahldivision von rest durch die Ganzzahl 100. Das Ergebnis von 1 Stück wird in der Variablen eineuro vom Datentyp int gespeichert.

- Zeile 13: Bestimmen des Restes bei der Ganzzahldivision von rest durch 100 mit dem Restwertoperator %. Das Ergebnis von 79 Cent wird in der Variablen rest gespeichert.

- Zeile 16–18: Ausgabe der drei berechneten Werte zweieuro, eineuro und rest.

Die Beispiele

Beispiel 2.3 (Ausgabe von Zeichenketten)   Das folgende Programm verknüpft einfache Zeichenketten miteinander.

```java
 1 public class Stringverarbeitung
 2 {
 3     public static void main(String[] args)
 4     {
 5         // ------------ Eingabe ------------
 6         String wort1 = "Programmieren";
 7         String wort2 = "Java";
 8         String wort3 = "Spaß";
 9
10         // ------------ Berechnung ------------
11         String zeichenkette1 = wort1 + " macht " + wort3;
12         String zeichenkette2 = wort1 + " in " + wort2 +  " macht " + wort3;
13
14         // ------------ Ausgabe ------------
15         System.out.println(zeichenkette1);
16         System.out.println(zeichenkette2);
17     }
18 }
```

Ausgabe
```
Programmieren macht Spaß
Programmieren in Java macht Spaß
```

Allgemeine Erklärung

- Zeile 6–8: Definition der Eingabewörter mit einem aussagekräftigen Kommentar.
- Zeile 11–12: Bestimmen zweier Zeichenketten durch Verknüpfen mit dem + Operator.

- Zeile 15–16: Ausgabe der beiden Zeichenketten mit dem Ausgabebefehl System.out.println().

Beispiel 2.4 (Berechnen von Dreiecken) Wir erstellen ein Programm zum Berechnen der Innenwinkel aus den gegebenen Längen eines Dreiecks. In jedem Dreieck gelten zwischen den Seiten a, b und c mit ihren Gegenwinkeln α, β und γ die Beziehungen:

$$a^2 = b^2 + c^2 - 2bc\cos(\alpha)$$
$$b^2 = a^2 + c^2 - 2ac\cos(\beta)$$
$$c^2 = a^2 + b^2 - 2ab\cos(\gamma).$$

Durch Umstellen nach den Winkeln mit Anwenden der Umkehrfunktion erhalten wir die Formeln:

$$\alpha = \arccos\left(\frac{a^2 - b^2 - c^2}{-2bc}\right)$$
$$\beta = \arccos\left(\frac{b^2 - a^2 - c^2}{-2ac}\right)$$
$$\gamma = \arccos\left(\frac{c^2 - a^2 - b^2}{-2ab}\right).$$

Durch Multiplikation der Winkel mit dem Wert $180/\pi$ ergibt sich der Winkel in Grad. Das folgende Programm berechnet die Innenwinkel in Grad aus den gegebenen drei Seitenlängen.

```
 1 public class Dreieck
 2 {
 3     public static void main(String[] args)
 4     {
 5         // ------------ Eingabe ------------
 6         double a = 4.40;
 7         double b = 5.73;
 8         double c = 3.23;
 9
10         // ----------- Berechnung -----------
11         double alpha = Math.acos((a*a - b*b - c*c) / (-2*b*c)) * 180/Math.PI;
12         double beta  = Math.acos((b*b - a*a - c*c) / (-2*a*c)) * 180/Math.PI;
13         double gamma = Math.acos((c*c - a*a - b*b) / (-2*a*b)) * 180/Math.PI;
14
15         // ----------- Ausgabe ------------
16         System.out.println("Winkel alpha = " + alpha + " Grad");
17         System.out.println("Winkel beta  = " + beta  + " Grad");
18         System.out.println("Winkel gamma = " + gamma + " Grad");
19     }
20 }
```

Ausgabe

```
Winkel alpha = 49.77229677693064 Grad
Winkel beta  = 96.13963392490365 Grad
Winkel gamma = 34.08806929816572 Grad
```

Allgemeine Erklärung

- Zeile 6–8: Definition der Eingabewerte der Seiten mit einem aussagekräftigen Kommentar.

- Zeile 11–13: Berechnen der drei Innenwinkel mit Hilfe der obigen Berechnungsvorschrift mit der Umkehrfunktion `Math.acos()` und derKonstanten `PI` aus der Klasse `Math`.

- Zeile 16–18: Ausgabe der Innenwinkel mit dem Ausgabebefehl `System.out.println()`.

▶ **ACHTUNG** Achten Sie unbedingt auf die Lesbarkeit des Programmcodes, damit andere Programmierer schnell den Code verstehen können. Benennen Sie Variablen mit konsistenten, aussagekräftigen, aussprechbaren und unterscheidbaren Namen. Sinngebende Namen sollten angeben, was gemeint ist und in welcher Einheit gemessen wird (z. B. `zeitInSekunde`). Für die bessere Lesbarkeit sind alle folgenden Wortanfänge groß zu schreiben. Verwirrend ist beispielsweise das Bezeichnen von Elementzahlen mit `anz, n, m`, besser ist ein kurzes beschreibendes Wort mit einem sinnvollen Anhang, wie beispielsweise zahl (z. B. `knotenzahl, kantenzahl`).

▶ **TIPP** Das automatische Umbenennen einer Variablen erfolgt in Eclipse durch Markieren des Variablennamens, Drücken der rechten Maustaste und Auswahl des Menüpunktes Refactor → Rename.

Die Zusammenfassung

1. Eine *Variable* ist eine Art von Behälter für eine Größe, die bei Rechenprozessen im Computerprogramm auftritt. Für alle nichtkonstanten Werte sind in einem Programm stets Variablen zu definieren. Über den Variablennamen wird auf die entsprechende Speicherstelle zugegriffen.

2. Ein *Bezeichner* ist ein Name für definierte Elemente wie Variablen, Klassen, Methoden, usw. Der *Name* besteht aus einer Folge von Buchstaben, Ziffern und Symbolen, wobei das erste Zeichen keine Ziffer sein darf (Groß- und Kleinschreibung wird unterschieden).

3. Ein *einfacher Datentyp* einer Variablen ist eine Kategorie für einen Wert und legt die Darstellung dieser Variablen durch den Compiler fest:
   - Speicherbedarf (Anzahl der Bits für die Variable)
   - Wertebereich (Ganz- oder Dezimalzahl)
   - Genauigkeit (bei Dezimalzahlen)

4. In Java existieren vier verschiedene Arten von einfachen Datentypen: ganzzahlige Werte (`byte`, `short`, `int`, `long`), Gleitkommazahlen bzw. Dezimalzahlen (`float`, `double`), Wahrheitswert (`boolean`) und Zeichen (`char`).

5. Ein *Literal* ist ein fester Wert für einfache Datentypen, der direkt im Quelltext steht, wie z. B. `23.4`, `3.2e3`, `true` oder `'A'`;

6. Die *Deklaration* von Variablen erfolgt durch Wahl eines geeigneten Datentyps, eines sinnvollen Namens und durch Abschluss mit dem Semikolon:
   ```
   datentyp name;
   datentyp name1, name2, ...;
   ```
   Jede Variable darf nur einmal deklariert werden. Eine Zuweisung eines neuen Wertes für eine Variable kann beliebig oft vorgenommen werden.

7. Der *Zuweisungsoperator* = hat die Aufgabe, einer Variablen einen neuen Wert zuzuweisen.

8. Die *Definition* einer Variablen ist eine Anweisung zum Reservieren von Speicher (Deklaration) und zum Zuweisen eines Wertes (Initialisierung):
   ```
   datentyp name = wert;
   ```

9. Ein *Ausdruck* setzt sich aus Werten und Operatoren zusammen. Ein einzelner Wert ohne Operator ist ebenfalls ein Ausdruck. Alle Ausdrücke sind stets mit einem Semikolon abzuschließen.

10. Die *Typumwandlung* dient zum Umwandeln eines Datentyps in einen anderen:
    - *Implizite Typumwandlung* wandelt einen Wert von einem kleineren in einen größeren Datentyp um. Diese Konvertierung wird automatisch durch den Compiler vorgenommen.
    - *Explizite Typumwandlung* wandelt einen Wert von einem größeren in einen kleineren Datentyp um. Diese Konvertierung ist ausdrücklich im Code zu definieren:
      ```
      variable2 = (datentyp) variable1;
      ```

Weitere nützliche Befehle

1. Für die Definition einer Konstanten ist das Schlüsselwort `final` zu verwenden:
   ```
   static final datentyp NAME = wert;
   ```
   Der Name von Konstanten wird in der Regel in Großbuchstaben geschrieben.

2. Für das Einsparen von Schreibarbeit existieren in Java die folgenden verkürzten Zuweisungsoperatoren:

Name	Operator	Erklärung
Addition	`a += b`	`a = a + b`
Subtraktion	`a -= b`	`a = a - b`
Multiplikation	`a *= b`	`a = a * b`
Division	`a /= b`	`a = a / b`
Restwert	`a %= b`	`a = a % b`

3. Die kleinste bzw. größte Zahl eines Datentyps (`Integer`, `Double` usw.) ist mit `Datentyp.MIN_VALUE` bzw. `Datentyp.MAX_VALUE` bestimmbar.

Die Übungen

Aufgabe 2.1 (Bestimmen von Zinsen) Schreiben Sie ein Programm `Zinsen`, das einen aktuellen Anfangskapitalwert K_0 [Euro] mit einem Zinssatz p [%] nach n Jahren verzinst:

$$K_n = K_0 \cdot \left(1 + \frac{p}{100}\right)^n.$$

Hinweis Verwenden Sie die Methode `Math.pow(a,b)` aus der Klasse `Math` zum Berechnen von a hoch b.

Testbeispiele

$K_0 = 1000.00$, $n = 5$, $p = 2.0$ folgt $K_5 = 1104.08$

$K_0 = 1000.00$, $n = 5$, $p = -2.0$ folgt $K_5 = 903.92$

Aufgabe 2.2 (Berechnen einer Dreiecksfläche) Schreiben Sie ein Programm `Dreieck`, das die Fläche eines Dreiecks berechnet und ausgibt. Ein Dreieck wird dabei durch die drei Eckpunkte $P_1 = (x_1, y_1)$, $P_2 = (x_2, y_2)$ und $P_3 = (x_3, y_3)$ vorgegeben. Zum Berechnen der Dreiecksfläche verwenden wir die Heronische Formel

$$A = \sqrt{s(s-a)(s-b)(s-c)},$$

wobei $s = (a + b + c)/2$ und a, b, c die Seitenlängen des Dreiecks sind.

Hinweis Verwenden Sie die Methode `Math.sqrt(a)` aus der Klasse `Math` f+r das Bestimmen der Wurzel von a. Eine Seitenlänge l zwischen zwei Punkten $P_1 = (x_1, y_1)$ und $P_2 = (x_2, y_2)$ bestimmt sich aus

$$l = \sqrt{(x_2 - x_1)^2 + (y_2 - y_1)^2}.$$

Zur besseren Übersicht berechnen Sie zunächst die Längen der Dreiecksseiten a, b, c und anschließend die Variable s.

Testbeispiele

$P_1 = (0, 0)$, $P_2 = (2, 3)$, $P_3 = (6, 3)$ folgt $A = 6$ FE

$P_1 = (0, 0)$, $P_2 = (-2, 1)$, $P_3 = (2, 1)$ folgt $A = 2$ FE

Aufgabe 2.3 (Umrechnen von Einheiten) Schreiben Sie ein Programm `Zaehlmass`, das eine gegebene Anzahl von Einzelstücken n in Gros, Schock und Dutzend umrechnet. Hierzu sind die folgenden Umrechnungsmaße gegeben: 1 Dutzend = 12 Stück, 1 Schock = 5 Dutzend, 1 Gros = 12 Dutzend.

Hinweis Verwenden Sie den Modulo-Operator `%` für den Rest bei der ganzzahligen Division sowie die ganzzahlige Division zur Berechnung der einzelnen Werte.

Testbeispiele

$n = 370$: Gros = 2, Schock = 1, Dutzend = 1, Stück = 10

$n = 473$: Gros = 3, Schock = 0, Dutzend = 3, Stück = 5

Wie erfolgt eine formatierte Aus- und Eingabe? Aus- und Eingabe

Die Aus- und Eingabe von Daten gehört zu den zentralen Anweisungen innerhalb eines Computerprogramms. In jedem sinnvollen Programm werden Daten eingelesen, über einen Algorithmus verarbeitet und anschließend als Ergebnisse dem Nutzer ausgegeben.

Unsere Lernziele

- Formatierte Ausgabe von Variablen verstehen.
- Formatierte Eingabe von Variablen kennenlernen.
- Programme mit Aus- und Eingabe schreiben.

Das Konzept

Ausgabe

In vielen Anwendungen ist es besser formatierte Ausgaben von Zahlen mit weniger Nachkommastellen auszugeben. Die folgende Anweisung gibt formatierte Werte in Form von Zeichenketten, Variablen oder Ausdrücken auf der Konsole aus:

```
System.out.printf(formatstring, variableliste);
```

Die Methode `printf()` bekommt als ersten Parameter einen Formatstring und als zweiten Parameter eine Liste von Variablen bzw. Ausdrücken. Das ganze Prinzip lässt sich am besten mit ein paar Beispielen erklären:

© Springer Fachmedien Wiesbaden GmbH, ein Teil von Springer Nature 2023
S. Dörn, *Java lernen in abgeschlossenen Lerneinheiten*,
https://doi.org/10.1007/978-3-658-39915-3_3

Beispiel 3.1

1. Ausgabe zweier Zahlen:
```
int n = 10, summe = 55;
System.out.printf("Summe der Zahlen von 1 bis %d ist
  %d.", n, summe);
```

Ausgabe
```
Summe der Zahlen von 1 bis 10 ist 55.
```

Der Methode `printf()` werden zwei Variablen übergeben, die beiden ganzen Zahlen n und summe. In der Zeichenkette des Formatstrings befinden sich zwei Formatelemente %d, die angeben, in welcher Form eine Variable ausgegeben wird (%d – ganzzahliger Wert).

2. Ausgabe einer formatierten ganzen Zahl:
```
int jahr = 2018;
System.out.printf("Wir haben das Jahr %4d.", jahr);
```

Ausgabe
```
Wir haben das Jahr 2018.
```

Das Formatelement %4d sagt der Methode `printf()`, dass der Wert in der Variablen jahr in Ganzzahldarstellung mit 4 Stellen rechtsbündig auszugeben ist. Dabei wird von links mit Leerzeichen aufgefüllt, wenn die volle Breite von 4 Stellen für den auszugebenden Wert nicht benötigt wird. Falls mehr als vier Ziffern vorliegen, erfolgt die Ausgabe aller dieser Ziffern. Wenn die Bündigkeit für Sie keine Rolle spielt, schreiben Sie einfach %d.

3. Ausgabe einer formatierten Dezimalzahl:
```
double kapital = 1033.4534;
System.out.printf("Das Kapital beträgt %7.2f Euro.",
kapital);
```

Ausgabe
```
Das Kapital beträgt 1033.45 EUR.
```

Das Formatelement %7.2f (%f – Dezimalwert) sagt der Methode `printf()`, dass die Variable kapital in Dezimaldarstellung mit einer Stellenbreite von 7 Stellen auszugeben ist, davon 2 Ziffern hinter dem Punkt, 1 Zeichen für den Punkt und 4 Zeichen vor dem Punkt. Falls die Zahl fünfstellig oder größer ist, erfolgt die Ausgabe aller dieser Ziffern. Wenn die Bündigkeit für Sie keine Rolle spielt, schreiben Sie einfach %1.2f.

Ein *Formatstring* ist gemäß der folgenden Syntax aufgebaut, Elemente in [ ] sind optional:

```
%[Steuerzeichen][Feldbreite][.Genauigkeit]
Umwandlungszeichen
```

Für das korrekte Erstellen des Formatstrings sind folgende Hinweise zu beachten:

- Für jeden auszugebenden Ausdruck (getrennt durch Kommata) ist ein Format-element im Formatstring anzugeben. Dabei haben die Formatelemente und die auszugebenden Ausdrücke im Typ übereinzustimmen.
- Die Formatelemente beginnen mit einem %-Zeichen, gefolgt von einem *Umwand-lungszeichen*:

  d: Ganzzahl
  f: Dezimalzahl
  c: char-Wert
  s: Zeichenketten
  b: Boolescher Wert

  An der Stelle der Zeichenkette, an der das Formatelement steht, erfolgt die Aus-gabe des Argumentes mit einem festgelegten Format.
- Die Feldbreite ist die Gesamtbreite der Dezimalzahl und die Zahl hinter dem Dezimalpunkt beeinflusst die Genauigkeit. Ist die auszugebende Zahl schmäler als die angegebene Feldbreite, so wird links mit Leerzeichen bis zur Feldbreite aufgefüllt.
- Wichtige Steuerzeichen sind:

  −   erzeugt eine linksbündige Ausgabe
  +   eine positive Zahl wird mit ihrem Vorzeichen ausgegeben
  \n   Zeilenendezeichen
  \t   Tabulatorzeichen
  \v   Vertikal-Tabulator
  \b   Backspace

▶   **ACHTUNG** In dem Formatstring muss für jeden auszugebenden Ausdruck ein Formatelement existieren. Die Reihenfolge der Formatelemente im Formatstring und ihr Typ haben mit der Reihenfolge der weiteren Argu-mente übereinzustimmen, andernfalls gibt es eine Fehlermeldung vom Typ java.util.IllegalFormatConversionException.

Übung 3.1 Fügen Sie den Beispielprogrammen aus den letzten Kapiteln eine pas-sende formatierte Anweisung hinzu.

Eingabe
Für das Einlesen von Daten über die Tastatur verwenden wir anstatt des Ausgabebe-fehls System.out den Eingabebefehl System.in in Verbindung mit der Klasse Scanner. Die Klasse Scanner aus dem Paket java.util stellt Methoden für die Benutzer-Eingaben über die Java-Konsole bereit. Die Syntax für das Einlesen einer ganzen Zahl sieht wie folgt aus:

```
Scanner scan = new Scanner(System.in);
System.out.println("Bitte geben Sie eine Zahl ein: ");
double zahl = scan.nextDouble();
scan.close();
```

Die Methode nextDouble() der Klasse Scanner liefert den nächsten Eingabewert auf der Konsole als double-Zahl. Mit dem Befehl scan.close() wird die
Eingabe von der Konsole geschlossen.

Mit der import-Anweisung import java.util.Scanner wird die Klasse
Scanner aus dem Paket java.util importiert. Diese Anweisung muss am
Anfang des Programms stehen, da ansonsten die Klasse Scanner vom Compiler
nicht gefunden wird.

► **TIPP** In der Entwicklungsumgebung Eclipse wird eine fehlende import-
  Anweisung rot unterstrichen. Durch Bewegen der Maus auf diese Fehler-
  meldung können Sie diese import-Anweisung durch Klicken einfügen.
  Das Paket java.lang.* mit vielen wichtigen Klassen, die fast in jedem
  Java-Programm verwendet werden, ist bereits automatisch importiert.

► **ACHTUNG** Die Eingabe von Gleitkommazahlen erfolgt über die Konsole
  mit einem Komma, anstatt mit dem Punkt wie im Programmcode. Bei
  der Eingabe eines Wertes in einen falschen Datentyp erhalten Sie eine
  Fehlermeldung vom Typ java.util.InputMismatchException.
  Für das Vermeiden von fehlerhaften Eingaben schreiben Sie dem Nutzer

immer einen aussagekräftigen erklärenden Text für jeden Eingabewert
auf die Konsole.

Die Klasse `Scanner` stellt für jeden Datentyp eine passende `next()`-Methode
zum Einlesen von Werten bereit:

Methode	Beschreibung
`byte nextByte()`	Einlesen eines Wertes vom Typ `byte`
`short nextShort()`	Einlesen eines Wertes vom Typ `short`
`int nextInt()`	Einlesen eines Wertes vom Typ `int`
`long nextLong()`	Einlesen eines Wertes vom Typ `long`
`double nextDouble()`	Einlesen eines Wertes vom Typ `double`
`boolean nextBoolean()`	Einlesen eines Wertes vom Typ `boolean`
`float nextFloat()`	Einlesen eines Wertes vom Typ `float`
`String next()`	Einlesen eines Wertes vom Typ `String`
`String nextLine()`	Einlesen einer Zeile vom Typ `String`

Die Beispiele

Beispiel 3.2 (Einfacher Dialog) Wir schreiben ein Programm, das den Vornamen und das Geburtsjahr einer Person von der Konsole einliest. Die Eingabe wird
anschließend durch eine formatierte Ausgabe wieder ausgegeben.

```java
1  import java.util.Scanner;
2
3  public class PersonEingabe
4  {
5      public static void main(String[] args)
6      {
7          // ----------- Eingabe -----------
8          Scanner scan = new Scanner(System.in);
9          System.out.println("Wie heißt du? ");
10         String name = scan.next();
11         System.out.println("In welchem Jahr bist du geboren? ");
12         int jahr    = scan.nextInt();
13         scan.close();
14
15         // ----------- Ausgabe -----------
16         System.out.printf("%s wurde %d geboren.", name, jahr);
17     }
18 }
```

Ausgabe
```
Wie heißt du?
Fritz
In welchem Jahr bist du geboren?
1956
Fritz wurde 1956 geboren.
```

Allgemeine Erklärung

- Zeile 8–13: Eingabe des Vornamens und des Geburtsjahrs auf der Konsole. Eine Zeichenkette wird mit `nextLine()` und eine ganze Zahl mit `nextInt()` eingelesen.

- Zeile 16: Ausgabe der eingegebenen Informationen in einem Satz mit dem Formatelement `%s` für die Zeichenkette und `%d` für die ganze Zahl.

Beispiel 3.3 (Dreiecksberechnung) Für das bereits vorgestellte Programm zum Berechnen der Innenwinkel aus den gegebenen Seitenlängen eines Dreiecks implementieren wir eine Eingabe und eine formatierte Ausgabe:

```
1  import java.util.Scanner;
2
3  public class Dreieck
4  {
5      public static void main(String[] args)
6      {
7          // ------------ Eingabe ------------
8          Scanner scan = new Scanner(System.in);
9          System.out.println("Bitte geben Sie die Seitenlänge a ein: ");
10         double a = scan.nextDouble();
11         System.out.println("Bitte geben Sie die Seitenlänge b ein: ");
12         double b = scan.nextDouble();
13         System.out.println("Bitte geben Sie die Seitenlänge c ein: ");
14         double c = scan.nextDouble();
15         scan.close();
16
17         // ------------ Berechnung ------------
18         double alpha = Math.acos((a*a - b*b - c*c) / (-2*b*c)) * 180/Math.PI;
19         double beta  = Math.acos((b*b - a*a - c*c) / (-2*a*c)) * 180/Math.PI;
20         double gamma = Math.acos((c*c - a*a - b*b) / (-2*a*b)) * 180/Math.PI;
21
22         // ------------ Ausgabe ------------
23         System.out.printf("Winkel alpha = %1.2f Grad\n", alpha);
24         System.out.printf("Winkel beta  = %1.2f Grad\n", beta);
25         System.out.printf("Winkel gamma = %1.2f Grad\n", gamma);
26     }
27 }
```

Ausgabe
```
Bitte geben Sie die Seitenlänge a ein:
2,34
Bitte geben Sie die Seitenlänge b ein:
1,64
Bitte geben Sie die Seitenlänge c ein:
2,05
Winkel alpha = 77,84 Grad
Winkel beta  = 43,25 Grad
Winkel gamma = 58,92 Grad
```

Allgemeine Erklärung

- Zeile 8–14: Implementieren der Eingabe der drei Seitenlängen mit einer aussagekräftigen Ausgabe auf der Konsole mit der Methode `nextDouble()`.

- Zeile 18–20: Berechnen der drei Innenwinkel mit Hilfe der gegebenen Berechnungsvorschrift.

- Zeile 23–25: Ausgabe der Innenwinkel mit einer formatierten Ausgabe `%1.2f` auf zwei Nachkommastellen.

Die Zusammenfassung

1. Die Ausgabe von Werten auf der Konsole erfolgt durch:
   `System.out.printf(formatstring, ausdruck1,`
   `ausdruck2, ...);`
   Das erste Argument ist der Formatstring und die weiteren Parameter sind die auszugebenden Ausdrücke der einzelnen Variablen. In dem Formatstring muss für jeden auszugebenden Ausdruck ein Formatelement existieren. Die Formatelemente beginnen mit einem `%`-Zeichen, wobei d eine Ganzzahl, f eine Dezimalzahl, c ein `char`-Wert, s eine Zeichenkette und b ein boolescher Wert ist.

2. Die *Eingabe* von Werten auf der Konsole erfolgt durch die Klasse `Scanner`:
   `Scanner scan = new Scanner(System.in);`
   Die Klasse `Scanner` stellt für jeden Datentyp eine passende `next()`-Methode zum Einlesen der Werte bereit.

3. Jede Java-Klasse gehört zu einem Paket (z. B. `java.io.Scanner`), die mit Hilfe einer `import`-Anweisung einzubinden sind:
   `import paket.Klasse;`
   `import paket.*;`
   Mit dem ersten Befehl wird genau die angegebene Klasse importiert, alle anderen bleiben unsichtbar. Der zweite Befehl importiert hingegen alle Klassen des angegebenen Pakets. Die `import`-Anweisungen importieren die vereinfachten Klassennamen zum Einsparen von Tipparbeit.

Weitere nützliche Befehle

1. Das Umwandeln einer Zeichenkette s in eine Zahl erfolgt durch folgende Methoden:

```
byte zahl   = Byte.parseByte(s);
short zahl  = Short.parseShort(s);
int zahl    = Integer.parseInt(s);
long zahl   = Long.parseLong(s);
float zahl  = Float.parseFloat(s);
double zahl = Double.parseDouble(s);
```

Das Umwandeln einer Zahl z in eine Zeichenkette s erfolgt mit der Anweisung:
`String s = String.valueOf(z);`
bzw. mit der Methode `toString(z)` aus der jeweiligen Zahlenklasse
`Integer`, `Double`, usw:
`String s = Integer.toString(z);`

2. Eine Alternative für die Eingabe über die Konsole ist ein Eingabedialog für einzelne Werte:
`String s = JOptionPane.showInputDialog`
`("Ausgabetext");`
Für diese Methode müssen Sie das Paket `javax.swing.JOptionPane` einladen, was meistens von Eclipse automatisch passiert. Der eingelesene String ist anschließend mit den obigen `parse`-Methoden in den passenden Datentyp umzuwandeln.

```
 1  import javax.swing.JOptionPane;
 2
 3  public class Test
 4  {
 5      public static void main(String[] args)
 6      {
 7          String s = JOptionPane.showInputDialog("Bitte geben Sie eine Zahl ein: ");
 8          int a = Integer.parseInt(s);
 9      }
10  }
11
12
13
14
```

Beachten Sie, dass hier die Eingabe von Gleitkommazahlen mit dem Punktzeichen erfolgt. Die Klasse `JOptionPane` besitzt noch weitere nützliche Methoden, wie beispielsweise für die Ausgabe einer Meldung in Form einer Zeichenkette s:
`JOptionPane.showMessageDialog(null, s);`

Die Übungen

Aufgabe 3.1 (Verarbeiten von Personendaten) Schreiben Sie ein Programm `Personendaten`, das Name, Alter und Gehalt des Anwenders abfragt und anschließend ausgibt:

```
Bitte geben Sie Ihren Namen ein:
Wie alt sind Sie?
Wie hoch ist Ihr monatliches Gehalt?
Die Person Muellerle ist 56 Jahre alt und verdient
45680,10 EUR im Jahr.
```

Aufgabe 3.2 (Formatierte Ein- und Ausgabe) Erstellen Sie für alle Übungsaufgaben aus den letzten Kapiteln eine Eingabe und eine passende formatierte Ausgabe.

Aufgabe 3.3 (Lösen einer quadratischen Gleichung) Schreiben Sie ein Programm QuadGleichung, das die Nullstellen der quadratischen Gleichung $ax^2 + bx + c = 0$ berechnet. Die Nullstellen bestimmen sich dabei über die sogenannte Mitternachtsformel:

$$x_{1,2} = \frac{-b \pm \sqrt{b^2 - 4ac}}{2a}.$$

Lesen Sie die drei Zahlen a, b und c ein und geben Sie die Lösung auf vier Nachkommastellen genau an.

Hinweis Erstellen Sie das Programm zunächst mit einer festen Eingabe durch die Wahl eines geeigneten Testbeispiels. Erweitern Sie das Programm erst nach erfolgreicher Fertigstellung mit einer Eingaberoutine, um Zeit beim Testen zu sparen. Wenn die Zahl unter der Wurzel kleiner als 0 ist, ergibt sich der Wert NaN - in diesem Fall hat die Gleichung keine reellen Lösungen.

Wie erstelle ich Verzweigungen? Bedingte Auswahlanweisungen

4

Unsere bisherigen Programme bestanden nur aus einzelnen Anweisungen, die der Reihe nach von oben nach unten abgearbeitet wurden. Damit können wir direkte Sequenzen der Form „Führe A gefolgt von B aus" ausdrücken oder Programme mit Formeln schreiben. Die Aufgabe dieses Kapitels, ist den Ablauf eines Programms mit Verzweigungen der Form „Wenn Q, dann führe A aus, andernfalls B" zu steuern.

Unsere Lernziele

- Relationale und logische Operatoren verwenden.
- Programme mit bedingten Auswahlanweisungen formulieren.
- Funktionsweise der Fallunterscheidung mit `if-else`-Anweisungen verstehen.
- Auswahlanweisung `switch` für Mehrfachfallunterscheidungen anwenden.

Das Konzept

Relationale und logische Operatoren

Um Programme mit Auswahlanweisungen zu steuern, sind Kenntnisse über relationale und logische Operatoren notwendig:

Name	Operator	Erklärung
Gleichheitsoperator	`a == b`	Test auf Gleichheit
Ungleichheitsoperator	`a != b`	Test auf Ungleichheit
Größeroperator	`a > b`	Test, ob linker Operand größer als rechter ist
Kleineroperator	`a < b`	Test, ob linker Operand kleiner als rechter ist
Größergleichoperator	`a >= b`	Test, ob linker Operand größer gleich rechter ist
Kleinergleichoperator	`a <= b`	Test, ob linker Operand kleiner gleich rechter ist

© Springer Fachmedien Wiesbaden GmbH, ein Teil von Springer Nature 2023
S. Dörn, *Java lernen in abgeschlossenen Lerneinheiten*,
https://doi.org/10.1007/978-3-658-39915-3_4

Beim Überprüfen von Ausdrücken erhalten wir das Ergebnis `true` oder `false`, welches wir in Variablen vom Typ `boolean` speichern können:

```
boolean b1 = (4 + 6 == 10);    // b1 = true
boolean b2 = (5 < 5);          // b2 = false
boolean b3 = (10 != 20);       // b3 = true
```

▶   **ACHTUNG** Beachten Sie, dass der Operator == zwei Werte auf Gleichheit überprüft, während der Operator = eine Zuweisung eines Ausdrucks auf der rechten Seite an eine Variable auf der linken Seite durchführt. Exakte Vergleiche zweier Gleitkommazahlen sind durch die begrenzte Genauigkeit der Darstellung problematisch. Für einen Vergleich sind diese Zahlen vorher zu runden. Für den Vergleich zweier Zeichenketten z1 und z2 ist die `String`-Methode `equals()` zu verwenden:

```
boolean erg = z1.equals(z2);
```

Diese Methode gibt den Wert `true` zurück, wenn die beiden Zeichenketten gleich sind, andernfalls `false`. Weitere Methoden der Klasse `String` finden Sie im Anhang A2.

In logischen Operatoren sind die beteiligten Operanden vom Datentyp `boolean` mit den beiden Werten `true` und `false`:

Name	Operator	Erklärung
Logischer UND-Operator	a && b	Wahr, wenn beide Ausdrücke wahr sind
Logischer ODER-Operator	a || b	Wahr, wenn mindestens ein Ausdruck wahr ist
Logischer XOR-Operator	a ^ b	Wahr, wenn genau ein Ausdruck wahr ist
Negationsoperator	!a	Wahr, wird Falsch und umgekehrt

In vielen Programmen verbinden wir Aussagen mit Hilfe dieser logischen Operatoren:

a	b	a && b	a || b	a^b
true	true	true	true	false
true	false	false	true	true
false	true	false	true	true
false	false	false	false	false

Beispielsweise ergibt sich bei dem Ausdruck (3 < 5) && (10 > 7) das Ergebnis `true`, da sowohl der erste als auch der zweite Teilausdruck wahr sind:

```
boolean b4 = (3 < 5) && (10 > 7);    // b4 = true
```

Mit Hilfe von logischen Operatoren und den nachfolgenden Anweisungen für Fall-unterscheidung ist der Programmablauf (Flusssteuerung) steuerbar.

Einfache-Fallunterscheidung: if-Anweisung

Die einfache Fallunterscheidung verwenden wir für die bedingte Verzweigung. Die Syntax der einfachen if-Anweisung ist

```
if (Bedingung)
{
  // Anweisungen 1
}
else
{
  // Anweisungen 2
}
```

Allgemeine Erklärung

Falls die Bedingung zutrifft, d.h. Bedingung den Wert true hat, werden die Anweisungen 1 ausgeführt. Trifft die Bedingung nicht zu, werden die Anweisungen 2 ausgeführt. In Abb. 4.1 ist das zugehörige Ablaufdiagramm der if-Anweisung dargestellt. Der else-Zweig ist optional, entfällt dieser, so spricht man von einer bedingten Anweisung.

▶ **ACHTUNG** Ein Block besteht aus einer Gruppe von Anweisungen in geschweiften Klammern (*Block-Klammern*), die hintereinander ausge-führt werden:

```
{
  // Anweisung 1
  // Anweisung 2
  // ...
}
```

Abb. 4.1 Einfach-Fallunterscheidung mit if-else-Anweisung

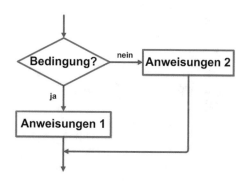

Der Block fasst die Folge von Anweisungen zu einer neuen Anweisung zusammen. Unbedingt merken: Alle Variablen, die Sie innerhalb eines Blocks definieren, sind nur lokal für diesen Block sichtbar. Die Variablen in äußeren Blöcken sind in inneren Blöcken sichtbar. Umgekehrt sind alle definierten Variablen in den inneren Blöcken in den äußeren Blöcken unsichtbar.

Beispiel 4.1 Die lokale Variable a wird in der folgenden if-Anweisung definiert:

```
if (...)
{
  int a = 10;
  ...
}
```

Beim Zugriff auf die Variable a nach dem Block erhalten Sie eine Fehlermeldung, da a nur innerhalb des if-Blocks sichtbar ist. Wenn Sie die Variable nach diesem Block benötigen, müssen Sie diese vor dem Block deklarieren:

```
int a;
if (...)
{
  a = 10;
  ...
}
```

Beispiel 4.2

1. Für eine Zahl $n > 0$ ist die Zahl a zu halbieren und die Zahl b um zwei zu erhöhen:

```
if (n > 0)
{
  a = a / 2;
  b = b + 2;
}
```

2. Für eine Zahl $n > 0$ ist die Zahl s um eins zu erhöhen, andernfalls um eins zu verringern:

```
if (n > 0)
{
  s = s + 1;
}
else
{
  s = s - 1;
}
```

3. Für eine Zahl *n* ist die Ausgabe „Zahl gerade" (Teiler 2) oder „Zahl ungerade"
   (kein Teiler 2) auszugeben:

```
if (n % 2 == 0)
{
  System.out.println("Zahl gerade");
}
else
{
  System.out.println("Zahl ungerade");
}
```

4. Für eine Zahl $0 < n < 100$ ist die Ausgabe „Zahl im Intervall" zu schreiben:

```
if ((n > 0) && (n < 100))
{
  System.out.println("Zahl im Intervall");
}
```

▶   **TIPP** Der folgende Bedingungsoperator macht den Wert eines Ausdrucks
    von einer Bedingung abhängig, ohne eine if-Anweisung zu schreiben:

```
Bedingung ? Anweisung1 : Anweisung2;
```

Falls die Bedingung wahr ist, wird Anweisung1 ausgeführt, andernfalls Anweisung2. Der Bedingungsoperator kann nur zuweisen, aber
keine Anweisung ausführen. Die folgende Anweisung berechnet beispielsweise das Maximum zweier Zahlen a und b:

```
int max = (a > b) ? a : b;
```

Mit dem Bedingungsoperator ist der Rückgabewert direkt auszugeben:

```
System.out.println((a > b) ? a : b);
```

▶ **ACHTUNG** Beim Programmieren mit `if`-Anweisungen treten häufig die folgenden Fehler auf:

1. **Fehlende Klammer**

```
if zahl > 0
{
  // Anweisungen
}
```
Syntaxfehler: Setzen Sie den gesamten Ausdruck der Bedingung in eine runde Klammer: `Syntax error, insert ") Statement" to complete IfStatement`.

2. **Semikolon nach Bedingung**

```
if (zahl > 0);
{
  // Anweisungen
}
```
Logikfehler: Setzen Sie keinesfalls ein Semikolon hinter die `if`-Anweisung, ansonsten wird diese Zeile als `if`-Anweisung ohne Rumpf interpretiert. Alle Anweisungen im Rumpf werden damit stets ausgeführt.

3. **Semikolon nach Bedingung**

```
if (zahl > 0);
{
  // Anweisungen
}
else
{
  // Anweisungen
}
```
Syntaxfehler: Das überflüssige Semikolon sorgt dafür, dass der `else`-Zweig nicht dem `if`-Zweig zuordenbar ist: `Syntax error on token "else", delete this token`.

4. **Semikolon nach `else`**

```
if (zahl > 0)
{
  // Anweisungen
}
else;
```

```
{
  // Anweisungen
}
```

Logikfehler: Das Semikolon sorgt dafür, dass der Block in der `else`-Anweisung stets ausgeführt wird.

Mehrfach-Fallunterscheidung: else if-Anweisung

Im `if`-Zweig und im `else`-Zweig einer `if`-Anweisung darf eine beliebige Anweisung stehen. Das kann wiederum eine `if`-Anweisung selbst sein. Die `else if`-Anweisung ist die allgemeinste Möglichkeit für eine Mehrfachauswahl. Mit diesem Konstrukt ist eine Auswahl unter verschiedenen Alternativen zu treffen. In Abb. 4.2 ist das zugehörige Ablaufdiagramm der `else if`-Anweisung dargestellt.

Die Syntax dieser Anweisung ist:

```
if (Bedingung1)
{
  // Anweisungen 1
}
else if (Bedingung2)
{
  // Anweisungen 2
}
else if (Bedingung3)
{
  // Anweisungen 3
}
else
{
  // Anweisungen 4
}
```

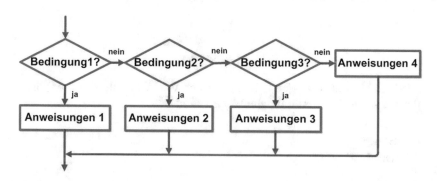

Abb. 4.2 Mehrfach-Fallunterscheidung mit `else if`-Anweisung

Allgemeine Erklärung

In der angegebenen Reihenfolge erfolgt ein Vergleich nach dem anderen. Bei der ersten erfüllten Bedingung werden die zugehörigen Anweisungen abgearbeitet und die Mehrfachauswahl abgebrochen. Der letzte `else`-Zweig ist optional. Dieser `else`-Zweig ist beispielsweise zum Abfangen von Fehlern nützlich.

Beispiel 4.3

1. Fallbasierte Festlegung des Werts der Variablen `preis` in Abhängigkeit der Variablen `alter`:

```
double preis;
if (alter < 12)
{
  preis = 0.0;
}
else if ((alter >= 12) && (alter < 18))
{
  preis = 6.0;
}
else if ((alter >= 18) && (alter < 65))
{
  preis = 10.0;
}
else
{
  preis = 8.0;
}
```

2. Berechnen eines Signalwertes y in Abhängigkeit der Variablen x und a:

$$y = \begin{cases} 0, \, x < 0 \\ x, \, 0 \le x \le a \\ a, \, \text{sonst} \end{cases}$$

Die Variable y hat den Wert 0, für $x < 0$, den Wert x für alle x-Werte zwischen 0 und a sowie den Wert a für alle Werte $x > a$:

```
double y;
if (x < 0)
{
  y = 0;
}
else if ((x >= 0) && (x <= a))
{
```

```
   y = x;
 }
 else
 {
   y = a;
 }
```

▶   **TIPP** Verwenden Sie in Ihrem Programmcode keine genialen Programmiertricks, die nur schwer nachvollziehbar sind. Gestalten Sie logische
Aussagen ohne Negationen auf die einfachste Art und Weise. Wenn Sie
eine Anweisung für eine Bedingung mehrfach verwenden, definieren Sie
dafür eine geeignete Variable vom Typ `boolean`.

In der Praxis werden häufig `if`-Anweisungen verschachtelt, also eine `if`-Anweisung
steht in einer anderen `if`-Anweisung:

```
if (Bedingung1)
{
  if (Bedingung2)
  {
    // Anweisungen 1;
  }
  else
  {
    // Anweisungen 2;
  }
}
else
{
  // Anweisungen 3;
}
```

Übung 4.1 Schreiben Sie ein Programm, das prüft, ob eine eingegebene Zahl x in
dem Intervall $I_1 = \{x \mid a_1 \leq x \leq b_1\}$ oder $I_2 = \{x \mid a_2 \leq x \leq b_2\}$ liegt.

▶   **ACHTUNG** Die geschweiften Block-Klammern können Sie bei genau einer
Anweisung weglassen. Falls zwei oder mehr Anweisungen auszuführen
sind, müssen Sie die Klammern auf jeden Fall setzen. Andernfalls fallen
diese Anweisungen nicht unter die angegebene Fallunterscheidung. Zum
Vermeiden von Fehlern ist es ratsam, auch bei einer Anweisung stets die
Block-Klammern zu setzen.

Mehrfach-Fallunterscheidung: switch-Anweisung

Wenn einzelne Auswahlalternativen durch spezielle Werte beschreibbar sind, kann die switch-Anweisung verwendet werden. In Abb. 4.3 ist das zugehörige Ablaufdiagramm der switch-Anweisung dargestellt.

Die Syntax der switch-Anweisung lautet:

```
switch (Ausdruck)
{
  case k1:
    // Anweisungen 1
    break;
  case k2:
    // Anweisungen 2
    break;
  ...
  case kn:
    // Anweisungen n
    break;
  default: // optional
    // Anweisungen // optional
}
```

Der Bewertungsausdruck der switch-Anweisung verarbeitet ganzzahlige Werte (byte, short, int), Zeichen (char) oder Zeichenketten (String). Jeder Alternative geht eine oder eine Reihe von case-Marken mit ganzzahligen Konstanten k1, ..., kn oder konstanten Ausdrücken voraus.

Abb. 4.3 Mehrfach-Fallunterscheidung mit switch-Anweisung

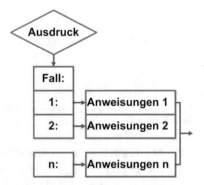

Allgemeine Erklärung

Falls Ausdruck den gleichen Wert wie einer der konstanten Ausdrücke der case-Marken besitzt, werden die Anweisungen hinter dieser case-Marke ausgeführt. Die break-Anweisung beendet die switch-Anweisung. Fehlt die break-Anweisung, so werden alle Anweisungen in den nächsten case-Marken abgearbeitet, bis entweder ein break steht oder das Ende der switch-Anweisung erreicht ist. In der Regel ist jeder case-Fall mit einer break-Anweisung abzuschließen. Stimmt der angegebene Ausdruck mit keiner der konstanten Bedingungen überein, werden die Anweisungen nach default ausgeführt.

▶   ACHTUNG Vergessen Sie in einem case-Fall des switch-Blocks die break-Anweisung, erhalten Sie in aller Regel einen schwer zu entdeckenden Logikfehler. Alle nachfolgenden Anweisungen arbeitet die Kontrollstruktur in diesem Fall ebenfalls ab.

Beispiel 4.4 Fallbasierte Festlegung des Werts der Variablen wert in Abhängigkeit der Variablen n:

```
...
switch (n)
{
  case 1:
    wert = 10;
    break;
  case 2:
    wert = 20;
    break;
  case 3:
    wert = 30;
    break;
  default:
    wert = 40;
}
```

▶   ACHTUNG Die bedingten Auswahlanweisungen können Sie beliebig ineinander schachteln. Beachten Sie in diesem Fall das saubere Einrücken der einzelnen Blöcke mit den Klammern:

```
...
switch (n)
{
  case 1:
    System.out.println("Fall 1");
    break;
  case 2:
    int a = ...
    if (a > 0)
    {
      System.out.println("Fall 2a");
    }
    else
    {
      System.out.println("Fall 2b");
    }
    break;
}
```

Alle Variablen, die Sie innerhalb eines Blocks definieren, sind nur lokal für diesen Block sichtbar. Falls Sie auf diese Variablen in den äußeren Blöcken zugreifen wollen, müssen Sie diese dort deklarieren. Für den Zugriff auf die Variable a in den anderen case-Marken oder nach dem switch-Block ist diese vor der switch-Anweisung zu deklarieren: int a;

Die Beispiele

Beispiel 4.5 (Definition einer mathematischen Funktion) Wir schreiben ein Programm, das in Abhängigkeit eines Wertes t einen Ausgabewert v bestimmt. Beispielsweise ist t der Wert eines Temperatursensors, der eine Heizungsanlage regelt. Falls t kleiner als $0°$ ist, beträgt $v = 100$, zwischen $0°$ und $20°$ ist $v = 100 - 5t$ und ab $20°$ ist $v = 0$. Mathematisch lässt sich diese Bedingung wie folgt darstellen:

$$v = \begin{cases} 100, & t < 0 \\ 100 - 5t, & 0 \leq t < 20 \\ 0, & \text{sonst.} \end{cases}$$

Mit diesen Angaben implementieren wir das folgende Programm:

```java
1  import java.util.Scanner;
2  public class Temperatur
3  {
4      public static void main(String[] args)
5      {
6          // ----------- Eingabe ------------
7          Scanner scan = new Scanner(System.in);
8          System.out.println("Wie lautet der Temperaturwert? ");
9          double t = scan.nextDouble();
10         scan.close();
11
12         // ----------- Berechnung ------------
13         double v;
14         if (t < 0)
15         {
16             v = 100;
17         }
18         else if(t >= 0 && (t < 20))
19         {
20             v = 100 - 5*t;
21         }
22         else
23         {
24             v = 0;
25         }
26
27         // ----------- Ausgabe ------------
28         System.out.printf("Bei Temperatur = %1.2f Grad ist die Ausgabe = %1.2f.", t, v);
29     }
30 }
```

Ausgabe

```
Wie lautet der Temperaturwert?
5,8
Bei Temperatur = 5,80 Grad ist die Ausgabe = 71,00.
```

Allgemeine Erklärung

- Zeile 7–10: Einlesen des Wertes der Variablen t über die Konsole.

- Zeile 13–25: Berechnen des Ausgabewertes mit Hilfe der if-else-Anweisung. Für das Überprüfen, ob der Wert in dem angegebenen Intervall ist, werden die zwei logischen Aussagen mit dem UND-Operator verknüpft.

- Zeile 28: Ausgabe des Ergebnisses über eine formatierte Ausgabe.

Beispiel 4.6 (Bestimmen der Tage eines Monats) Wir schreiben ein Programm, das für einen Monat die Anzahl der zugehörigen Tage bestimmt. Wir verzichten zunächst auf die Regelung eines Schaltjahres. Die Monate Januar, März, Mai, Juli, August, Oktober und Dezember haben 31, die Monate April, Juni, September und November haben 30 und der Februar 28 Tage.

```java
 1 import java.util.Scanner;
 2
 3 public class Kalender
 4 {
 5     public static void main(String[] args)
 6     {
 7         // ------------ Eingabe ------------
 8         Scanner scan = new Scanner(System.in);
 9         System.out.println("Wie lautet der Monat? ");
10         int monat = scan.nextInt();
11         scan.close();
12
13         // ------------ Berechnung ------------
14         int tage=0;
15         switch(monat)
16         {
17             case 1: case 3: case 5: case 7: case 8: case 10: case 12:
18                 tage = 31; break;
19             case 4: case 6: case 9: case 11:
20                 tage = 30; break;
21             case 2:
22                 tage = 28; break;
23         }
24
25         // ------------ Ausgabe ------------
26         System.out.printf("Der %d-te Monat im Jahr hat %d Tage.", monat, tage);
27     }
28 }
```

Ausgabe

```
Wie lautet der Monat?
11
Der 11-te Monat im Jahr hat 30 Tage.
```

Allgemeine Erklärung

- Zeile 8–11: Einlesen des Monats über die Konsole als int-Wert.
- Zeile 14–23: Bestimmen der Anzahl der Tage mit Hilfe der switch-Anweisung. In diesem Fall wird die break-Anweisung am Ende der ganzen case-Alternativen eingesetzt.
- Zeile 26: Ausgabe der Anzahl der Tage über eine formatierte Ausgabe.

Die Zusammenfassung

1. Die if- und switch-Anweisungen gehören zu den Kontrollstrukturen, die angeben, was in jedem Schritt zu tun ist.

2. Die switch-Anweisung prüft auf die Gleichheit von Werten, im Gegensatz zur else if- Anweisung, bei der logische Ausdrücke auswertbar sind.

3. Der Bewertungsausdruck der switch-Anweisung verarbeitet ganzzahlige Werte (byte, short, int), Zeichen (char) oder Zeichenketten (String).

4. Die `break`-Anweisung in einer `case`-Marke beendet den `switch`-Block. Fehlt die `break`-Anweisung, so werden alle Anweisungen in den nächsten `case`-Marken abgearbeitet.

5. Die `if`- und `switch`-Anweisungen sind beliebig ineinander schachtelbar. Von großer Bedeutung ist dabei das saubere Einrücken der einzelnen Blöcke.

Die Übungen

Aufgabe 4.1 (Münzwurf) Schreiben Sie ein Programm, das einen Münzwurf durch die Ausgabe „Kopf" oder „Zahl" simuliert. Geben Sie das Ergebnis als Zeichenkette auf der Konsole aus.

Hinweis Verwenden Sie für das Erzeugen einer Zufallszahl den Befehl `double z = Math.random()`, mit dem zufällige Dezimalzahlen zwischen 0 und 1 erzeugt werden. Eine Zufallszahl keiner als 0.5 kann man dann als Kopf, größer gleich 0.5 als Zahl definieren.

Aufgabe 4.2 (Quadratische Gleichung) Ergänzen Sie im Programm zum Berechnen der Nullstellen einer quadratischen Gleichung aus dem letzten Kapitel die Fallunterscheidung für die drei Lösungsarten (zwei verschiedene Lösungen, doppelte Lösung, keine reelle Lösung). Falls Sie mit komplexen Zahlen vertraut sind, geben Sie für den dritten Fall die zugehörige komplexe Lösung an.

Aufgabe 4.3 (Klassifizierung von Schrauben) Ein Hersteller klassifiziert Schrauben nach folgendem Schema:

- Schrauben mit einem Durchmesser bis zu 3 mm und einer Länge bis zu 20 mm sind vom Typ1.
- Schrauben mit einem Durchmesser von 4 bis 6 mm und einer Länge von 21 bis 30 mm sind vom Typ2
- Schrauben mit einem Durchmesser von 7 bis 20 mm und einer Länge von 31 bis 50 mm sind vom Typ3

Schreiben Sie eine Klasse `Schrauben`, die den richtigen Schraubentyp ermittelt, wenn Durchmesser und Länge als ganze Zahlen eingegeben werden. Sollte eine Schraube keiner der oben beschriebenen Kategorien angehören, soll die Meldung „Unbekannter Schraubentyp" ausgegeben werden. Testen Sie Ihr Programm für verschiedene Eingaben.

Aufgabe 4.4 (Schaltjahr) Schreiben Sie eine Klasse `Kalender` zum Bestimmen der Anzahl der Tage in einem Monat. Beachten Sie hierbei die Problematik des Schaltjahrs, bei dem der Februar 29 statt 28 Tage besitzt. Ein Schaltjahr ist dann, wenn die Jahreszahl durch vier und nicht durch 100 teilbar ist oder wenn die Jahreszahl durch 400 teilbar ist.

Aufgabe 4.5 (Maschinensteuerung) Die Steuerung einer Maschine ist abhängig von einem Parameter α, der verschiedene Werte annehmen kann. Für den Parameter α (alpha) sind die folgenden Kennfunktionen einer Steuergröße y in Abhängigkeit eines Wertes x gegeben:

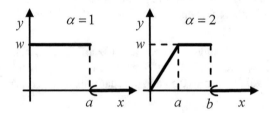

Für die Werte von x kleiner als null ist der Signalwert auch null. Der runde Halbkreis auf der x-Achse symbolisiert ein offenes Intervall $(a, \infty) = \{x \mid x > a\}$ für alle Zahlen größer als a. Erstellen Sie eine Klasse `Steuerung`, die für die Eingabe von α und x den zugehörigen Ausgabewert y berechnet. Die dazu notwendigen Parameter a, b und w sind über die Konsole einzulesen.

Wie wiederhole ich Anweisungen? Iterationen und Schleifen

5

In vielen Programmen sind Anweisungen mehrfach zu wiederholen. Das Kopieren unzähliger gleicher Anweisungen ist ineffizient und unpraktikabel, da die Anzahl der Wiederholungen oftmals nicht konstant ist. Bei Wiederholungsanweisungen unterscheiden wir prinzipiell zwischen beschränkten Iterationen der Form „Führe A genau N-mal aus" und bedingten Iterationen der Form „Wiederhole A solange, bis Q gilt" bzw. „Solange Q gilt, führe A aus". Die Schleifen gehören, wie die Verzweigungen, zu den Kontrollstrukturen. Diese Konstrukte haben die Aufgabe, den Ablauf eines Computerprogramms zu steuern. Viele Programme enthalten zahlreiche unterschiedliche Arten von Kontrollstrukturen, die teilweise miteinander verschachtelt sind.

Unsere Lernziele

- Programme mit beschränkten und bedingten Schleifen formulieren.
- Schleifen mittels for-, while- und do while-Anweisungen erzeugen.
- Geschachtelte Kontrollstrukturen praktisch umsetzen.

Das Konzept

Zählschleifen

Die for-Schleife ist eine Kontrollstruktur, die eine Gruppe von Anweisungen in einem Block mit einer definierten Anzahl von Wiederholungen ausführt: „Führe A genau N-mal aus."

Beispiel 5.1 Die folgende for-Schleife gibt die ersten zehn Quadratzahlen aus:

```java
for(int i=1; i<=10; i=i+1)
{
  System.out.printf("%d ", i*i);
}
```

© Springer Fachmedien Wiesbaden GmbH, ein Teil von Springer Nature 2023
S. Dörn, *Java lernen in abgeschlossenen Lerneinheiten*,
https://doi.org/10.1007/978-3-658-39915-3_5

Ausgabe
```
1 4 9 16 25 36 49 64 81 100
```

Allgemeine Erklärung

Die for-Anweisung führt die folgenden Schritte durch:

1. Setze im ersten Durchlauf der Schleife die Variable i auf den Wert 1 (i=1).

2. Prüfe vor jedem Durchlauf, ob i einen Wert kleiner gleich 10 hat (i<=10). Falls ja, führt die Schleife die Anweisungen im Block aus (System.out.printf ("%d ", i*i), ansonsten bricht die Schleife ab.

3. Erhöhe nach jedem Durchlauf den Wert von i um 1 (i=i+1).

Die allgemeine Syntax der for-Schleife lautet:

```
for(Startwert; Bedingung; Schrittweite)
{
    // Anweisungen
}
```

Allgemeine Erklärung

In der for-Schleife sind die Ausdrücke Startwert und Schrittweite Zuweisungen an die Laufvariable. Der Ausdruck Bedingung ist ein boolescher Ausdruck über den zulässigen Wert der Laufvariablen:

1. Initialisieren einer Laufvariablen in Startwert zum Zählen der Schleifendurchläufe.

2. Prüfen der Voraussetzung des Schleifendurchlaufes im Ausdruck Bedingung.

3. Falls Bedingung wahr ist, werden die Anweisungen ausgeführt und der Wert der Laufvariablen mit der Anweisung Schrittweite geändert. Falls Bedingung falsch ist, wird die Schleife beendet.

In Abb. 5.1 ist das Ablaufdiagramm der for-Schleife abgebildet. Die for-Schleife ist eine abweisende Zählschleife. Vor dem Ausführen der Anweisungen im Block

Abb. 5.1 Zählschleife einer
for-Schleife

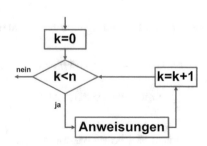

prüft sie, ob die angegebene Bedingung zutrifft. Die for-Schleife ist nützlich, wenn die Anzahl der Wiederholungen vor Eintritt in die Schleife bekannt ist.

Für die Kurzschreibweise der Anweisung i=i+1 können Sie die folgenden Operatoren verwenden:

Name	Operator	Erklärung
Postfix-Inkrement	i++	Rückgabewert bleibt unverändert, als Nebeneffekt wird der Wert des Operanden um 1 erhöht
Präfix-Inkrement	++i	Rückgabewert wird um 1 erhöht, als Nebeneffekt wird der Wert des Operanden um 1 erhöht
Postfix-Dekrement	i--	Rückgabewert bleibt unverändert, als Nebeneffekt wird der Wert des Operanden um 1 verringert
Präfix-Dekrement	--i	Rückgabewert wird um 1 verringert, als Nebeneffekt wird der Wert des Operanden um 1 verringert

Den Unterschied zwischen den Postfix- und Präfix-Operatoren zeigt das folgende Beispiel:

```
a = 1;
b = a++;    // a = 2, b = 1
a = 1;
b = ++a;    // a = 2, b = 2
```

▶ **ACHTUNG** Durch die falsche Anwendung der In- bzw. Dekrementoperatoren entstehen bei Programmieranfängern oft Fehler. Setzen Sie daher diese Kurzschreibweisen sorgsam ein.

Die for-Schleife wird häufig für das Aufsummieren von Werten eingesetzt. In den folgenden Beispielen geben wir einige Anwendungen an.

Beispiel 5.2

1. Berechnen der Summe der Quadratzahlen von 1 bis n: $1 + 2^2 + 3^2 + \ldots + n^2$:

```
double s = 0;
for(int i=1; i<=n; i++)
{
   s = s + Math.pow(i, 2);
}
```

2. Berechnen des Produktes der Quadratzahlen von 1 bis n: $1 \cdot 2^2 \cdot 3^2 \cdot \ldots \cdot n^2$:

```
double s = 1;
for(int i=1; i<=n; i++)
{
  s = s * i*i;
}
```

3. Berechnen der Summe aller Zahlen zwischen a und b mit Schrittweite h:

```
double s = 0;
for(int i=a; i<=b; i=i+h)
{
  s = s + i;
}
```

4. Zählen des Buchstaben a/A in einer Zeichenkette `wort`:

```
int anz = 0;
for(int i=0; i<wort.length(); i++)
{
  char z = wort.charAt(i);
  if ((z=='a') || (z=='A'))
  {
    anz = anz + 1;
  }
}
```

Die Methode `charAt(i)` gibt das i-te Zeichen der Zeichenkette zurück, wobei die Nummerierung bei 0 beginnt.

5. Berechnen der Summe der ersten n Quadratzahlen, die durch drei teilbar sind und der Summe der ersten n Kubikzahlen die durch fünf teilbar sind:

```
double s = 0;
for(int i=1; i<=n; i++)
{
  if (i%3 == 0)
  {
    s = s + Math.pow(i, 2);
  }
}
for(int i=1; i<=n; i++)
{
  if (i%5 == 0)
  {
    s = s + Math.pow(i, 3);
  }
}
```

Alternativ können wir kürzer schreiben:

```
double s = 0;
for(int i=1; i<=n; i++)
{
  if (i%3 == 0)
  {
    s = s + Math.pow(i, 2);
  }
  if (i%5 == 0)
  {
    s = s + Math.pow(i, 3);
  }
}
```

Übung 5.1 Probieren Sie diese Schleifen aus, indem Sie konkrete Werte für die angegebenen Parameter einsetzen.

Bedingungsschleifen

Ein Nachteil von Zählschleifen liegt in der vorherigen Definition der Anzahl der Schleifendurchläufe. Häufig ergeben sich während eines Schleifendurchlaufs neue Bedingungen, die mehr oder weniger weitere Durchläufe erfordern. Beispielsweise ist bei Näherungsverfahren nach jedem neuen Iterationsschritt zu prüfen, ob die geforderte Genauigkeit des Ergebnisses erreicht ist. Weitere Schleifendurchläufe sind dann nicht mehr auszuführen.

Die notwendige Flexibilität für die Anzahl der Schleifendurchläufe bietet die sogenannte Bedingungsschleife. Die Bedingung steuert die Schleife, die vor oder nach jedem Schleifendurchlauf überprüft wird. In Abhängigkeit davon erfolgt entweder ein erneutes Ausführen der Anweisung im angegebenen Block oder die Schleife wird verlassen. Je nach Position der steuernden Bedingung innerhalb der Schleife bieten die meisten Programmiersprachen zwei Kontrollstrukturen an:

1. **Abweisende Bedingungsschleife:** Bedingung am Schleifenkopf: „Solange Bedingung wahr, wiederhole die Anweisungen im Block".
2. **Nicht-abweisende Bedingungsschleife:** Bedingung am Schleifenende: „Wiederhole die Anweisungen im Block, solange Bedingung wahr".

Bedingungsschleifen: while-Schleife

Die while-Schleife ist eine abweisende Bedingungsschleife, die solange ausgeführt wird, wie die Bedingung wahr ist: „Wiederhole A, solange bis Q gilt." In Abb. 5.2 ist das zugehörige Ablaufdiagramm der while-Schleife dargestellt.

Die Syntax der abweisenden Bedingungsschleife lautet:

Abb. 5.2 Abweisende
Bedingungsschleife einer
while-Schleife

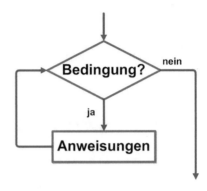

```
while (Bedingung)
{
  // Anweisungen
}
```

Allgemeine Erklärung

In einer while-Schleife werden die Anweisungen im Block in Abhängigkeit von dem Wahrheitswert Bedingung wiederholt. Die Schleife führt diese Anweisungen nur dann aus, wenn die Bedingung wahr ist. Um keine Endlosschleife zu erzeugen, ist der Wert von Bedingung im Schleifenrumpf zu verändern.

Beispiel 5.3 Die folgende while-Schleife gibt die ersten zehn Quadratzahlen aus:

```
int i = 1;
while(i <= 10)
{
  System.out.printf("%d ", i*i);
  i = i+1;
}
```

Ausgabe 1 4 9 16 25 36 49 64 81 100

Allgemeine Erklärung

Die while-Anweisung führt die folgenden Schritte durch:

1. Setze im ersten Durchlauf der Schleife die Variable i auf den Wert 1 (i=1).

Abb. 5.3 Nicht-abweisende
Bedingungsschleife einer do
while-Schleife

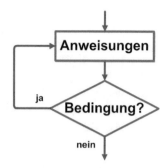

2. Prüfe vor jedem Durchlauf, ob i einen Wert kleiner gleich 10 hat (i<=10). Falls
   ja, führe die Schleife die beiden Anweisungen im Block aus, ansonsten bricht die
   Schleife ab.

3. Wiederhole den Schritt 2 so lange, bis die Bedingung nicht mehr erfüllt ist.

Bedingungsschleifen: do while-Schleife

Die do while-Schleife ist eine nicht abweisende Bedingungsschleife, die solange
ausgeführt wird, wie die Bedingung wahr ist: „Solange Q gilt, führe A aus." In
Abb. 5.3 ist das zugehörige Ablaufdiagramm der do while-Schleife dargestellt.

Die Syntax der annehmenden Bedingungsschleife do while-Schleife lautet:

```
do
{
    // Anweisungen
}
while (Bedingung);
```

Allgemeine Erklärung

Die do while-Schleife ist eine „annehmende Schleife", da die Schleife zuerst
alle Anweisungen ausführt. Damit wird diese Art von Schleife mindestens einmal abgearbeitet. Im Anschluss wird der Ausdruck Bedingung bewertet und die
Anweisungen im Block solange wiederholt, bis der Ausdruck Bedingung den Wert
false besitzt.

▶   ACHTUNG Bei der do while-Schleife hat im Gegensatz zur for- und
    while-Schleife ein Semikolon zu stehen. Alle lokal definierten Variablen
    in einem inneren Block sind in den äußeren Blöcken unsichtbar. Bei-
    spielsweise erhalten Sie beim Zugriff auf die Variable a in der while-
    Anweisung eine Fehlermeldung:

```
do
{
  double a = ...
  ...
}
while(a > 0);
```

In diesem Fall müssen Sie die Variable a vor dem do-Block deklarieren
(double a).

In den folgenden Beispielen geben wir einige Anwendungen für die beiden Bedingungsschleifen an.

Beispiel 5.4

1. Solange wie $n > a$ ist, wird die Zahl n halbiert:

```
while (n > a)
{
  n = n/2;
}
```

2. Solange wie die Differenz zwischen altem und neuem Wert größer gleich a ist, wird eine Zahl n halbiert:

```
double n1, n2 = n;
do
{
  n1 = n2;
  n2 = n1/2;
}
while (n1-n2 >= a);
```

▶ **ACHTUNG** Die geschweiften Klammern können Sie bei nur einer Anweisung weglassen. Falls zwei oder mehr Anweisungen auszuführen sind, müssen Sie auf jeden Fall die Block-Klammern setzen. Zum Vermeiden von Fehlern ist es ratsam, auch bei einer Anweisung stets die Block-Klammern zu setzen.

Übung 5.2 Implementieren Sie die beiden Beispiele und geben Sie in jedem Schleifendurchlauf die Zahl n aus.

▶ **ACHTUNG** Beim Programmieren mit Schleifen treten häufig die folgenden Fehler auf:

1. **Endlosschleife**

```
while (Bedingung)
{
  // Anweisungen
}
```

Logikfehler: Eine Endlosschleife tritt dann auf, wenn der Wert von Bedingung niemals den Wert false annimmt. Dieser Fall tritt auf, wenn Sie den Wert von Bedingung im Block nicht ändern bzw. diesen in die falsche Richtung abändern. Falls Sie durch einen Programmierfehler eine Endlosschleife erhalten, brechen Sie diese in Eclipse durch Drücken des roten Button (x) über der Konsole ab.

2. **Semikolon nach Bedingung**

```
while (Bedingung);
{
  // Anweisungen
}
```

Logikfehler: Setzen Sie keinesfalls ein Semikolon hinter die for- bzw. while-Schleife, ansonsten wird diese Zeile als Schleife ohne Rumpf interpretiert. Alle Anweisungen im Rumpf werden damit stets nur einmal ausgeführt.

3. **Komma anstatt Semikolon**

```
for(int i=1, i<=10, i=i+1)
{
  // Anweisungen;
}
```

Syntaxfehler Syntax error on token ",", ; expected: Ersetzen Sie die Kommas in der for-Schleife durch Semikolons.

Schachtelung von Kontrollstrukturen

Die einzelnen Kontrollstrukturen können ihrerseits wieder aus verschiedenen Unterkontrollstrukturen bestehen. Beispielsweise kann ein else-Block eine while-Schleife enthalten oder eine do while-Schleife eine switch-Struktur, die in den einzelnen Fällen if-Blöcke enthält. Die Kontrollstrukturen dürfen sich dazu nicht überschneiden.

Beispiel 5.5 Berechnen der Summe aller Produkte der Zahlen i und j für alle Werte zwischen 1 und 10:

```
int s = 0;
for(int i=1; i<=10; i++)
{
  for(int j=1; j<=10; j++)
  {
```

```
   s = s + i*j;
  }
}
```

▶ **ACHTUNG** Das Schachteln von Strukturblöcken macht ein Programm
schnell unübersichtlich, wenn die einzelnen Strukturblöcke optisch nicht
klar erkennbar sind. Achten Sie beim Schachteln von Kontrollstrukturen
auf die strukturierte Schreibweise:

1. Öffnende und schließende geschweifte Klammern stehen stets untereinander in derselben Spalte. Ein Klammerpartner ist in Eclipse immer
   durch UP-/DOWN-Cursortasten aufzufinden.
2. Die öffnende Klammer steht allein in einer Zeile an 1. Position direkt
   unter der Anweisung, die den Block einleitet. Der Blockinhalt ist um ca.
   4 Leerstellen (Tabulator) von der Klammer nach rechts einzurücken.

Stark verschachtelte Kontrollanweisungen sind zu vermeiden, da diese
schwer zu testen und zu verstehen sind. Zum Vermeiden dieser Strukturen
führen wir im nächsten Kapitel das Konzept der Methode ein.

Sprunganweisung

Für Kontrollstrukturen existieren zwei Sprunganweisungen, um Schleifen zu beenden oder Anweisungen zu überspringen. Mit der break-Anweisung wird eine
do while-, while- und for-Schleife abgebrochen. Hierbei wird immer die aktuelle Schleife, bei mehreren verschachtelten Schleifen die Innerste, verlassen.

Beispiel 5.6 Wir brechen die innere for-Schleife ab, wenn die Summe der Schlei-
fenindizes i und j größer als 5 ist:

```
for(int i=1; i<=5; i++)
{
  for(int j=1; j<=10; j++)
  {
    if (i+j <= 5)
    {
      System.out.printf("(%d, %d), ", i, j);
    {
    else
    {
      break;
    {
  }
}
```

Ausgabe

```
(1, 1), (1, 2), (1, 3), (1, 4), (2, 1), (2, 2), (2, 3),
(3, 1), (3, 2), (4, 1)
```

Übung 5.3 Erweitern Sie das obige Programmfragment um einen dritten Parameter k, sodass alle Tripel von Zahlen zwischen 0 und 10 ausgegeben werden, deren Summe genau 10 entspricht.

Die continue-Anweisung ist wie die break-Anweisung eine Sprunganweisung. Im Gegensatz zu break wird die Schleife nicht verlassen, sondern der Rest der Anweisungsfolge im Block übersprungen. Die continue-Anweisung können Sie in einer do while-, einer while- und einer for- Schleife anwenden. In einer do while- und while-Schleife springt continue direkt zum Bedingungstest der Schleife.

▶   **ACHTUNG** Setzen Sie die beiden Sprunganweisungen break und continue sehr sparsam ein, da ansonsten das Programm schnell unübersichtlich wird.

Die Beispiele

Beispiel 5.7 (Ausgabe einer Wertetabelle) Wir erstellen für das Programm aus dem letzten Kapitel zum Berechnen der Wertetabelle für alle ganzzahligen Werte von t zwischen 0 und 20 die folgende Funktion:

$$v = \begin{cases} 100, & t < 0 \\ 100 - 5t, & 0 \le t < 20 \\ 0, & \text{sonst.} \end{cases}$$

Mit diesen Angaben schreiben wir das folgende Programm:

```java
 1 public class Temperatur
 2 {
 3     public static void main(String[] args)
 4     {
 5         // ------------ Eingabe ------------
 6         // --- 1. Untere Grenze
 7         int uG = 0;
 8         // --- 2. Obere Grenze
 9         int oG = 20;
10
11         // ------------ Berechnung ------------
12         double v;
13         for(int t=uG; t<=oG; t++)
14         {
15             if (t < 0)
16             {
17                 v = 100;
18             }
19             else if(t >= 0 && (t < 20))
20             {
21                 v = 100 - 5*t;
22             }
23             else
24             {
25                 v = 0;
26             }
27             System.out.printf("(%d, %1.2f)\n", t, v);
28         }
29     }
30 }
```

Ausgabe

```
(0,  100,00)
(1,  95,00)
(2,  90,00)
...
(18, 10,00)
(19, 5,00)
(20, 0,00)
```

Allgemeine Erklärung

- Zeile 6–9: Definition der unteren und oberen Grenzen der Wertetabelle für die angegebene Funktion.

- Zeile 12–28: Berechnen des Ausgabewertes mit Hilfe der if-Anweisung über eine for-Schleife zwischen den angegebenen Intervallgrenzen. In jedem Schleifendurchlauf wird das zugehörige Wertepaar ausgegeben.

Beispiel 5.8 (Würfelspiel) Wir erstellen ein Programm für ein Würfelspiel von zwei Spielern. Jeder Spieler würfelt eine Zahl zwischen 1 und 6. Der Spieler mit dem höchsten Wert bekommt einen Punkt. Dieses Spiel wird solange gespielt, bis ein Spieler 10 Punkte hat.

```
 1 public class Wuerfelspiel
 2 {
 3    public static void main(String[] args)
 4    {
 5        // 1. Initialisieren der Variablen
 6        int wurf1, wurf2;
 7        int spieler1 = 0, spieler2 = 0;
 8        int n = 1;
 9        do
10        {
11            // 2. Bestimmen der Augenzahlen des Würfels
12            wurf1 = (int) (1 + Math.random() * 6);
13            wurf2 = (int) (1 + Math.random() * 6);
14            System.out.println("Spiel " + n + ": Spieler 1: " + wurf1 + "; Spieler 2: " + wurf2);
15
16            // 3. Vergabe der Punkte an Spieler
17            if (wurf1 > wurf2)
18                spieler1 = spieler1 + 1;
19            else if (wurf1 < wurf2)
20                spieler2 = spieler2 + 1;
21            n++;
22        }
23        while((spieler1 < 10) && (spieler2 < 10));
24
25        // 4. Ausgabe
26        if (spieler1 > spieler2)
27            System.out.println("Sieger ist Spieler 1 nach " + n + " Würfen.");
28        else
29            System.out.println("Sieger ist Spieler 2 nach " + n + " Würfen.");
30    }
31 }
```

Ausgabe

```
Spiel 1: Spieler 1: 1; Spieler 2: 3
Spiel 2: Spieler 1: 2; Spieler 2: 5
Spiel 3: Spieler 1: 1; Spieler 2: 4
...
Spiel 17: Spieler 1: 4; Spieler 2: 5
Spiel 18: Spieler 1: 2; Spieler 2: 3
Sieger ist Spieler 2 nach 18 Würfen.
```

Allgemeine Erklärung

- Zeile 6–8: Initialisieren der notwendigen Variablen für das Würfelergebnis, den Spielstand und die Anzahl der Spiele.

- Zeile 9–23: Bestimmen einer Zufallszahl zwischen 1 und 6 von jedem Spieler. Der Spieler mit dem höchsten Wert bekommt einen Punkt. Die Schleife wird solange wiederholt, bis ein Spieler 10 Punkte hat.

- Zeile 26–29: Ausgabe des Siegers und der Anzahl der Spiele.

Beispiel 5.9 (Bestimmen der Tage eines Monats) Wir erweitern die im letzten Kapitel vorgestellte Klasse Kalender zum Bestimmen der Anzahl der Tage eines Monats. In diesem Fall soll das Programm solange ausgeführt werden, bis wir eine

ganze Zahl eingeben, die kein Monat ist. Damit ersparen wir uns das mehrmalige
Starten von Programmen.

```
 1  import java.util.Scanner;
 2  public class Kalender
 3  {
 4      public static void main(String[] args)
 5      {
 6          // 1. Initialisieren der Variablen
 7          Scanner scan = new Scanner(System.in);
 8          int monat, tage=0;
 9          do
10          {
11              // 2. Eingabe des Monats
12              System.out.println("Wie lautet der Monat? ");
13              monat = scan.nextInt();
14
15              // 3. Bestimmen der Tageszahl
16              switch(monat)
17              {
18                  case 1: case 3: case 5: case 7: case 8: case 10: case 12:
19                      tage = 31; break;
20                  case 4: case 6: case 9: case 11:
21                      tage = 30; break;
22                  case 2:
23                      tage = 28; break;
24                  default:
25                      tage = 0; break;
26              }
27              // 4. Ausgabe
28              if (tage != 0)
29                  System.out.printf("Der %d-te Monat im Jahr hat %d Tage.\n", monat, tage);
30          }
31          while(monat >= 1 && monat <= 12);
32          scan.close();
33      }
34  }
```

Ausgabe

```
Wie lautet der Monat?
3
Der 3-te Monat hat 31 Tage.
Wie lautet der Monat?
11
Der 11-te Monat hat 30 Tage.
Wie lautet der Monat?
0
```

Allgemeine Erklärung

- Zeile 7–8: Initialisieren der notwendigen Variablen für die Tage und Monate.
- Zeile 12–13: Einlesen des Monats über die Konsole als int-Wert in jedem Schlei-
  fendurchlauf.
- Zeile 16–26: Bestimmen der Anzahl der Tage mit Hilfe der switch-Anweisung.
- Zeile 28–29: Ausgabe der Anzahl der Tage über eine formatierte Ausgabe für
  eine korrekte Monatseingabe.

- Zeile 9, 31: Die `do while`-Schleife wird so lange ausgeführt, wie die Zahlen für den Monat zwischen 1 und 12 liegen.

Die Zusammenfassung

1. Die `for`-, `while`- und `do while`-Schleifen sind Kontrollstrukturen:
   - `for`-Schleife: Beschränkte Iterationen „Führe A genau N-mal aus".
   - `while`-Schleife: Bedingte Iterationen „Wiederhole A solange, bis Q gilt".
   - `do while`-Schleife: Bedingte Iteration „Solange Q gilt, führe A aus".

2. Falls die Anzahl der Schleifenwiederholungen vor Eintritt in die Schleife bekannt ist, ist die `for`-Zählschleife zu empfehlen.

3. Die `while`-Schleife ist eine abweisende Bedingungsschleife, die solange ausgeführt wird, wie die angegebene Bedingung wahr ist.

4. Die `do while`-Schleife ist eine nicht-abweisende Bedingungsschleife, die solange ausgeführt wird, wie die angegebene Bedingung wahr ist. Diese Schleife wird auf jeden Fall mindestens einmal durchlaufen.

5. Eine Schleife wird durch die Anweisung `break` sofort beendet und durch `continue` wird zum nächsten Schleifendurchgang gesprungen.

6. Jede Kontrollstruktur kann weitere (Unter-) Kontrollstrukturen enthalten, die sich nicht überschneiden dürfen.

Die Übungen

Aufgabe 5.1 (Würfelspiel) Schreiben Sie für das angegebene Würfelspiel die folgenden Varianten:

a) Der Sieger des Spieles ist der Spieler, der nach 10 Durchläufen die höchste Augenzahl hat.

b) Der Sieger des Spieles ist der Spieler, der zuerst die Gesamtsumme von 100 Augenzahlen besitzt.

c) Der Sieger des Spieles ist der Spieler, der zuerst dreimal hintereinander die gleiche Zahl würfelt.

d) Der Sieger des Spieles ist der Spieler, der zuerst eine Sechs würfelt.

Aufgabe 5.2 (Mustererzeugung) Schreiben Sie ein Programm, das mit Hilfe von `for`-Schleifen das folgende Muster erzeugt:

```
*
* *
* * *
* * * *
* * * * *
* * * *
* * *
* *
*
```

Die maximale Anzahl von Sternen in einer Zeile soll durch eine Konstante in Ihrem Programm vorab festgelegt werden.

Aufgabe 5.3 (Menü) Schreiben Sie ein Programm `Menue` zum Erstellen eines Benutzerdialogs. Implementieren Sie das folgende Auswahlmenü:

```
==========================================================
Bitte wählen Sie eine Option:
1 Funktion 1
2 Funktion 2
3 Funktion 3
4 Programm beenden
```

Das Programm soll solange ausgeführt werden, bis der Nutzer die Zahl 4 eingibt. Bei Auswahl einer Zahl zwischen 1 und 3 soll auf dem Bildschirm nur der angegebene Text ausgegeben werden.

Aufgabe 5.4 (Zeichenkette) Schreiben Sie ein Programm `Zeichenkette`, bei dem zu einem eingegebenen Wort die Anzahl der Zeichen und die Anzahl der Buchstaben ausgegeben wird. Erweitern Sie das Programm so, dass Sie neben dem Wort zusätzlich ein einzelnes Zeichen eingeben. Geben Sie dann die Anzahl dieser Zeichen in dem eingegebenen Wort aus.

```
Zeichenkette: Abbcc123
Zeichenkette: b
Anzahl der Zeichen: 8
Anzahl der Buchstaben: 5
Anzahl der Zeichen b: 2
```

Hinweis Falls `wort` das eingegebene Wort ist, ergibt `wort.charAt(i)` das i-te Zeichen (Beginn beim Wert 0) und `wort.length()` die Länge des Wortes. Die Anweisung `Character.isLetter(wort.charAt(i))` überprüft, ob das i-te Zeichen ein Buchstabe ist.

Wie strukturiere ich meinen Code? Methoden

Unsere bisherigen Programme bestanden aus einer Klasse mit der Methode `main()`. In diesem Kapitel definieren wir innerhalb einer Klasse weitere Methoden. Eine Methode hat die Aufgabe, einen Teil eines Programms unter einem eigenen Namen zusammenzufassen. Mit dem Methodennamen und passenden Übergabeparametern rufen wir diesen separaten Programmteil auf. Die Methode erzeugt aus den übergebenen Eingabedaten die zugehörigen Ausgabedaten. Diese Ausgabedaten liefern eine Methode an das Hauptprogramm zurück.

Mit dem Konzept der Methoden vermeiden wir große und unstrukturierte Programme. Das Unterteilen von Programmen in Methoden hat viele Vorteile: Der Code ist besser strukturiert, übersichtlicher und damit verständlicher. Mit dem Aufbau von universellen Programmbibliotheken sind einzelne Programmfragmente wiederverwendbar.

Unsere Lernziele

- Modularisierung durch Methoden verstehen.
- Aufbau von Methoden in Java umsetzen.
- Selbstdefinierte Methoden mit Programmfunktionalität erstellen.

Das Konzept

Das Prinzip einer Methode können Sie sich anhand einer Firma mit verschiedenen Abteilungen vorstellen: Jede Abteilung entspricht einer Methode, die für das Abarbeiten einer Aufgabe zuständig ist. Der Chef der Firma ist die `main`-Methode, welche die einzelnen Abteilungen mit konkreten Aufgaben versorgt. Für das Erledigen der Aufgaben bekommen die Methoden gewisse Übergabeparameter geliefert. Aus den Werten der Parameter erstellt die Methode ein Ergebnis in Form eines

© Springer Fachmedien Wiesbaden GmbH, ein Teil von Springer Nature 2023
S. Dörn, *Java lernen in abgeschlossenen Lerneinheiten*,
https://doi.org/10.1007/978-3-658-39915-3_6

Rückgabewertes, der an die `main`-Methode zurückgegeben wird. So wie einzelne Abteilungen andere Abteilungen um Hilfe bitten, können auch Methoden andere Methoden aufrufen. Auf diesem Weg lässt sich eine große Aufgabenstellung sauber in viele kleinere Aufgaben unterteilen.

Einführendes Beispiel

Wir betrachten das folgende Beispielprogramm zum Berechnen der Summe aller natürlichen Zahlen von n_1 bis n_2:

```
1  public class Summe
2  {
3      public static void main (String[] args)
4      {
5          int n1  = 10;
6          int n2  = 20;
7          int erg = summe1(n1, n2);
8          System.out.printf("Summe von %d bis %d ist %d.\n", n1, n2, erg);
9      }
10
11     public static int summe1(int start, int end)
12     {
13         int wert = 0;
14         for (int i = start; i <= end; i = i + 1)
15             wert = wert + i;
16
17         return wert;
18     }
19 }
```

In der `main()`-Methode definieren wir zwei Zahlen n1 und n2 (Nr.1). Die Werte dieser beiden Parameter übergeben wir der Methode `summe1()`. Die Methode `summe1()` besitzt die beiden Übergabeparameter `start` und `end`, die in diesem Fall den Wert 10 und 20 haben (Nr.2). Anschließend wird der Programmtext im Methodenrumpf zwischen den geschweiften Klammern ausgeführt. Das Ergebnis dieser Rechnung ist die Variable `wert` (hier 165) (Nr.3). Mit der Anweisung `return wert;` wird dieses Ergebnis an den Aufruf in der `main`-Methode zurückgegeben.

Ausgabe

```
Summe von 10 bis 20 ist 165.
```

Allgemeine Erklärung

- Zeile 5–6: Definition der beiden ganzzahligen Variablen n1 und n2.

- Zeile 7: Aufruf der Methode `summe1()` mit den beiden Übergabeparametern n_1 und n_2, die den Wert 10 und 20 besitzen.

- Zeile 8: Ausgabe des Ergebnis, mit dem Ausgabebefehl `System.out. printf()`.

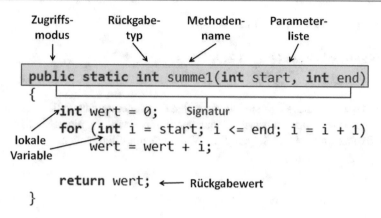

Abb. 6.1 Methodenaufbau mit Signatur der Methode `summe1()`

- Zeile 11: Definition der Methode `summe1(int start, int end)`. Die Parameter `start` und `end` sind in diesem Beispiel mit dem Wert `10` und `20` belegt.

- Zeile 13–15: Berechnen der Summe der ganzen Zahlen zwischen `start` und `end` im Rumpf der Methode.

- Zeile 17: Die Variable nach der `return`-Anweisung beinhaltet den Rückgabewert der Methode.

Die Abb. 6.1 stellt den Aufbau der Methode `summe1()` dar. Die Signatur der Methode `summe1()` ist der gesamte Methodenkopf mit dem Zugriffsmodus `public`, dem Schlüsselwort `static`, dem Rückgabetyp `int`, dem Methodennamen `summe1` sowie der Liste der Übergabeparameter `int start` sowie `int end`. Beachten Sie, dass die beiden lokalen Variablen `wert` und `i` nur innerhalb der Methode `summe1()` existieren. Außerhalb dieser Methode können Sie auf diese Variablen nicht zugreifen.

Die Parameter einer Methode spezifizieren wir durch folgende zwei Begriffe:

- **Formale Parameter:** Variablen in der Parameterliste der Methode.

- **Aktuelle Parameter:** Werte der formalen Parameter beim Aufruf der Methode.

In der Methode `summe1()` sind die formalen Parameter `start` und `end` mit den aktuellen Parametern `10` und `20` belegt.

Die Summe aller Zahlen zwischen 1 und n ist mit der Formel $\frac{n(n+1)}{2}$ ohne Schleife bestimmbar. Wir schreiben dazu eine neue Methode `summe2()`:

```
public static int summe2(int a, int b)
{
  return b*(b+1)/2 - (a-1)*a/2;
}
```

In der Methode `summe2()` sind die formalen Parameter a und b. Alle anderen Parameter in `main()` bzw. `summe1()` existieren in `summe2()` nicht. Sie bekommen einen Syntaxfehler, wenn Sie auf diese Variablen zugreifen wollen.

```
 1  public class Summe
 2  {
 3      public static void main (String[] args)
 4      {
 5          int n1  = 10;
 6          int n2  = 20;
 7          int erg = summe1(n1, n2);
 8          System.out.printf("Summe von %d bis %d ist %d.\n", n1, n2, erg);
 9          System.out.printf("Summe von %d bis %d ist %d.\n", n1, n2, summe2(n1, n2));
10      }
11
12      public static int summe1(int start, int end)
13      {
14          int wert = 0;
15          for (int i = start; i <= end; i = i + 1)
16              wert = wert + i;
17
18          return wert;
19      }
20      public static int summe2(int a, int b)
21      {
22          return b*(b+1)/2 - (a-1)*(a)/2;
23      }
24  }
```

Ausgabe

```
Summe von 10 bis 20 ist 165.
Summe von 10 bis 20 ist 165.
```

Aufbau von Methoden

In Java sind Methoden stets Bestandteile einer Klasse. Bei der Definition einer Methode unterscheiden wir zwei Teile: den Methodenkopf und den Methodenrumpf.

- **Methodenkopf:** Der Methodenkopf (Signatur) enthält den Namen der Methode, das optionale Schlüsselwort `static`, die Liste der Übergabeparameter (Datentyp und Variablenname) und den Rückgabetyp:

```
sichtbarkeit [static] datentyp methodenname(typ1
par1, typ2 par2,...)
{
  Anweisungen
}
```

Die einzelnen Begriffe sind wie folgt erklärt:

1. **Sichtbarkeit:** Aktuell wird als Zugriffsspezifizierer nur `public` verwendet, d. h. die Methode ist öffentlich.
2. **static:** Das optionale Schlüsselwort `static` gibt an, dass die Methode in anderen Klassen über den Klassennamen aufrufbar ist: `Klassenname. methodenname()`. In der objektorientierten Programmierung definieren wir Methoden, die nicht `static` sind.
3. **Datentyp:** Liefert die Methode als Ergebnis mit `return` einen Wert zurück, steht hier der Datentyp des Wertes. Falls kein Wert zurückgegeben wird, lautet der Rückgabetyp `void`.
4. **Methodenname:** Der Name ist unter Einhaltung der Bezeichnerregeln frei wählbar, und sollte nach Konvention mit einem Kleinbuchstaben beginnen.
5. **Parameterliste:** Formale Parameter der Methode, denen beim Aufruf die aktuellen Parameter übergeben werden.

- **Methodenrumpf:** Der Methodenrumpf steht innerhalb der geschweiften Klammern und enthält die lokalen Definitionen von Variablen und Anweisungen der Methode.
- **Aufruf der Methode:** Die Methode wird mit dem Namen und den Werten der aktuellen Parametern aufgerufen:
  `datentyp wert = methodenname(wert1, wert2, ... );`

▶ ACHTUNG Benennen Sie Methoden mit prägnanten und unterscheidbaren Verben oder Verben plus Substantiven, z. B. `schreibeDaten()`, `getVolumen()`, `pruefeFaktor()`, `istGerade()`. Von großer Bedeutung beim Programmieren ist das vernünftige Einrücken des Programmtextes für die bessere Lesbarkeit und zum Vermeiden von unnötigen Fehlern (siehe Abb. 6.2). Setzen Sie keinesfalls ein Semikolon hinter dem Methodenkopf, ansonsten erhalten Sie einen Syntaxfehler: `This method requires a body instead of a semicolon`.

Beim Verwenden von Methoden sind die folgenden Regeln zu beachten:

1. Besitzt eine Methode keinen Übergabeparameter, so wird an den Methodennamen ein Paar runde Klammern angehängt: `methodenname();`
2. Beim Aufruf einer Methode mit Parametern finden Zuweisungen statt. Ein formaler Parameter wird als lokale Variable angelegt und mit dem Wert des entsprechenden aktuellen Parameters initialisiert:
   `typ parameter = wert;`
3. Die Anweisung `return` gibt den Wert hinter diesem Schlüsselwort an den Aufrufer der Methode zurück. Das Programm kehrt dann zum Methodenaufruf zurück und arbeitet anschließend die nächste Anweisung nach dem Methodenaufruf ab.

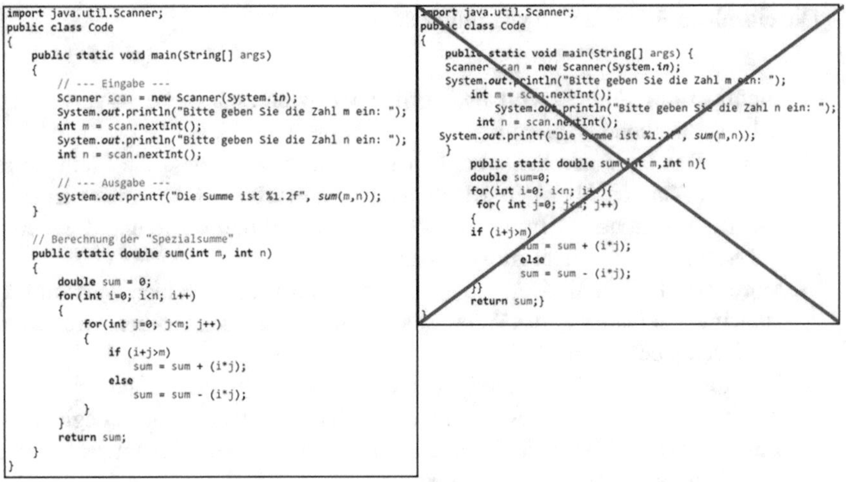

```
import java.util.Scanner;
public class Code
{
    public static void main(String[] args)
    {
        // --- Eingabe ---
        Scanner scan = new Scanner(System.in);
        System.out.println("Bitte geben Sie die Zahl m ein: ");
        int m = scan.nextInt();
        System.out.println("Bitte geben Sie die Zahl n ein: ");
        int n = scan.nextInt();

        // --- Ausgabe ---
        System.out.printf("Die Summe ist %1.2f", sum(m,n));
    }

    // Berechnung der "Spezialsumme"
    public static double sum(int m, int n)
    {
        double sum = 0;
        for(int i=0; i<n; i++)
        {
            for(int j=0; j<m; j++)
            {
                if (i+j>m)
                    sum = sum + (i*j);
                else
                    sum = sum - (i*j);
            }
        }
        return sum;
    }
}
```

```
import java.util.Scanner;
public class Code
{
    public static void main(String[] args) {
    Scanner scan = new Scanner(System.in);
    System.out.println("Bitte geben Sie die Zahl m ein: ");
    int m = scan.nextInt();
        System.out.println("Bitte geben Sie die Zahl n ein: ");
        int n = scan.nextInt();
    System.out.printf("Die Summe ist %1.2f", sum(m,n));
    }
        public static double sum(int m,int n){
        double sum=0;
        for(int i=0; i<n; i++){
        for( int j=0; j<m; j++)
        {
        if (i+j>m)
        sum = sum + (i*j);
        else
        sum = sum - (i*j);
    }}
        return sum;}
}
```

Abb. 6.2 Sauberes und unordentliches Einrücken von Programmcode

4. Der Rückgabetyp `void` ist zu verwenden, wenn die Methode keinen Rückgabewert an die aufrufende Methode liefert. In diesem Fall darf keine `return`-
Anweisung in der Methode stehen.

5. In einer Methode dürfen mehrere `return`-Anweisungen existieren, solange die
Eindeutigkeit des Rückgabewertes gewährleistet ist.

6. Methodenaufrufe können in Programmen folgendermaßen auftreten:

   - isoliert: z.B. `ausgabeAbstand(x1, y1, x2, y2);`
   - in einer Zuweisung: z.B. `d = abstand(x1, y1, x2, y2);`
   - in einem Ausdruck: z.B. `if(abstand(x1, y1, x2, y2) <= 1){...}`

7. In einer Klasse sind beliebig viele Methoden hintereinander definierbar. Jede
Methode ist von jeder anderen Methode aufrufbar.

▶ **ACHTUNG**

   - Die Methoden dürfen nur einzeln und ungeschachtelt in einer Klassen
     stehen.
   - Die Reihenfolge der Übergabeparameter muss mit der Parameterliste
     übereinstimmen.
   - Eine Methode darf nur genau einen Wert zurückliefern, der mit dem
     Rückgabetyp der Signatur übereinstimmen muss.
   - Bei `void` als Rückgabetyp darf keine `return`-Anweisung mit einem
     Rückgabetyp stehen.

Wir geben einige Beispiele von Methoden mit jeweils einem Beispielaufruf an. Diesen Aufruf können Sie innerhalb der `main` bzw. auch innerhalb anderer Methoden schreiben.

Beispiel 6.1

1. Ausgabe einer Zeichenkette:

```
public static void ausgabeString(String s)
{
  System.out.printf("Der Name lautet %s.", s);
}
```

Aufruf
```
ausgabeString("Anton");
```

Ausgabe
```
Der Name lautet Anton.
```

2. Berechnen des Flächeninhaltes eines Rechteckes:

```
public static double flaecheRechteck(double a,
double b)
{
  return a * b;
}
```

Aufruf
```
System.out.printf("Flaeche: %1.4f LE.",
flaecheRechteck(10.3, 4.4));
```

Ausgabe
```
Flaeche: 45,3200 LE.
```

3. Bestimmen des Kapitals nach einer n-jährigen Verzinsung mit Zinssatz p:

```
public static double getKapital(double kapital,
double p, int n)
{
  double kn = kapital * Math.pow(1 + p/100, n);
  return kn;
}
```

Aufruf
```
System.out.printf("Kapital: %1.4f Euro", getKapital
(1000.0, 3.0, 10));
```

Ausgabe
```
Kapital: 1343,92 EUR
```

4. Prüfen, ob eine Zahl gerade ist:

```
public static boolean istGerade(int zahl)
{
  if(zahl % 2 == 0)
  {
    return true;
  {
  else
  {
    return false;
  {
}
```

Aufruf
```
System.out.println(istGerade(13));
System.out.println(istGerade(10));
```

Ausgabe
```
false
true
```

▶ **ACHTUNG** Vermeiden Sie unbedingt beim Programmieren das Kopieren und Duplizieren von Codezeilen. Unterteilen Sie sich wiederholende
   Teilaufgaben in passende Hilfsmethoden mit geeigneten Übergabeparametern. Das Hauptprogramm sollte so weit wie möglich nur die einzelnen
   Unterprogramme aufrufen.

Methoden vom selben Namen sind mehrfach definierbar, wenn sich ihre Signatur in
Form der Parameterliste unterscheidet. Diese sogenannten *überladenen Methoden*
sollten eine ähnliche Funktion erfüllen. Die folgenden zwei Methoden sind überladen, da sie im ersten Fall für int und im zweiten Fall für double Variablen arbeiten:

```
public static int min(int a, int b)
{
  return a < b ? a : b;
}


public static double min(double a, double b)
{
  return a < b ? a : b;
}
```

▶ **ACHTUNG** Die wichtigste Aufgabe beim Programmieren besteht darin,
   Aufgaben in kleine Teilaufgaben zu zerlegen. Große Probleme werden
   solange in kleinere zerlegt, bis sie einfach zu verstehen und zu lösen sind.
   Beim Zerlegen eines Programms sollten Sie sich Gedanken zum Formulieren der einzelnen Teile machen. Schreiben Sie für jede dieser einzelnen
   Aufgaben eine Methode. Der Vorteil ist, dass Sie diese Teilprogramme
   separat programmieren und testen können. Insbesondere mit Teamarbeit sparen Sie dabei sehr viel Entwicklungszeit. Sie erhalten keinen guten
   Code, wenn Sie Unmengen von Anweisungen aneinanderreihen.

Die Beispiele

Beispiel 6.2 (Definition eines Funktionswertes) Wir schreiben für die bereits vorgestellte mathematische Funktion eine passende Methode:

$$v = \begin{cases} 100, & t < 0 \\ 100 - 5t, & 0 \leq t < 20 \\ 0, & \text{sonst.} \end{cases}$$

Damit können wir an verschiedenen Stellen in unserem Programm auf diese Funktion zurückgreifen, ohne sie explizit neu hinzuschreiben. Wir überladen anschließend diese Methode, indem wir eine weitere Methode mit gleichem Namen und
unterschiedlicher Signatur (Parameterliste, Rückgabeparameter) definieren.

```
 1 public class Temperatur
 2 {
 3     public static double getFktWert(double t)
 4     {
 5         if (t < 0)
 6             return 100;
 7         else if((t >= 0) && (t < 20))
 8             return 100 - 5*t;
 9         else
10             return 0;
11     }
12     public static double getFktWert(double t, double a)
13     {
14         if (t < 0)
15             return a;
16         else if((t >= 0) && (t < 20))
17             return a - 5*t;
18         else
19             return 0;
20     }
21
22     public static void main(String[] args)
23     {
24         System.out.printf("Funktionswert = %1.2f\n", getFktWert(10));
25         System.out.printf("Funktionswert = %1.2f\n", getFktWert(10, 90.0));
26     }
27 }
```

Ausgabe

```
Funktionswert = 50,00
Funktionswert = 40,00
```

Allgemeine Erklärung

- Zeile 3–11: Definition der Methode getFktWert() mit dem Übergabeparameter t vom Rückgabetyp double.

- Zeile 12–20: Definition einer weiteren Version der Methode getFktWert() mit den Übergabeparametern t und a vom Rückgabetyp double.

- Zeile 24–25: Aufruf der Methode getFktWert() mit unterschiedlichen aktuellen Parametern.

Beispiel 6.3 (Umwandeln von Zeichenketten in Zahlenfolgen) Wir erstellen ein Programm, das Zeichenketten in Zahlen umwandelt. Der Buchstabe A ist die 1, B ist die 2, C ist die 3 usw. Z ist die 26. Die Groß- bzw. Kleinschreibung soll dabei keine Rolle spielen. Die einzelnen Schritte sind in sinnvolle Methoden zu unterteilen.

```java
1  public class Zeichenverarbeitung
2  {
3      public static String zeichenkette2int(String name)
4      {
5          String s = "";
6          name = name.toUpperCase();
7          for(int i=0; i<name.length(); i++)
8              s = s + " " + zeichen2int(name.charAt(i));
9          return s;
10     }
11     public static int zeichen2int(char c)
12     {
13         return c - 64;
14     }
15     public static void main(String[] args)
16     {
17         // ------------ Eingabe ------------
18         // --- 1. Vorname
19         String vn = "Anton";
20         // --- 2. Nachname
21         String nn = "Schmidt";
22
23         // ------------ Ausgabe ------------
24         System.out.println(vn + ": " + zeichenkette2int(vn));
25         System.out.println(nn + ": " + zeichenkette2int(nn));
26     }
27 }
```

Ausgabe

```
Anton: 1 14 20 15 14
Schmidt: 19 3 8 13 9 4 20
```

Allgemeine Erklärung

- Zeile 3–10: Die Methode `zeichenkette2int()` wandelt eine übergebene Zeichenkette zunächst in Großbuchstaben (`toUpperCase`) und in die zugehörige Codierung aus ganzen Zahlen (`charAt`) um. Die Länge der Zeichenkette wird mit der Methode `length()` bestimmt. Das Ergebnis wird in einem String gespeichert und mit `return` an den Aufrufer zurückgeliefert.

- Zeile 11–14: Die Methode `zeichen2int()` wandelt ein Zeichen in Form eines `char`-Symbols in die zugehörige ganze Zahl um. Dazu wird die Darstellung des Zeichens im ASCII-Format[1] um den Wert 64 verringert, da hier die Kleinbuchstaben beginnen.

- Zeile 15–26: Die `main()`-Methode ruft die Methode `zeichenkette2int()` für alle Zeichenketten auf.

---

[1] Amerikanischer Standard-Code für den Informationsaustausch.

Die Zusammenfassung

1. Eine zentrale Gliederungsstruktur von Methoden ist das Trennen von Eingabe, Algorithmus und Ausgabe. Diese grundlegenden Aufgaben sind stets durch Methoden voneinander zu trennen.

2. Die *Signatur* einer Methode besteht aus dem Sichtbarkeitstyp `public`, dem optionalen Schlüsselwort `static`, dem Rückgabetyp, dem Methodennamen und der Liste der Übergabeparameter.

   ```
   sichtbarkeit [static] datentyp methode(typ1 var1,
   typ2 var2,...)
   {
     Anweisungen
   }
   ```

   Die gegebenen Größen entsprechen den Übergabeparametern und die gesuchte Größe dem Rückgabeparameter.

3. In der allgemeinen Konvention werden Klassennamen stets groß, und Methodennamen kleingeschrieben.

4. Eine *lokale Variable* ist eine Variable innerhalb einer Methode oder innerhalb eines Blocks. Lokale Variablen sind nur innerhalb eines Blocks definiert.

5. Das *Überladen* einer Methode besteht in der Definition einer Methode mit gleichem Namen und unterschiedlicher Signatur (Parameterliste, Rückgabeparameter).

6. Das Unterteilen von Programmcode in Methoden hat viele Vorteile:

   - Programmtext ist strukturierter, übersichtlicher und kürzer.
   - Mehrfachverwenden von Programmfragmenten mit verschiedenen Parametern.
   - „Top-Down"-Entwurf durch schrittweises Verfeinern vom Grob- zum Feinentwurf.
   - Aufbau von universellen Programmbibliotheken durch Modularisieren.
   - Entwickeln von großen Projekten in Teamarbeit.
   - Bessere Austauschbarkeit von Methodeninhalten.

   Alle wiederholenden Anweisungen sind durch die Definition von Methoden unbedingt zu vermeiden.

Weitere nützliche Befehle

Zum Kommentieren von Methoden ist JavaDoc hilfreich:

```
/** Berechnen von ...
* @parm werte Array mit Eingabewerten, ....
* @return ....
public static double methode(double werte[], ...)
```

```
{
    ...
}
```

Aus diesen Kommentaren ist eine Dokumentation im html-Format erzeugbar: Rechtsklick im Package Explorer → Export → Java → JavaDoc → Configure → Pfad zur javadoc.exe (Java SDK/bin) auswählen → Browse → Pfad auswählen → Finish.

Die Übungen

Aufgabe 6.1 (Einfache Methoden) Schreiben Sie eine Methode für die folgenden Aufgaben:

a) Berechnen des Mittelwertes dreier ganzer Zahlen.

b) Bestimmen der Anzahl der Tage im Monat Februar.

c) Ausgabe des i-ten Zeichens einer Zeichenkette genau n-Mal.

d) Berechnen des Funktionswertes von $\sqrt{x+y}$.

Aufgabe 6.2 (Definition von Methoden) Schreiben Sie für mindestens drei der bisher erstellten Programme aus den Beispielen und Übungsaufgaben der vorherigen Kapiteln eine zugehörige Methode.

Aufgabe 6.3 (Funktionsdarstellung) Gegeben sind die folgenden Funktionen:

$$f_1(x) = a \cdot \sin(x+b), \quad f_2(x) = a \cdot \exp(-bx).$$

a) Schreiben Sie jeweils eine Methode für jede der angegebenen Funktionen. Definieren Sie alle notwendigen Variablen der gegebenen Funktionen als Übergabeparameter.

b) Schreiben Sie eine Methode `wertetabelle()` zum Berechnen der Wertetabelle dieser Funktionen in einem geeigneten Intervall mit einer definierbaren Schrittweite. Die Übergabeparameter dieser Methode sind die Art der Funktion, das Intervall, die Schrittweite und die Funktionsparameter.

Wie speichere ich eine Menge von Werten ab? Arrays

In zahlreichen Anwendungen schreiben wir Programme, die viele Werte in Form von Datensätzen verarbeiten. Der Programmiercode wird unübersichtlich, wenn wir für jede dieser Variablen eine individuelle Variable anlegen. Wir fassen daher mehrere Variablen des gleichen Typs zu einem sogenannten Array (Feld) zusammen. Für Arrays existiert eine Vielzahl an Anwendungen, wie das Speichern von Personaldaten, Messdaten oder Inventarlisten. Wir können Arrays als eindimensionale Felder oder als zwei- bzw. mehrdimensionale Felder definieren.

Unsere Lernziele

- Felder definieren und anwenden.
- Tabellen definieren und verwenden.
- Arrays in Methoden benutzen.

Das Konzept

Eindimensionale Arrays

Für die Definition eines eindimensionalen Arrays existieren in Java zwei Möglichkeiten:

1. Anlegen des Feldes mit der Anzahl der Elemente:

```
datentyp feld[] = new datentyp[anzahl];
```

bzw.

```
datentyp[] feld = new datentyp[anzahl];
```

© Springer Fachmedien Wiesbaden GmbH, ein Teil von Springer Nature 2023
S. Dörn, *Java lernen in abgeschlossenen Lerneinheiten*,
https://doi.org/10.1007/978-3-658-39915-3_7

Für das Erzeugen eines Feldes mit dem new-Operator ist die Anzahl der Elemente (anzahl) in Form eines Ganzzahltyps anzugeben.

2. Anlegen eines Feldes mit Werten in geschweiften Klammern:

```
datentyp feld[] = {wert1, wert2, ...};
```

Die alleinige Deklaration eines Feldes ist `datentyp feld[];`

In der Mathematik wird ein eindimensionales Feld mit Elementen als *Vektor* bezeichnet.

Beispiel 7.1

1. Feld mit fünf `int`-Zahlen:

```
int feld1a[] = new int[5];
```

oder initialisiert:

```
int feld1b[] = {1, 2, 3, 4, 5};
```

2. Feld mit zwei `double`-Zahlen:

```
double feld2a[] = new double[2];
```

oder initialisiert:

```
double feld2b[] = {3.14, -2.6};
```

3. Feld mit vier Strings:

```
String feld3a[] = new String[4];
```

oder initialisiert:

```
String feld3b[] = {"Das", "ist", "ein", "Feld"};
```

Die Anzahl der Elemente eines Arrays `feld` ist eine positive ganze konstante Zahl. Die Länge eines Feldes wird mit `feld.length` bestimmt. Der Zugriff auf ein Element eines Feldes mit n Elementen erfolgt durch `feld[index]` mit einem ganzzahligen Wert von `index` zwischen 0 und $n - 1$. Die Zuweisung eines Elementes in einem Array mit n Elementen erfolgt über den Feld-Index von 0 bis $n - 1$:

```
feld[index] = wert;
```

Beispiel 7.2

1. Ausgabe der Elemente eines Arrays von Zeichenketten:

```
String zeichen[] = {"Das", "ist", "ein", "Array"};
for(int i=0; i<zeichen.length; i++)
{
  System.out.printf("%s ", zeichen[i]);
}
```

Ausgabe
```
Das ist ein Array
```

2. Initialisieren eines Arrays feld mit den Zahlen von 1 bis 100:

```
int feld[] = new int[100];
for(int i=0; i<100; i++)
{
  feld[i] = i+1;
}
```

3. Bestimmen des maximalen Wertes eines gegebenen Arrays feld:

```
int max = feld[0];
for(int i=1; i<feld.length; i++)
{
  if (max < feld[i])
  {
    max = feld[i];
  }
}
```

▶ **ACHTUNG** Sie bekommen einen Laufzeitfehler der Form ArrayIndexOutOf
BoundsException, wenn ein Zugriff auf ein Element des Arrays außerhalb der Feldgrenzen stattfindet. Eine for-Schleife über alle Elemente
eines Arrays feld beginnt stets bei 0 und endet bei feld.length-1.
Beachten Sie, dass der Index eines Arrays immer eine positive ganze Zahl
vom Typ byte, short, int oder char ist. Sie erhalten einen Syntaxfehler, falls die Indexposition oder die Länge des Feldes eine Gleitkommazahl
ist.

▶ **ACHTUNG** Bei Ausgabe eines Feldes feld mit System.out.println(feld)
erhalten Sie ein Ergebnis in der Form [I@2a139a55. In diesem Fall handelt es sich um die Adresse dieser Variablen im Speicher. Die Werte des

Feldes erhalten Sie durch die elementweise Ausgabe der einzelnen Feldelemente.

Zweidimensionales Array
In vielen Fällen ist es günstig, Daten nicht in Listen, sondern als Tabelle in Form eines
zweidimensionalen Arrays anzuordnen. Tabellen entstehen aus zweidimensionalen
Feldern durch das Anhängen zusätzlicher eckiger Klammern:

1. Definition der Größe des F eldes:

```
datentyp matrix[][] = new datentyp[m][n];
```

bzw.

```
datentyp[][] matrix = new datentyp[m][n];
```

Damit ist matrix eine Tabelle mit m Zeilen und n Spalten. Das Anlegen eines
zweidimensionalen Feldes erfolgt mit datentyp matrix[][].

2. Anlegen eines Feldes mit Werten in geschweiften Klammern:

```
datentyp matrix[][] = {{wert1, wert2,...}, {...},
    ...};
```

In der Mathematik wird ein zweidimensionales Feld in Form einer rechteckigen
Anordnung von Elementen als *Matrix* bezeichnet. Die Matrix wird in der Regel
durch runde Klammern umhüllt. Eine *m* × *n* Matrix ist eine Tabelle mit *m* Zeilen
und *n* Spalten.

Beispiel 7.3 Gegeben ist die Matrix

$$B = \begin{pmatrix} 2.3 & -10.3 & 5 \\ 0 & 1.03 & 3.5 \end{pmatrix}.$$

Definition der Matrix in Java:

```
double matB[][] = {{2.3, -10.3, 5}, {0, 1.03, 3.5}};
```

Der Zugriff auf das Element in einem zweidimensionalen Array matrix in der
i-ten Zeile und der j-ten Spalte der Matrix erfolgt über zwei Indizes i und j mit
matrix[i][j]. Die Wertzuweisung eines Elementes (i, j) des Arrays lautet:

```
matrix[i][j] = wert;
```

7 Wie speichere ich eine Menge von Werten ab? Arrays

89

Abb. 7.1 Zweidimensionales
Feld mit 3 Zeilen und 6
Spalten

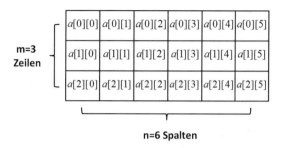

Die Anzahl der Zeilen ergibt sich aus `matrix.length` und die Anzahl der Spalten `matrix[0].length`. Der Vektor aller Elemente in der i-ten Zeile der Matrix ist definierbar durch

```
datentyp v[] = matrix[i];
```

Beispiel 7.4 Wir definieren ein zweidimensionales Feld mit Namen a mit 3 Zeilen und 6 Spalten, dargestellt in Abb. 7.1:

```
int a[][] = new int[3][6];
```

Die einzelnen Zeilen des zweidimensionalen Feldes lassen sich wie folgt bestimmen:

```
int zeile0[] = a[0];
int zeile1[] = a[1];
int zeile2[] = a[2];
```

Beispiel 7.5

1. Ausgabe der Elemente eines zweidimensionalen Arrays:

```
int feld[][] = {{1,2,3}, {4,5,6}};
for(int i=0; i<feld.length; i++)
{
  for(int j=0; j<feld[0].length; j++)
  {
    System.out.printf("%d ", feld[i][j]);
  }
  System.out.println();
}
```

Ausgabe
```
1 2 3
4 5 6
```

2. Initialisieren eines zweidimensionalen Arrays der Größe $m \times n$ mit den Einträgen $i + j$ in Zeile i und Spalte j:

```
double a[][] = new double[m][n];
for(int i=0; i<m; i++)
{
  for(int j=0; j<n; j++)
  {
    a[i][j] = i + j;
  }
}
```

Übung 7.1 Geben Sie den Programmcode an, um eine Matrix fortlaufend Zeile für Zeile mit den Zahlen 1, 2, 3 usw. zu füllen.

Übergabe von Arrays an Methoden
Arrays können wir wie andere Variablen an Methoden übergeben oder zurückliefern:

```
public static double[][] meth(double feld[], int zahl)
```

In diesem Fall übergeben wir ein `double`-Array `feld` und eine ganzzahlige Variable `zahl` an die Methode mit dem Namen `meth()`. Der Rückgabewert dieser Methode ist ein zweidimensionales Feld mit Elementen vom Typ `double`.

▶   TIPP Mit Hilfe von Arrays können Sie eine beliebige Menge von Parametern durch eine Methode zurückgeben. Sie speichern hierzu alle diese Werte in einem gemeinsamen Feld:

```
public static double[] methode(...)
{
  // Berechnung der Variablen a, b, c
  double feld[] = {a, b, c};
  return feld;
}
```

Übung 7.2 Erstellen Sie jeweils eine Methode zum Bestimmen des Minimums, Maximums und der Summe eines Arrays. Schreiben Sie anschließend eine weitere Methode zur Rückgabe dieser drei Werte. Verwenden Sie in dieser Methode die bereits erstellten Methoden für das Minimum, Maximum und die Summe.

Call by value und call by reference

Bei der Übergabe von Feldelementen an Methoden müssen Sie einen wesentlichen Punkt beachten: Falls Sie Feldelemente in der Methode verändern, wirkt sich diese Änderung auch auf das entsprechende Feld im rufenden Programm aus. Die Werte der aktuellen Parameter werden dabei als Verweise bzw. Referenzen auf die aktuellen Parameter übergeben. Damit bekommt die Methode nicht die Werte selbst übergeben, sondern nur einen Verweis auf den zugehörigen Speicher. Modifiziert die Methode den referenzierten Wert durch eine neue Wertzuweisung, so wirkt sich diese Änderung auch auf die aktuellen Parameter aus.

Dieses Prinzip der Parameterübergabe heißt *call by reference*. Auf diesem Weg wird das Kopieren von Arrays vermieden, da diese Aufgabe bei riesigen Arrays viel Zeit kostet. Bei Variablen mit primitiven Datentypen erfolgt die Übergabe mit *call by value* durch das Kopieren der aktuellen Parameter. Eventuelle Änderungen der formalen Parameter betreffen nur diese Kopien, nicht die Orginale.

Beispiel 7.6 Im folgenden Programm demonstrieren wir das Prinzip des call by reference:

```
 1 public class CallbyRef
 2 {
 3     public static void methode1(int a[], int idx)
 4     {
 5         a[idx] = -1;
 6     }
 7     public static void ausgabe(int feld[])
 8     {
 9         for(int i=0; i<feld.length; i++)
10             System.out.printf(" %d \t", feld[i]);
11         System.out.println();
12     }
13     public static void main(String[] args)
14     {
15         int feld[] = {1,2,3,4,5};
16         ausgabe(feld);
17         methode1(feld, 0);
18         ausgabe(feld);
19         methode1(feld, 3);
20         ausgabe(feld);
21     }
22 }
```

Der Methode `methode1()` wird ein Verweis des Arrays a übergeben. Damit wirken sich alle Änderungen in der Methode `methode1()` auf das ursprüngliche Array `feld` aus.

Ausgabe
```
1,  2,  3,  4,  5
-1,  2,  3,  4,  5
-1,  2,  3,  -1,  5
```

Allgemeine Erklärung

- Zeile 3–6: Die Methode `methode1()` setzt den Wert des Übergabearrays a an der Stelle `idx` auf −1.
- Zeile 7–12: Die Methode `ausgabe()` dient zur Ausgabe eines übergebenen Arrays.
- Zeile 16–20: Verändern der Werte eines Arrays mit der Methode `methode1()`. Nach jeder Änderung wird der Inhalt des Feldes ausgegeben.

Kopieren von Arrays
Beachten Sie beim Kopieren von Arrays das Prinzip der Referenzvariablen:

```
int feld1[] = {1, 2, 3, 4, 5};
int feld2[] = new int[5];
feld2 = feld1;
```

Die Anweisung `feld2 = feld1` erzeugt nur eine Referenzkopie von `feld1`. Überschreiben wir Elemente in `feld2`, so wirken sich diese Änderungen auch auf die entsprechenden Einträge in `feld1` aus. Für das Kopieren von Arrays existieren mehrere Möglichkeiten:

- Kopie der Elemente des Feldes mit der `for`-Schleife (Tiefenkopie):

  ```
  int feld2[] = new int[feld1.length];
  for(int i=0; i<feld1.length; i++)
  {
      feld2[i] = feld1[i];
  }
  ```

- Verwenden der Methode `clone()` des Arrays zum Kopieren eines Arrays:

  ```
  int feld2[] = feld1.clone();
  ```

Die Methode `clone()` erzeugt „flache" Kopien, d. h. nur Feldelemente vom Grunddatentyp werden kopiert. Die Kopie b einer Matrix a erfolgt mit einer Schleife über alle Zeilen:

```
int b[][] = new int[a.length][a[0].length];
for(int i=0; i<a.length; i++)
{
  b[i] = a[i].clone();
}
```

Die Beispiele

Beispiel 7.7 (Vertauschen zweier Werte) Wir schreiben eine Methode zum Vertauschen zweier Werte in einem Array durch vorgegebene Positionen i und j.

```
 1 public class ElementTausch
 2 {
 3     public static void vertauschen(double a[], int i, int j)
 4     {
 5         double h = a[i];
 6         a[i]    = a[j];
 7         a[j]    = h;
 8     }
 9     public static void main (String[] args)
10     {
11         double a[] = {1, 2, 3, 4, 5, 6, 7};
12         vertauschen(a, 1, 4);
13     }
14 }
```

Ergebnis des Arrays

1,00 5,00 3,00 4,00 2,00 6,00 7,00

Allgemeine Erklärung

- Zeile 3: Die Methode `vertauschen()` bekommt als Übergabeparameter das Array a und die zwei Indizes i und j für die zu vertauschenden Positionen. Der Rückgabetyp ist `void`, da das Array nicht kopiert, sondern durch call by reference modifiziert wird.

- Zeile 5–7: Das Vertauschen erfolgt mit einer Hilfsvariablen durch einen Zyklus: $h \to a[i] \to a[j] \to h$.

Beispiel 7.8 (Berechnen der Zeilensumme einer Matrix) Wir schreiben eine Methode zum Berechnen der Zeilensumme einer Matrix.

```
 1 public class Matrix
 2 {
 3     public static double[] zeilensumme(double a[][])
 4     {
 5         double sum[] = new double[a.length];
 6         for(int i=0; i<a.length; i++)
 7         {
 8             for(int j=0; j<a[0].length; j++)
 9             {
10                 sum[i] = sum[i] + a[i][j];
11             }
12         }
13         return sum;
14     }
15     public static void ausgabe(double a[])
16     {
17         for(int i=0; i<a.length; i++)
18         {
19             System.out.printf("%1.2f ", a[i]);
20         }
21     }
22     public static void main(String[] args)
23     {
24         double a[][] = {{1, 2, 3}, {4, 5, 6}};
25         ausgabe(zeilensumme(a));
26     }
27 }
```

Ausgabe
6,00 15,00

Allgemeine Erklärung

- 3–14: Definition der Methode zum Berechnen der Summe aller Elemente jeder Zeile der gegebenen Matrix mit Hilfe zweier Schleifen über die Zeilen (i) und Spalten (j).

- 15–21: Definition einer Methode zur Ausgabe der Elemente des Arrays auf der Konsole.

- 22–26: Initialisieren einer Eingabematrix und Aufruf der Methode ausgabe() mit dem Ergebnis der Methode zeilensumme().

▶   **ACHTUNG** Beachten Sie beim Erstellen von Programmen die saubere Trennung von Eingabe, Algorithmus und Ausgabe.

Die Zusammenfassung

1. Unter einem Array versteht man die Zusammenfassung von mehreren Variablen des gleichen Typs unter einem gemeinsamen Namen. Arrays treten in den meisten Fällen als ein- oder zweidimensionale Felder in Form von Tabellen oder Matrizen auf.

2. Die Anzahl der Elemente und der Feldindex in einem Array muss stets eine ganze Zahl sein.

3. Ein Feld kann in einer Methode mehrere Elemente zurückgeben.

4. Mehrdimensionale Arrays werden als Arrays von Arrays angelegt. Das Initialisieren erfolgt wie bei eindimensionalen Arrays durch Angabe der Anzahl der Elemente je Dimension. Der Zugriff auf mehrdimensionale Arrays geschieht durch Angabe aller erforderlichen Indizes, jeweils in eigenen eckigen Klammern.

5. Bei der Übergabe von Arrays an Methoden ist das Prinzip des call by reference zu beachten, da die Methode das Array nur als Verweis bekommt.

Weitere nützliche Befehle

1. Die Klasse `java.util.Arrays` bietet zahlreiche Methoden für Arrays:

   - Ausgabe eines Arrays `feld`: `System.out.println(Arrays.to String(feld))`
   - Sortieren eines Arrays `feld`: `Arrays.sort(feld)`
   - Füllen eines Arrays `feld` mit Elementen `wert`: `Arrays.fill(feld, wert)`
   - Kopieren eines Arrays `feld` der Länge `length`:
     `datentyp feld2[] = Arrays.copyOf(feld, length)`
   - Kopieren einer Matrix `feld` der Länge `length`:
     `datentyp feld2[][] = Arrays.deepToString(feld)`
   - Vergleichen zweier Arrays `feld1` und `feld2`:
     `boolean b = Arrays.equals(feld1, feld2)`

2. Für die Übergabe eines eindimensionalen Arrays mit den Werten a, b, usw. ist die folgende Kurzschreibweise möglich: `meth(new int[] {a, b, ... })`.

3. Für die Übergabe eines zweidimensionalen Arrays mit den eindimensionalen Elementen a, b, usw. ist die folgende Kurzschreibweise möglich: `meth(new int[][] {a, b, ... })`.

4. Eine Methode mit einer variablen Argumentanzahl von Übergabeparametern ist mit einem sogenannten Vararg-Parameter wie folgt definierbar:

   ```
   public static datentyp methodenname(typ, name1, ...,
     typ vararg)
   ```

   In diesem Fall darf nur ein einziger Vararg-Parameter am Ende der Parameterliste der Methode vorkommen. Die einzelnen Werte des Vararg-Parameter sind als Array gespeichert.

5. Mehrdimensionale Felder können wie folgt initialisiert werden:

   ```
   datentyp feldname[dim1][dim2]...[dimn] = {Werteliste};
   ```

   Der rechte Index läuft am schnellsten (Kilometerzählerprinzip). Man beachte, dass für jede Dimension der Indexbereich bei 0 beginnt und bei `dim-1` endet.

Damit besitzt das erste Element den Index `[0][0][0]`, das zweite Element den Index `[0][0][1]` und das letzte Element den Index `[dim1-1][dim2-1][dim3-1]`.

Die Übungen

Aufgabe 7.1 (Initialisieren von Arrays) Bearbeiten Sie die folgenden Aufgaben:

a) Initialisieren Sie einen Vektor mit folgenden ganzzahligen Werten: -2, -3, 5, 8, 10, 20.

b) Initialisieren Sie einen Vektor mit folgenden Werten: -3.5, -1.2, 5.003, 8, 10.9, 20.123.

c) Deklarieren Sie ein Feld mit Integerwerten der Länge 20.

d) Initialisieren Sie einen Zeichenkettenvektor mit den folgenden Werten: Montag, Dienstag, Mittwoch, Donnerstag, Freitag.

e) Initialisieren Sie einen Vektor mit den Werten von 1 bis 1000 in Zweierschritten $(1,3,5,\ldots,999)$.

f) Initialisieren Sie einen Vektor mit den Werten von 1 bis n in halben Schritten.

g) Initialisieren Sie die folgenden Matrizen:

$$A = \begin{pmatrix} 2 & 3 \\ -1 & 10 \end{pmatrix} \text{ und } B = \begin{pmatrix} 1.3 & 2.0 & -4.3 \\ -1 & 10 & \pi \end{pmatrix}.$$

j) Definieren Sie eine Einheitsmatrix der Dimension $n \times n$, also eine Matrix, die auf der Hauptdiagonalen von links oben nach rechts unten den Wert 1 besitzt.

Aufgabe 7.2 (Kreisberechnung) Schreiben Sie eine Klasse `Kreis` mit den folgenden Methoden:

- `public static double umfangKreis(double radius)`
  Berechnen des Umfangs eines Kreises.

- `public static double flaecheKreis(double radius)`
  Berechnen des Flächeninhalts eines Kreises.

- `public static double umfangKreis(double radius[])`
  Berechnen der Summe aller Umfänge einer Menge von Kreisen.

- `public static double flaecheKreis(double radius[])`
  Berechnen der Summe aller Flächeninhalte einer Menge von Kreisen.

Testen Sie alle Methoden an geeigneten Testbeispielen in der `main()`-Methode. Rufen Sie in den Methoden für eine Menge von Kreisen die bereits implementierten

Methoden zum Berechnen des Umfangs und der Fläche der einzelnen Kreise auf. Damit sparen Sie sich die abermalige Implementierung der benötigten Formeln.

Aufgabe 7.3 (Vektor- und Matrixoperationen) Erstellen Sie eine Klasse `LineareAlgebra` mit den folgenden elementaren Methoden:

- `public static void ausgabe(double a[])`
  Ausgabe eines Vektors.

- `public static void ausgabe(double a[][])`
  Ausgabe einer Matrix.

- `public static double[] produkt(double a[], double b[])`
  Komponentenweises Produkt zweier Vektoren.

- `public static double skalarprodukt(double a[],`
  `double b[])`
  Aufsummieren der Werte im komponentenweisen Produkt zweier Vektoren.

- `public static double[] add(double a[], double b[])`
  Komponentenweise Addition zweier Vektoren.

- `public static double[][] add(double a[][],`
  `double b[][])`
  Komponentenweise Addition zweier $m \times n$ Matrizen.

Übergeben Sie die gegebenen Größen als Parameter der Methode (Datentyp `double`). Das berechnete Ergebnis ist der Rückgabeparameter der Methoden. Überprüfen Sie alle Übergabeparameter auf Korrektheit und geben Sie ggf. eine Fehlermeldung aus. Testen Sie jede dieser Methoden an geeigneten Beispielen in der `main()`-Methode (ohne Konsoleneingabe). Falls kein Ergebnis berechenbar ist, geben Sie den Wert `null` zurück.

Wie funktioniert ein Algorithmus? Prinzip algorithmischer Verfahren

8

Ein Algorithmus ist ein schrittweises Verfahren zum Lösen eines Problems durch ein spezielles Regelwerk. Algorithmen bestehen aus einer Folge von elementaren Handlungsanweisungen (z. B. Grundrechenarten, logischer Operationen), die nach endlich vielen Schritten die Lösung des gestellten Problems liefern. Ähnlich wie bei der Montage eines Fahrzeuges, setzen die Entwickler von Algorithmen schrittweise die Einzelteile nach genau überlegten Regeln zusammen. Algorithmen sind universelle Werkzeuge, die heute in allen Bereichen eingesetzt werden. Eine einfache Aufgabe ist beispielsweise die alphabetische Sortierung einer Menge von Wörtern. Algorithmen können kompliziertere Aufgaben bearbeiten, wie das Steuern eines autonomen Roboters, die Analyse von Gensequenzen in der Bioinformatik oder das Untersuchen von kosmischen Strahlungen in der Physik. Heute entscheidet die Qualität der Algorithmen darüber, wie gut ein technisches Produkt oder eine digitale Dienstleistung funktioniert.

Unsere Lernziele

- Eigenschaften, Bestandteile und Darstellungsformen von Algorithmen verstehen.
- Dynamische Datenstrukturen kennenlernen und anwenden.
- Grundlegende algorithmische Methoden implementieren.
- Zentrale Basisalgorithmen verstehen und programmieren.

Das Konzept

Ein Algorithmus ist eine Art von Black-Box, die mit Eingaben gefüllt wird und nach einer bestimmten Zeit eine Ausgabe produziert (siehe Abb. 8.1). Ein Algorithmus besteht dabei aus einer Menge von Aktionen:

© Springer Fachmedien Wiesbaden GmbH, ein Teil von Springer Nature 2023
S. Dörn, *Java lernen in abgeschlossenen Lerneinheiten*,
https://doi.org/10.1007/978-3-658-39915-3_8

Abb. 8.1 Algorithmus als
Black Box

Eingabe ⟶ Algorithmus ⟶ Ausgabe

- Zuweisen von Werten an Variablen
- Ein- und Ausgabe von Werten
- Verzweigen von Anweisungen
- Wiederholen von Anweisungen
- Aufruf von Unterprogrammen
- Einlesen und Schreiben von Dateien

Eigenschaften von Algorithmen
Ein Algorithmus zur Lösung eines praktischen Problems hat eine ganze Reihe von Eigenschaften zu erfüllen:

- **Korrektheit:** Die zentrale Eigenschaft eines Algorithmus ist die korrekte Arbeitsweise. Die Schwierigkeit ist, dass durch Testen die Anwesenheit, nicht aber die Abwesenheit von Fehlern prüfbar ist.

- **Vollständigkeit:** Ein Algorithmus ist eine vollständige Beschreibung eines Lösungsverfahrens. Alle Rahmenbedingungen bzw. Spezifikationen sind dabei zu erfüllen.

- **Eindeutigkeit:** Jede Aktion des Algorithmus ist eindeutig ohne Interpretationsspielraum ausführbar.

- **Effizienz:** Die beiden wichtigsten Maße für die Effizienz sind die benötigte Rechenzeit und der Speicherplatz. Die Laufzeit eines Algorithmus ist durch die Anzahl der auszuführenden Operationen ermittelbar.

- **Verständlichkeit:** Algorithmen sollten verständlich sein, um Fehlerquellen zu vermeiden und die einfache Wartbarkeit sicherzustellen.

Ein algorithmisches Problem besteht aus zulässigen Eingaben und gesuchten Ausgaben als Funktion der Eingaben. Mit den Eingabeparametern berechnet der Algorithmus einen oder mehrere Ausgabeparameter. Die beiden Parametersätze der Ein- und Ausgabe sind die *Schnittstelle* eines Algorithmus. Eine genaue Beschreibung der Schnittstelle ist für das korrekte Anwenden des Verfahrens als Unterroutine in anderen Algorithmen von großer Bedeutung.

Darstellungsformen von Algorithmen
Zum Darstellen von Algorithmen gibt es eine Vielzahl von Möglichkeiten: textbasierte Formen, graphische Formen oder Pseudocode. Die graphische Form verwendet einfache Symbole wie Linien, Kreise, Rechtecke und Pfeile (Abb. 8.2). Auf diesem Weg ist der Nutzer in der Lage, die Reihenfolge jeder einzelnen Aktion schneller

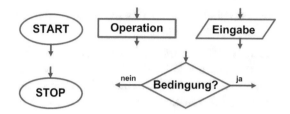

Abb. 8.2 Wichtigste Symbole für Ablaufdiagramme

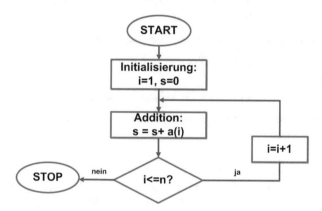

Abb. 8.3 Ablaufdiagramm zum Berechnen der Summe einer Zahlenmenge

zu erfassen. In Abb. 8.3 ist ein Beispiel für ein Ablaufdiagramm zum Berechnen der Summe einer Menge von Zahlen gezeigt.

Die Repräsentationsform des Pseudocodes ist eine textuelle Notation, die sich an Programmiersprachen anlehnt, ohne jedoch den syntaktischen Ballast zu verwenden. Das folgende Programm gibt den Pseudocode des Algorithmus aus Abb. 8.2 an.

Algorithm 1 SUMME

Input: Array $a = (a_1, \ldots, a_n)$
Output: Summe s
1: $s = 0$
2: **for** $i = 1$ **to** n **do**
3:    $s = s + a_i$

Die Schnittstelle des Algorithmus SHAPE SUMME besteht aus der Eingabe in Form eines Arrays und der Ausgabe einer Zahl.

Entwurf von Computerprogrammen
Für das Entwickeln von Computerprogrammen sind die folgenden Schritte notwendig:

1. **Problemanalyse:** Präzises Formulieren der gegebenen Aufgabenstellung mit den gegebenen und gesuchten Kenngrößen.

2. **Algorithmenentwurf:** Ableiten eines möglichst kurzen, verständlichen und leicht veränderbaren Verfahrens mit Hilfe des Top-Down-Entwurfs. Im Top-Down-Entwurf zerlegt der Entwickler jede einzelne Teilaufgabe solange, bis sie so einfach ist, dass sie mit Hilfe von elementaren Aktionen und Anweisungen lösbar ist.

3. **Korrektheitsnachweis:** Prüfen der Ergebnisse auf Richtigkeit und auf das Erfüllen aller Nebenbedingungen bzw. Ausnahmesituationen.

4. **Aufwandsanalyse:** Analyse des Zeit- bzw. Speicherbedarfs des Verfahrens.

5. **Programmkonstruktion:** Implementieren des Algorithmus in einer geeigneten Programmiersprache.

6. **Test:** Überprüfen des Programms mit einer repräsentativen Menge von Testfällen.

7. **Dokumentation:** Dokumentation des Programms mit den zugehörigen Unterroutinen und Schnittstellen.

Dynamische Datenstrukturen

Beim Programmieren von Algorithmen sind oftmals Felder mit unbekannter Elementzahl notwendig. Damit entstehen die folgenden Probleme beim Verwenden von herkömmlichen statischen Standardfeldern:

- Feld ist zu klein: Auftreten eines Programmfehlers

- Feld ist zu groß: Verschwenden von Speicherplatz

- Feld muss vergrößert werden: zeitaufwendiges Umkopieren des Speicherinhalts

- Feld besitzt bestimmte Reihenfolge: Einfügen und Löschen benötigt viel Aufwand

Die Probleme der statischen (starren) Strukturen lassen sich mittels dynamischer Strukturen umgehen. Eine dynamische Datenstruktur kann während der Laufzeit „wachsen" oder „schrumpfen". Diese Datenstrukturen (engl. Collections) dienen dazu, eine Menge von Daten aufzunehmen und effizient zu verarbeiten.

Ein Beispiel einer dynamischen Datenstruktur in Java ist die Datenliste `ArrayList` aus dem Paket `java.util`. Diese dynamische Liste kann Elemente beliebigen Typs enthalten und ihre Länge während der Laufzeit anpassen:

```
public ArrayList()
public ArrayList(int anzahl)
public ArrayList(ArrayList c)
```

Im ersten Fall wird eine leere Liste, im zweiten Fall eine Liste mit einer vorgegebenen Anzahl von Elementen und im dritten Fall eine Liste mit allen Elementen einer angegebenen Liste angelegt. Das Definieren einer neuen Liste vom Typ `ArrayList` erfolgt über den `new`-Operator:

```
ArrayList<datentyp> liste = new ArrayList<datentyp>();
```

Die optionale Angabe des Datentyps (z. B. `Integer`, `Double`) in der Liste `ArrayList` erfolgt mit spitzen Klammern `<...>`. Mit dieser Notation wird sichergestellt, dass die Datenstruktur ausschließlich Elemente vom angegebenen Datentyp aufnimmt. Damit entfällt eine spätere Typkonvertierung beim Auslesen der Elemente, um den Code besser lesbar zu gestalten.

In einer dynamischen Datenstruktur können wir an einer beliebigen Stelle der Liste ein Element einfügen oder löschen. Das erste Element hat den Index 0 und das letzte den Index `size()-1`. Die Methode `size()` liefert die Anzahl der Elemente und `isEmpty()` prüft, ob die Datenstruktur leer ist.

▶ **ACHTUNG** Beachten Sie, dass eine `ArrayList liste` ein Objekt ist, sodass der Zugriff stets mit dem Objektnamen, gefolgt vom Punktoperator und der gewünschten Methode `methode()` erfolgt:

```
liste.methode();
```

Neue Elemente können Sie an einer beliebigen Stelle in die `ArrayList` einfügen. Das Einfügen des Objektes `obj` am Ende der Liste erfolgt durch

```
public void add(Object obj)
```

Das Einfügen eines Elementes `obj` an der Position `index` erfolgt mit:

```
public void add(int index, Object obj)
```

Diese Operation schiebt das aktuelle Element und die dahinterliegenden Elemente um eine Position weiter.

Beispiel 8.1

1. Definition einer dynamischen Liste mit Elementen vom Typ `Integer`:

   ```
   ArrayList<Integer> liste = new ArrayList<Integer>();
   liste.add(1);
   liste.add(3);
   liste.add(1, 2);
   System.out.println(liste);
   ```

Ausgabe
```
[1, 2, 3]
```

2. Definition einer dynamischen Liste mit allen Zahlen zwischen 0.0 und 1.0 der
   Schrittweite 0.1:

```
ArrayList<Double> liste = new ArrayList<Double>();
for(double i=0.0; i<=1.0; i=i+0.1)
{
  liste.add(i);
}
System.out.println(liste);
```

Ausgabe
```
[0.0, 0.1, 0.2, 0.3, 0.4, 0.5, 0.6, 0.7, 0.8, 0.9,
1.0]
```

Die Elemente einer anderen `ArrayList` `c` sind mit folgenden Methoden einfüg-
bar:

```
public void addAll(ArrayList c)
public void addAll(int index, ArrayList c)
```

Die zweite Methode fügt ab dem angegebenen Index die angegebene `ArrayList`
ein. Das Löschen eines Elementes `obj` an einer Stelle `index` ermöglicht folgende
Methoden:

```
public void remove(int index)
public void remove(Object obj)
```

Die zweite Methode löscht das erste Vorkommen des angegebenen Elementes. Die
folgenden zwei Methoden liefern das Element bzw. setzen das Element `obj` an Position `index`:

```
public Object get(index)
public Object set(index, Object obj)
```

Das Kopieren einer `ArrayList` erfolgt mit der Methode `clone()`. Die einzelnen
Elemente werden dabei jedoch nicht kopiert.

Beispiel 8.2 Das folgende Programm demonstriert den Umgang mit einer `ArrayList`. Wir legen dazu eine `ArrayList liste1` mit Elementen vom Typ `String[]` an. Diese Liste kopieren wir mit der `clone()`-Anweisung in `ArrayList liste2`. Anschließend ändern wir einzelne Elemente ab. Die Änderungen konkreter Elemente des String-Arrays wirken sich durch das Prinzip call by reference auf beide Listen aus.

```
1  import java.util.ArrayList;
2  import java.util.Arrays;
3
4  public class DynDaten
5  {
6
7      public static void main(String[] args)
8      {
9          // Definition einer ArrayListe
10         ArrayList<String[]> liste1 = new ArrayList<String[]>();
11         String a[] = {"A", "AA", "AAA", "AAAA"};
12         String b[] = {"B", "BB", "BBB", "BBBB"};
13         liste1.add(a);
14         liste1.add(b);
15
16         // Kopieren der ArrrayListe
17         ArrayList<String[]> liste2 = (ArrayList<String[]>) liste1.clone();
18
19         // Ändern der Elemente
20         liste2.set(0, b);
21         b[0] = "C";
22
23         // Ausgabe der Liste
24         System.out.println("Liste 1:");
25         ausgabeList(liste1);
26         System.out.println("Liste 2:");
27         ausgabeList(liste2);
28     }
29     public static void ausgabeList(ArrayList<String []> liste)
30     {
31         for(int i=0; i<liste.size(); i++)
32         {
33             System.out.println(Arrays.toString(liste.get(i)));
34         }
35     }
36 }
```

Ausgabe
```
Liste 1:
[A, AA, AAA, AAAA]
[C, BB, BBB, BBBB]
Liste 2:
[C, BB, BBB, BBBB]
[C, BB, BBB, BBBB]
```

Foreach-Schleife

Die foreach-Schleife ist eine Möglichkeit auf die Elemente einer Collection mit wenig Code lesend zuzugreifen. Eine Collection ist dabei ein Objekt, das andere

Objekte in einer Sammlungsstruktur verwaltet. Beispiele dafür sind eine statische Datenstruktur eines Array oder eine dynamische Datenstruktur einer `ArrayList`.

Die Syntax für einer foreach-Schleife ist:

```
for(Datentyp Element : Collection)
{
  ...
}
```

Hierbei ist

- Datentyp: Definition des Datentyps der Elemente der Collection.
- Element: Frei wählbare lokale Variable der Schleife.
- Collection: Name der Collection die durchlaufen wird.

Beispiel 8.3

1. In der lokalen Variablen `zahl` werden die einzelnen Elemente des Arrays `feld` durchlaufen:

```
int feld[] = {9, 14, 0, -12}
for(int zahl : feld)
{
  System.out.printf("%d ", zahl);
}
```

Ausgabe
9 14 0 -12

2. In der lokalen Variablen `name` werden die einzelnen Elemente der `ArrayList` `liste` durchlaufen:

```
ArrayList<String> liste = new ArrayList<String>();
liste.add("Anton");
liste.add("Berta");
for(String name : liste)
{
  System.out.println(name);
}
```

Ausgabe
```
Anton
Beta
```

Die Beispiele

In diesem Abschnitt stellen wir eine ganze Reihe von Standardalgorithmen vor, die in vielen Programmen als Unterroutinen verwendet werden.

Beispiel 8.4 (Maximum eines Arrays) Wir schreiben eine Methode zum Bestimmen des maximalen Wertes und seiner Position in einem Array. Dazu durchlaufen wir das Array der Reihe nach und prüfen jedes Element darauf, ob es größer ist, als das aktuelle Maximum.

```
 1 public class Maximum
 2 {
 3     public static double[] maxWertIndex(double a[])
 4     {
 5         double max = a[0];
 6         int idx    = 0;
 7         for(int i=0; i<a.length; i++)
 8         {
 9             if (a[i] > max)
10             {
11                 max = a[i];
12                 idx = i;
13             }
14         }
15         double erg[] = {max, idx};
16         return erg;
17     }
18
19     public static void main(String[] args)
20     {
21         double a[] = {8, 7, 2, 10, -3, 9};
22         double max[] = maxWertIndex(a);
23         System.out.printf("Maximum ist %1.2f an Postion %1.0f.", max[0], max[1]);
24     }
25 }
```

Ausgabe
```
Maximum ist 10,00 an Position 3.
```

Allgemeine Erklärung

- Zeile 3: Der Rückgabetyp der Methode ist ein Array, dessen erster Eintrag dem maximalen Wert und dessen zweiter Eintrag dem Index des maximalen Wertes entspricht.

- Zeile 5–6: Initialisieren des Maximums und der Position mit dem ersten Element des Arrays.

- Zeile 7–14: Die Schleife durchläuft alle Werte des Arrays und prüft, ob der aktuelle Wert größer als das aktuelle Maximum ist. Falls dies der Fall ist, werden der zugehörige Wert und die Indexposition gespeichert.

- Zeile 15–16: Für die Rückgabe des Ergebnisses wird das Maximum mit der zugehörigen Indexposition in einem eindimensionalen Array der Länge zwei gespeichert.

Beispiel 8.5 (Bestimmen der Ziffern einer Zahl) Wir schreiben eine Methode zum Bestimmen der Ziffern einer gegebenen ganzen Zahl. Wir betrachten hierzu als Beispiel die Zahl 12345. Mit Anwenden des Restwertoperators % mit der Zahl 10 erhalten wir die letzte Ziffer 5. Die verbleibende Zahl 1234 ergibt sich durch ganzzahlige Division mit dem Wert 10. Durch iteratives Wiederholen erhalten wir alle Ziffern der gegebenen Zahl.

```
 1 public class Ziffern
 2 {
 3     public static int[] ziffern(int zahl)
 4     {
 5         int n = (int) Math.log10(zahl)+1;
 6         int a[] = new int[n];
 7         for(int i=0; i<n; i++)
 8         {
 9             a[i] = zahl % 10;
10             zahl = zahl / 10;
11         }
12         return a;
13     }
14
15     public static void main(String[] args)
16     {
17         int zahl = 12345;
18         int a[]  = ziffern(zahl);
19         for(int i=a.length-1; i>=0; i--)
20             System.out.printf("%d ", a[i]);
21     }
22 }
```

Ausgabe
1 2 3 4 5

Allgemeine Erklärung

- Zeile 5: Die Anzahl der Ziffern n einer Dezimalzahl wird mit dem Logarithmus zur Basis 10 bestimmt.

- Zeile 6: Initialisieren eines Arrays der Länge n für alle Ziffern in umgekehrter Reihenfolge.

- Zeile 7–11: Die aktuelle Ziffer ergibt sich durch Berechnen des Rests bei Division durch 10. Anschließend wird die aktuelle Zahl durch 10 ganzzahlig dividiert.

Beispiel 8.6 (Binäre Suche) Wir schreiben eine Methode zum Suchen eines Elementes in einem sortierten Array. Wenn das Element vorhanden ist, wird dessen Position zurückgeliefert, andernfalls -1. Die binäre Suche ist ein effizienter Algorithmus für die Suche in einem sortierten Feld. Der Algorithmus arbeitet wie folgt: Zuerst überprüfen wir das mittlere Element des Feldes. Wenn es das gesuchte Element ist, beenden wir die Suche mit der zugehörigen Position. Falls es größer ist, befindet sich das gesuchte Element in der hinteren Hälfte, andernfalls in der vorderen Hälfte.

Algorithm 2 BINÄRE SUCHE

Input: Sortierte Zahlenfolge $a = (a_1, \ldots, a_n)$, Element e
Output: Position des Elementes e (falls vorhanden), andernfalls -1.

1: $u = 1, o = n$
2: **repeat**
3:     mid $= (u + o)/2$
4:     **if** $e = a_{\text{mid}}$ **then**
5:       **return** mid
6:     **else if** $e > a_{\text{mid}}$ **then**
7:       $u = $ mid $+ 1$
8:     **else**
9:       $o = $ mid
10: **until** $u == o$
11: **return** -1

Aus diesem Pseudocode erstellen wir die folgende Implementierung in Java:

```java
 1 public class BinSuche
 2 {
 3     public static int binSuche(int a[], int elm)
 4     {
 5         int mid, uG=0, oG=a.length-1;
 6         int idx = -1;
 7         do
 8         {
 9             mid = (uG + oG)/2;
10             if(elm == a[mid])
11                 return mid;
12             else if (elm > a[mid])
13                 uG = mid+1;
14             else
15                 oG = mid;
16         }
17         while(oG != uG);
18         return idx;
19     }
20
21     public static void main(String[] args)
22     {
23         int a[] = {2, 5, 8, 10, 13, 17, 21, 28};
24         int elm = 21;
25         System.out.printf("Das Element %d ist an Position %d.\n", elm, binSuche(a, elm));
26     }
27 }
```

Ausgabe
```
Das Element 21 ist an Position 6.
```

Allgemeine Erklärung

- Zeile 5: Initialisieren der unteren und oberen Schranke u und o zum Durchsuchen des Arrays.

- Zeile 9: Berechnen des mittleren Elementes aus der aktuellen unteren und oberen Schranke.

- Zeile 10–11: Falls sich an der Position des mittleren Elementes das gesuchte Element befindet, wird die zugehörige Position zurückgegeben.

- Zeile 12–15: Falls das Element größer ist als das Element an der mittleren Position, wird die untere Schranke, andernfalls die obere Schranke aktualisiert.

- Zeile 17: Die Abbruchbedingung der Schleife tritt ein, wenn die untere und obere Schranke zusammenfallen.

Beispiel 8.7 (Sortieren eines Arrays) Wir schreiben eine Methode zum Sortieren eines Arrays vom kleinsten zum größten Element. Der sogenannte BubbleSort-Algorithmus ist eines der bekanntesten und einfachsten Sortierverfahren. In diesem Verfahren vertauschen wir solange zwei jeweils benachbarte, nicht in der richtigen Reihenfolge stehende Elemente, bis keine Vertauschungen mehr nötig sind. Im ersten Durchlauf wandert das größte Element an das Ende der Liste. Im zweiten Durchlauf wandert das zweitgrößte Element auf den vorletzten Platz usw. Diese Schritte wiederholen wir solange, bis kein Vertauschen mehr möglich ist, also alle Elemente in der richtigen Reihenfolge stehen. Dieses Verfahren trägt den Namen BubbleSort, da größere Elemente wie Luftblasen im Wasser langsam nach oben aufsteigen.

Wir betrachten die Arbeitsweise des BubbleSort-Verfahrens an dem folgenden Zahlenbeispiel: $a = (7, 4, 6, 8, 5)$:

1. Größtes Element 8 wandert an die letzte Stelle: $a = (4, 6, 7, 5, 8)$.

2. Zweitgrößtes Element 7 wandert an die vorletzte Stelle: $a = (4, 6, 5, 7, 8)$.

3. Drittgrößtes Element 6 wandert an die drittletzte Stelle: $a = (4, 5, 6, 7, 8)$.

4. Kein Vertauschen der Elemente, Feld ist sortiert.

Algorithm 3 BUBBLESORT

Input: Array $a = (a_1, \dots, a_n)$
Output: Aufsteigend sortierte Folge a
1: **repeat**
2:   **for** $i = 1$ **to** $n - 1$ **do**
3:     **if** $a_i > a_{i+1}$ **then**
4:       Vertausche Werte von a_i und a_{i+1}
5: **until** Keine Vertauschungen mehr aufgetreten

Aus diesem Pseudocode erstellen wir die folgende Implementierung in Java:

```
 1  import java.util.Arrays;
 2
 3  public class Sortieren
 4  {
 5      public static void bubbleSort(double a[])
 6      {
 7          boolean flag = false;
 8          do
 9          {
10              flag = true;
11              for (int i=0; i<a.length-1; i++)
12              {
13                  if (a[i] > a[i+1])
14                  {
15                      flag      = false;
16                      double h = a[i];
17                      a[i]      = a[i+1];
18                      a[i+1]    = h;
19                  }
20              }
21          }
22          while(!flag);
23      }
24
25      public static void main(String[] args)
26      {
27          double a[] = {7, 4, 6, 8, 5};
28          bubbleSort(a);
29          System.out.println(Arrays.toString(a));
30      }
31  }
```

Ausgabe
[4.0, 5.0, 6.0, 7.0, 8.0]

Allgemeine Erklärung

- Zeile 5: Die Variable flag gibt an, ob die Liste sortiert ist oder nicht.

- Zeile 9–18: Durchlaufen der Liste $a_1, \dots, a_n$ von Anfang an und vertauschen von zwei Elementen a_i und a_{i+1}, falls $a_i > a_{i+1}$ (Zeile 14–16). Die Liste ist damit nicht sortiert, also wird flag auf false gesetzt.

- Zeile 20: Wiederholen der Schleife solange, bis kein Vertauschen mehr möglich ist.

Übung 8.1 Ersetzen Sie in allen Beispielprogrammen die statischen Datenstrukturen in Form von Arrays durch dynamische Datenlisten.

Die Zusammenfassung

1. Ein *Algorithmus* ist eine Handlungsvorschrift, die nach endlich vielen Schritten eine Lösung des gestellten Problems liefert. Ein Algorithmus muss korrekt, vollständig, eindeutig, effizient und verständlich sein.

2. Der *Top-Down-Entwurf* zerlegt eine Aufgabe in unabhängige Teilaufgaben.

3. Eine *dynamische Datenstruktur* kann während der Laufzeit beliebig „wachsen" oder „schrumpfen". Dynamische Datenstrukturen sind empfehlenswert, um eine unbekannte Anzahl von Elementen zu speichern.

4. Die foreach-Schleife eignet sich zum Durchlaufen einer Collection:
   ```
   for(Datentyp Element : Collection)
   ...
   ```

Weitere nützliche Befehle

Dynamische Datenstrukturen sind Listen, Stapel oder Warteschlangen. Im Paket `java.util` existieren über 20 Klassen, die aus den folgenden Grundformen bestehen:

- `List`: Datenstruktur, die Elemente beliebigen Typs enthält.
  Beispiele: `ArrayList`, `Queue`, `Stack`[1], `LinkedList`, `ArrayList`

- `Set`: Datenstruktur, die im Gegensatz zu `List` keine doppelten Elemente enthält.
  Beispiele: `BitSet`, `HashSet`

- `Map`: Datenstruktur, die Schlüssel auf einen Wert abbildet. Für jeden Schlüssel gibt es maximal einen Eintrag in der Datenstruktur, d. h. ein Schlüssel-Wert-Paar wird nicht eingefügt, wenn dessen Schlüssel bereits existiert.
  Beispiele: `HashMap`, `Hashtable`

---

[1]Ein Stack ist eine Datenstruktur, die nach dem LIFO-Prinzip (last-in-first-out) arbeitet: Die Elemente werden am vorderen Ende der Liste eingefügt und von dort auch wieder entnommen. Die zuletzt eingefügten Elemente werden zuerst entnommen und die zuerst eingefügten zuletzt entnommen.

Die Übungen

Aufgabe 8.1 (Statistische Methoden) Erstellen Sie eine Klasse `Statistik` zum Implementieren der folgenden Methoden für ein Array bzw. eine dynamische Liste:

- `public static double maximum(double zahlen[])`
  Maximales Element einer Zahlenmenge.

- `public static double minimum(double zahlen[])`
  Minimales Element einer Zahlenmenge.

- `public static double[] maxId(double zahlen[])`
  Maximales Element und zugehöriger Index in einer Zahlenmenge.

- `public static double[] minId(double zahlen[])`
  Minimales Element und zugehöriger Index in einer Zahlenmenge.

- `public static double mittelwert(double zahlen[])`
  Arithmetischer Mittelwert der Elemente in einer Zahlenmenge.

Die gegebenen Größen sind die Übergabeparameter (Datentyp `double`) und die eventuell berechnete Größe ist der Rückgabeparameter der Methode. Testen Sie jede dieser Methoden an geeigneten Beispielen in der `main()`-Methode.

Aufgabe 8.2 (Größter gemeinsamer Teiler) Erstellen Sie eine Klasse `GGT` zum Implementieren des Algorithmus nach Euklid, um den größten gemeinsamen Teiler zweier ganzer Zahlen x und y zu bestimmen (siehe Abb. 8.4).

Testen Sie jede dieser Methoden an geeigneten Beispielen in der `main()`-Methode.

Abb. 8.4 Algorithmus zum Berechnen des größten gemeinsamen Teilers

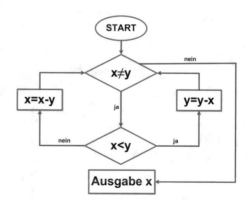

Aufgabe 8.3 (Sortieren mit BubbleSort) Erweitern Sie die Klasse `Sortieren`
durch die folgenden Methoden:

- BubbleSort-Verfahren, bei dem die Sortierreihenfolge (von groß nach klein bzw.
  von klein nach groß) vorgebbar ist. Die Methode soll die zugehörige Permutations-
  reihenfolge in Form der Anordnung von Objekten in der bestimmten Reihenfolge
  der Sortierung zurückgeben.

- BubbleSort-Verfahren mit zwei Zahlenfolgen, wobei die erste Zahlenfolge der
  Größe nach sortiert und die Sortierreihenfolge auf die zweite Folge angewandt
  wird.

Testen Sie jede dieser Methoden an geeigneten Beispielen in der `main()`-Methode.

Aufgabe 8.4 (Zufallszahlengenerator) Schreiben Sie ein Programm `Auswahl`,
das aus zwei gegebenen Zahlen M und N (Eingabe durch den Nutzer) eine Auswahl von M verschiedenen Zahlen aus dem Bereich 1 bis N erzeugt (Auswahl ohne
Zurücklegen). Verwenden Sie für den Zufallszahlengenerator den Algorithmus in
Abb. 8.5.

Abb. 8.5 Algorithmus für
das Generieren von
Zufallszahlen

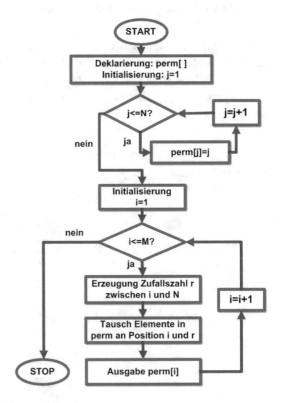

Hinweis Versuchen Sie die Schritte des Algorithmus an dem folgenden Beispiel für $M = 2$ und $N = 10$ nachzuvollziehen:

Zu Beginn hat der Vektor die Werte perm $= \{1, 2, 3, 4, 5, 6, 7, 8, 9, 10\}$.

Nachdem beispielsweise die Zufallszahl $r = 4$ erzeugt wurde, entsteht der Vektor perm $= \{4, 2, 3, 1, 5, 6, 7, 8, 9, 10\}$. Im nächsten Schritt wird die Zufallszahl $r = 8$ gezogen, und es ergibt sich der Vektor perm $= \{4, 8, 3, 1, 5, 6, 7, 2, 9, 10\}$. Die Ausgabe des Verfahrens sind dann die zwei Zufallszahlen $\{4, 8\}$.

Unterteilen Sie das Programm in Methoden für die Ein- bzw. Ausgabe und für den Algorithmus. Speichern Sie die Zufallszahlen in einer geeigneten Datenstruktur ab. Testen Sie jede dieser Methoden an konkreten Beispielen in der `main()`-Methode.

Aufgabe 8.5 (Numerische Wurzelberechnung) Schreiben Sie eine Klasse `Numerik` mit einer Methode `sqrt()` zum Berechnen der Quadratwurzel einer Zahl A mit Hilfe des folgenden Iterationsverfahrens:

$$x_{n+1} = \frac{1}{2}\left(x_n + \frac{A}{x_n}\right), \quad n = 0, 1, 2 \dots$$

Wählen Sie einen geeigneten Startwert für x_0 (z. B. $x_0 = A$) und brechen Sie die Iteration ab, falls der relative Fehler $|x_{n+1} - x_n|/x_n < 10^{-5}$ sehr klein ist. Lesen Sie die Zahl A über die Konsole ein und speichern Sie die komplette Iterationsfolge in einer Variablen vom Datentyp `ArrayList` ab.

Hinweis Beispiel: $A = 2$, $x_0 = A$, $x_1 = \frac{1}{2}\left(2 + \frac{2}{2}\right) = 1.5$, $x_2 = \frac{1}{2}\left(1.5 + \frac{2}{1.5}\right) = 1.41666, \dots$

Wie erkenne ich Muster in Zeichenketten? Reguläre Ausdrücke

9

In vielen Anwendungen besteht die Aufgabe, eine Zeichenkette oder einen Text nach gewissen Mustern zu durchsuchen. Beispiele sind Telefonnummern, E-Mail-Adressen, Postleitzahlen oder spezielle Wortmuster. Ein regulärer Ausdruck ist eine Zeichenkette auf Basis von syntaktischen Regeln, mit denen verschiedenste Arten von Textmustern beschreibbar sind. Mit regulären Ausdrücken können wir Muster in Texten finden und bei Bedarf durch andere Muster ersetzen. Beispielsweise ist es möglich, alle Wörter in einem Text herauszusuchen, die mit „Sch" beginnen und auf „en" enden. Ebenso können wir in einer Textdatei nach allen E-Mail-Adressen oder speziellen Codefragmenten suchen. Die Such- und Ersetzungsfunktionen in Textverarbeitungsprogrammen arbeiten auf der Grundlage von regulären Ausdrücken. Mit Hilfe von regulären Ausdrücken können wir in der Praxis viel Programmieraufwand einsparen.

Unsere Lernziele

- Reguläre Ausdrücke definieren und anwenden.
- Muster in Zeichenketten finden und ersetzen.
- Muster in Texten suchen und extrahieren.

Das Konzept

Reguläre Ausdrücke dienen vor allem zum Beschreiben von Mustern, wie sie bei der Zeichenkettenverarbeitung vorkommen. In den USA und Kanada werden beispielsweise Telefonnummern mit einer optionalen dreistelligen Vorwahl, gefolgt von einem Bindestrich, drei Ziffern, einem Bindestrich und vier weiteren Ziffern

© Springer Fachmedien Wiesbaden GmbH, ein Teil von Springer Nature 2023
S. Dörn, *Java lernen in abgeschlossenen Lerneinheiten*,
https://doi.org/10.1007/978-3-658-39915-3_9

angegeben (z. B. 342-555-3456). Reguläre Ausdrücke stellen Textmuster dar, mit denen diese Art von Zeichenketten darstellbar sind. Beispielsweise steht der Bezeichner \d in einem regulären Ausdruck für eine Ziffer. Mit dem regulären Ausdruck \d\d\d-\d\d\d-\d\d\d\d bzw. kürzer in der Form \d{3}-\d{3}-\d{4} ist das Muster dieser Telefonnummer beschreibbar.

Definition von regulären Ausdrücken
Reguläre Ausdrücke sind in Java im Paket `java.util.regex` implementiert. Für das Nutzen sind die folgenden Schritte notwendig:

1. Erstellen eines regulären Ausdrucks `r` mit der Methode `compile()` der Klasse `Pattern`:
   `Pattern p = Pattern.compile(r);`
2. Erstellen eines `Matcher`-Objektes zum Testen einer Zeichenkette `s` mit Hilfe der Methode `matcher` der Klasse `Matcher`:
   `Matcher m = p.matcher(s);`
3. Prüfen, ob der reguläre Ausdruck die angegebene Zeichenkette komplett beschreibt, durch die Methode `matches()` des `Matcher`-Objektes:
   `boolean b = m.matches();`

▶   **TIPP** Die folgende Anweisung bietet eine alternative und kürzere Variante zum Testen, ob ein regulärer Ausdruck `r` eine Zeichenfolge `s` komplett beschreibt:

   `boolean b = Pattern.matches(r, s);`

▶   **ACHTUNG** Ein Maskierungszeichen ist ein bestimmtes Zeichen – hier das Backslash-Zeichen (\) – das verhindert, dass das nachfolgende Zeichen als Funktionszeichen angesehen wird. Ein Funktionszeichen ist ein Zeichen (z.B. &, $), das nicht für sich selbst steht, sondern eine steuernde Bedeutung besitzt. Beachten Sie, dass in Zeichenketten das Backslash-Zeichen (\) durch einen doppelten Backslash (\\) zu ersetzen ist, also selbst maskiert wird. Beispielsweise wird damit die Anweisung \\(...)\\ als Klammer angesehen.

Beispiel 9.1 Der folgende Code prüft, ob ein regulärer Ausdruck eine angegebene Zeichenkette vollständig beschreibt:

```
System.out.println(Pattern.matches("0", "0" ));                        // true
System.out.println(Pattern.matches("0", "00" ));                       // false
System.out.println(Pattern.matches("\\d{3}", "123"));                  // true
System.out.println(Pattern.matches("\\d{3}", "12345"));               // false
System.out.println(Pattern.matches("\\d{3}-\\d{3}-\\d{4}", "342-555-3456")); // true
```

In regulären Ausdrücken können die folgenden Sonderzeichen auftauchen:

- Senkrechter Strich (|): Dieses sogenannte Pipe-Zeichen trennt mehrere verschiedene Suchausdrücke in einem regulären Ausdruck. Mit Klammern und der Pipe wird ein Präfix nur einmal angegeben, wie z. B. `Auto(bahn|mobil| verkehr)`

- Fragezeichen (?): Das Fragezeichen markiert eine voranstehende Gruppe `(opt)?` als optionalen Teil des Musters, d. h. der reguläre Ausdruck `opt` ist optional. z. B. Nummern mit und ohne Vorwahl suchen: `(\\d{3}-)?\\d{3}-\ \d{4}`

Mit runden Klammern innerhalb des regulären Ausdrucks können Sie einzelne Gruppen anlegen. Wenn Sie in einem Text nach Klammern suchen, müssen vor der öffnenden und schließenden Klammer zwei Backslash-Zeichen stehen.

Die folgende Übersicht zeigt weitere Möglichkeiten zum Nutzen von regulären Ausdrücken:

Operator	Erklärung
?	Null oder ein Vorkommen der vorangehenden Zeichengruppe
*	Null oder mehr Vorkommen der vorangehenden Zeichengruppe
+	Ein oder mehr Vorkommen der vorangehenden Zeichengruppe
{m}	Genau m Vorkommen der vorangehenden Zeichengruppe
{m,}	m oder mehr Vorkommen der vorangehenden Zeichengruppe
{,n}	Null bis n Vorkommen der vorangehenden Zeichengruppe
{m,n}	m bis n Vorkommen der vorangehenden Zeichengruppe
^abc	Zeichenkette muss mit abc beginnen
abc$	Zeichenkette muss mit abc enden
.	beliebiges Zeichen mit Ausnahme eines Zeilenumbruchs
\d	beliebige Ziffer
\w	beliebiges Wortzeichen – Buchstabe, Ziffer, Unterstrich
\s	beliebiges Weißraumzeichen – Leerzeichen, Tabulatur, Zeilenumbruch
\D	beliebiges Zeichen, das keine Ziffer ist
\W	beliebiges Zeichen, das kein Wortzeichen ist
\S	beliebiges Zeichen, das kein Weißraumzeichen ist
[abc]	Zeichen, das in der Klammer vorkommt
[^abc]	beliebiges Zeichen, außer denen in der Klammer
\p{Lower}, \p{Upper}	Klein-/Großbuchstabe

Beispiel 9.2 Der folgende Code prüft, ob ein regulärer Ausdruck eine angegebene Zeichenkette vollständig beschreibt:

```
 1  import java.util.regex.*;
 2
 3  public class RegAusdruck
 4  {
 5      public static void main(String[] args)
 6      {
 7          System.out.println(Pattern.matches("123(0{2})*", "1230000" ));    // true
 8          System.out.println(Pattern.matches("123(000|999)1", "1230001"));  // true
 9          System.out.println(Pattern.matches("123(1)", "1231"));            // true
10          System.out.println(Pattern.matches("123\\(1\\)", "123(1)"));      // true
11          System.out.println(Pattern.matches("123(000)?1", "1231"));        // true
12          System.out.println(Pattern.matches("0?", "0000"));                // false
13          System.out.println(Pattern.matches("0*", "0000"));                // true
14          System.out.println(Pattern.matches("0+", "0000"));                // true
15          System.out.println(Pattern.matches("1{3}", "011110"));            // false
16          System.out.println(Pattern.matches("0{4,}", "0000"));             // true
17          System.out.println(Pattern.matches("0{1,4}", "0000"));            // true
18          System.out.println(Pattern.matches("^1230+", "12300"));           // true
19          System.out.println(Pattern.matches("^1230+", "12000"));           // false
20          System.out.println(Pattern.matches("0+123$", "0000123"));         // true
21          System.out.println(Pattern.matches("0+123$", "00001123"));        // false
22          System.out.println(Pattern.matches("\\p{Lower}{4}", "abcd"));     // true
23          System.out.println(Pattern.matches("\\p{Lower}{2}", "abcd"));     // false
24          System.out.println(Pattern.matches("[abc]", "a"));                // true
25          System.out.println(Pattern.matches("[abc]", "d"));                // false
26          System.out.println(Pattern.matches("[abc]", "ab"));               // false
27          System.out.println(Pattern.matches("[^abc]", "d"));               // true
28          System.out.println(Pattern.matches("[^abc]", "a"));               // false
29          System.out.println(Pattern.matches("[abc]", "de"));               // false
30      }
31  }
```

Aufteilen von Zeichenketten

Mit der Methode `split()` der Klasse `Pattern` können wir mit Hilfe von regulären Ausdrücken eine beliebige Zeichenkette s in mehrere Teile aufspalten:

```
public String[] split(String s);
public String[] split(String s, int limit);
```

Der zweite Parameter gibt die Anzahl der Teile an, in welche die Zeichenkette maximal aufzuteilen ist.

Beispiel 9.3 Die folgenden zwei Befehle zerlegen eine vorhandene Zeichenkette mit dem Weißraumzeichen in die einzelnen Teilwörter:

```
Pattern p = Pattern.compile("\\s");
String woerter[] = p.split("Das ist eine Zeichenkette");
System.out.println(Arrays.toString(woerter));
```

Ausgabe
```
[Das, ist, eine, Zeichenkette]
```

Finden von Textmustern

Mit der Methode `find()` der Klasse `Matcher` lässt sich feststellen, ob sich ein Textmuster in einer Zeichenkette befindet. Die Methode `group()` liefert den erkannten Substring und die beiden Methoden `start()` bzw. `end()` die zugehörigen Positionen zurück:

Beispiel 9.4 Die folgenden Programmzeilen suchen alle Zahlen, inklusive der zugehörigen Positionen, aus dem Eingabestring heraus:

```
String s = "Die 3 Maschinen produzieren 1200 Bauteile
in 04 Tagen";
Matcher m = Pattern.compile("\\d+").matcher(s);
while(m.find())
  System.out.printf(" %s: (%d - %d)\n", m.group(), m.start(), m.end());
```

Ausgabe
```
3: (4 - 5)
1200: (28 - 32)
04: (45 - 47)
```

Klasse StringBuffer

In vielen Fällen benötigen wir Zeichenketten, die sich dynamisch verändern können. In Java gibt es zu diesem Zweck die Klasse `StringBuffer`, die bei regulären Ausdrücken verwendbar ist. Diese Klasse arbeitet ähnlich wie `String`, implementiert aber Zeichenketten, die ihre Länge zur Laufzeit ändern können:

```
public StringBuffer()
public StringBuffer(String s)
```

Im ersten Fall wird ein leerer `StringBuffer` und im zweiten Fall ein `StringBuffer`-Objekt erzeugt, das eine Kopie der übergebenen Zeichenkette s erhält. Das Anlegen eines `StringBuffer` erfolgt über den new-Operator:

```
StringBuffer sb1 = new StringBuffer();
StringBuffer sb2 = new StringBuffer(s);
```

Der Zugriff auf das `StringBuffer`-Objekt erfolgt mit dem Objektnamen, gefolgt vom Punktoperator und der gewünschten Methode. Das Einfügen von Elementen in einen `StringBuffer` erfolgt mit den folgenden zwei Methoden:

```
public StringBuffer append(String s)
public StringBuffer insert(int index, String s)
```

Mit `append()` wird der `String` s an das Ende des `StringBuffer`-Objektes angehängt. Die Methode `insert()` fügt den `String` s an der Position `index` in den aktuellen `StringBuffer` ein. Das Löschen von Elementen in einem `StringBuffer` erfolgt mit den folgenden zwei Methoden:

```
public StringBuffer deleteCharAt(int index)
public StringBuffer delete(int start, int ende)
```

Mit `deleteCharAt()` wird das an Position `index` stehende Zeichen entfernt und der `StringBuffer` um ein Zeichen verkürzt. Die Methode `delete()` entfernt den Teilstring, der von Position `start` bis `ende` reicht, aus dem `StringBuffer`. Die Manipulation von Elementen in einem `StringBuffer` erfolgt mit den folgenden zwei Methoden:

```
public void setCharAt(int index, char c)
public StringBuffer replace(int start, int ende,
String str)
```

Mit der Methode `setCharAt()` wird das an Position `index` stehende Zeichen durch das Zeichen `c` ersetzt. Die `replace()` ersetzt die Zeichenkette im `StringBuffer` von der Position `start` bis `ende` durch den String `str`.

Die Anzahl der Zeichen in einem `StringBuffer` wird mit `length()` bestimmt. Das Umwandeln eines `StringBuffer`-Objektes in einen `String` erfolgt durch die Methode `toString()`.

Beispiel 9.5 Die Datenstruktur `StringBuffer` eignet sich gut, um Zeichenketten gezielt zu manipulieren:

```
 1  public class SB
 2  {
 3      public static void main(String[] args)
 4      {
 5          StringBuffer sb = new StringBuffer("Java");
 6          sb.append(" ist toll.");
 7          System.out.println(sb);
 8
 9          sb.insert(8, " sehr");
10          System.out.println(sb);
11
12          sb.replace(9, 13, "überaus");
13          System.out.println(sb);
14          System.out.println("Anzahl der Buchstaben: " + sb.length());
15          String s = sb.toString();
16          System.out.printf("Umwandlung als String: %s", s);
17      }
18  }
```

Ausgabe
```
Java ist toll.
Java ist sehr toll.
Java ist überaus toll.
Anzahl der Buchstaben: 21
Umwandlung als String: Java ist überaus toll.
```

Ersetzen von Textmustern

Mit der Methode appendReplacement() der Klasse Matcher wird ein Textmuster durch ein anderes Textmuster ersetzt. Falls in einem String text ein Muster r
erkannt wird, ersetzt die Methode appendReplacement() dieses Muster durch
den String s und speichert es in den StringBuffer sb:

```
Matcher m = Pattern.compile(r).matcher(text);
m.appendReplacement(StringBuffer sb, String s);
```

Beispiel 9.6 Mit dem folgenden Programmcode werden in der Zeichenkette s alle
führenden Nullen durch den regulären Ausdruck "0+" entfernt:

```
1  import java.util.regex.*;
2  public class RegAusdruck
3  {
4      public static void main(String[] args)
5      {
6          // ------------ Eingabe ------------
7          String s  = "Eins 01, Zwei 02, Drei 3, Vier 004";
8
9          // ------------ Berechnung ------------
10         Matcher m = Pattern.compile("0+" ).matcher(s);
11         StringBuffer sb = new StringBuffer();
12         while (m.find())
13             m.appendReplacement(sb, "");
14         m.appendTail(sb);
15
16         // ------------ Ausgabe ------------
17         System.out.println(sb);
18     }
19 }
```

Ausgabe
```
Eins 1, Zwei 2, Drei 3, Vier 4
```

Allgemeine Erklärung

- Zeile 7: Definition einer Eingabezeichenkette.

- Zeile 10: Definition eines Matcher-Objektes für den regulären Ausdruck 0+.

- Zeile 11: Initialisieren eines leeren `StringBuffer`-Objektes.

- Zeile 12–13: Solange sich noch ein passendes Textmuster in einer Zeichenkette befindet, wird dieses Textmuster gelöscht.

- Zeile 14: Mit der Methode `appendTail()` wird das noch verbleibende Teilstück an das `StringBuffer`-Objekt angehängt.

- Zeile 17: Ausgabe des `StringBuffer`-Objektes.

Die Beispiele

Beispiel 9.7 (Ersetzen der englischen Anrede) Wir schreiben eine Methode zum Ersetzen der englischen Anrede Mr. und Miss in einer Zeichenkette.

```java
1  import java.util.regex.*;
2
3  public class Zeichenkette
4  {
5      public static StringBuffer ersetzeEngBezeichner(String s)
6      {
7          Matcher m = Pattern.compile("Mr.|Miss" ).matcher(s);
8          StringBuffer sb = new StringBuffer();
9          while (m.find())
10         {
11             if (m.group().equals("Mr."))
12                 m.appendReplacement(sb, "Herr");
13             else
14                 m.appendReplacement(sb, "Frau");
15         }
16         m.appendTail(sb);
17         return sb;
18     }
19
20     public static void main(String[] args)
21     {
22         String s = "Mr. Mueller, Miss Ott und Mr. Vogt haben einen Hund.";
23         System.out.println(ersetzeEngBezeichner(s));
24     }
25 }
```

Ausgabe

```
Herr Mueller, Frau Ott und Herr Vogt haben einen Hund.
```

Allgemeine Erklärung

- Zeile 7: Definition eines `Matcher`-Objektes, um in einer Zeichenkette s entweder die Bezeichnung „Mr." oder „Miss" mit Hilfe des regulären Ausdrucks r = "Mr.|Miss" zu finden.

- Zeile 9–15: In der Schleife werden alle Fundstellen durchlaufen, und der mit `group()` erkannte Substring mit `appendReplacement()` im StringBuffer sb ersetzt.

- Zeile 16: Das verbleibende Teilstück des Strings wird an den `StringBuffer` angehängt.

Beispiel 9.8 (Extrahieren von Textmustern) Wir schreiben eine Methode zum Extrahieren von Textmustern aus einer Zeichenkette. Die Ergebnisse werden in einer dynamischen Liste mit Elementen eines String-Arrays mit dem Muster, der Anfangs- und Endposition gespeichert.

```java
1  import java.util.ArrayList;
2  import java.util.regex.*;
3
4  public class Zeichenkette
5  {
6      public static ArrayList<String[]> findMuster(String s, String r)
7      {
8          ArrayList<String[]> liste = new ArrayList<String[]>();
9          Matcher m = Pattern.compile(r).matcher(s);
10         while(m.find())
11         {
12             String elem[] = {m.group(), String.valueOf(m.start()), String.valueOf(m.end())};
13             liste.add(elem);
14         }
15         return liste;
16     }
17
18     public static void main(String[] args)
19     {
20         String s = "234 3323 22123 12312343 2312312312345";
21         ArrayList<String[]> liste = findMuster(s, "(123)+");
22         for(String elem[] : liste)
23             System.out.printf("%s: (%s - %s)\n", elem[0], elem[1], elem[2]);
24     }
25 }
```

Ausgabe
```
123: (11 - 14)
123123: (15 - 21)
123123123: (26 - 35)
```

Allgemeine Erklärung

- Zeile 6: Definition einer Methode `findMuster()` mit einer Zeichenkette s und einem regulären Ausdrucks r.
- Zeile 8: Die Ausgabe der Methode ist eine dynamische Liste mit Elementen eines String-Arrays.
- Zeile 9: Anlegen eines `Matcher`-Objektes der Zeichenkette s und des regulären Ausdrucks r.
- Zeile 10–14: Speichern jedes Textmusters mit der Start- und Endposition in Form einer Zeichenkette in einem Array elem.

- Zeile 20–23: Aufruf der Methode `findMuster()` und Ausgabe der Elemente der dynamischen Liste.

Die Zusammenfassung

1. Ein *regulärer Ausdruck* ist eine Zeichenkette auf Basis bestimmter syntaktischer Regeln, mit denen verschiedenste Arten von Textmustern beschreibbar sind.

2. Der folgende Ausdruck prüft, ob ein regulärer Ausdruck `r` eine angegebene Zeichenkette `s` vollständig beschreibt:
   `boolean b = Pattern.matches(r, s);`

3. Textmuster sind mit den beiden Methoden `find()` und `group()` der Klasse `Matcher` zu finden.

4. Mit der Klasse `StringBuffer` sind Zeichenketten dynamisch veränderbar.

5. Mit der Methode `appendReplacement()` der Klasse `Matcher` ist ein Textmuster durch ein anderes Textmuster ersetzbar.

Die Übungen

Aufgabe 9.1 (Reguläre Ausdrücke definieren) Definieren Sie für die folgenden Muster einen regulären Ausdruck:

a) Postleitzahlen (z. B. 78250, 77873)

b) E-Mail-Adressen (z. B. max_mustermann@web.de)

c) Deutsche Telefonnummern (z. B. 0178/9823423, 01837/983)

d) URL-Adressen von Websites (z. B. www.sebastiandoern.de)

e) Kreditkartennummern (z. B. 1234 5678 0000 1222)

f) Sozialversicherungsnummern (z. B. 12 123456 L 92 3, 34 898222 K 98 3)

Der angegebene reguläre Ausdruck hat alle Beispiele für die angegebenen Muster zu beschreiben.

Aufgabe 9.2 (Extraktion von Telefonnummern und E-Mail-Adressen) Schreiben Sie eine Klasse `Zeichenkette` mit einer Methode zur Extraktion von Textmustern mit Hilfe eines regulären Ausdrucks. Speichern Sie die jeweiligen Ergebnisse in einer dynamischen Datenstruktur ab. Testen Sie diese Methode zur Extraktion von Telefonnummern und E-Mail-Adressen aus einer Zeichenkette.

Aufgabe 9.3 (Entfernen von Sozialversicherungs- oder Kreditkartennummern)
Implementieren Sie eine Methode in die Klasse `Zeichenkette` zum Entfernen von Textmustern mit Hilfe eines regulären Ausdrucks. Schreiben Sie eine weitere Methode, die mehrere verschiedene Textmuster mit regulären Ausdrücken aus einer Zeichenketten entfernt. Testen Sie diese Methoden zum Entfernen von Sozialversicherungs- oder Kreditkartennummern.

Aufgabe 9.4 (Korrektur von Texten) Schreiben Sie eine Methode in die Klasse `Zeichenkette` zum Entfernen von mehreren Leer- und Satzzeichen sowie Wortwiederholungen aus einer Zeichenkette.

Wie lese ich Dateien ein? Einfache Dateiverarbeitung

In vielen Programmen besteht die Aufgabe darin, Daten aus externen Dateien einzulesen, weiterzuverarbeiten und in neue Dateien zu schreiben. In diesem Kapitel zeigen wir verschiedene Methodiken rund um das Lesen und Schreiben von Text- oder Tabellendateien.

Unsere Lernziele

- Aus- und Eingabe von Textdateien verstehen.
- Aus- und Eingabe von CSV-Dateien umsetzen.

Das Konzept

Das Grundkonzept der Ein- und Ausgabe von Daten bildet in Java der Stream (Strom). Darunter versteht man einen Datenfluss zwischen einem Sender und einem Empfänger. In Abhängigkeit der Arten von Sendern/Empfängern existieren verschiedene Arten von Streams. Beim Programmieren denken wir immer aus Sicht des Programms, sodass der Datenfluss von der Tastatur ein Eingabestream und der Datenfluss an den Bildschirm ein Ausgabestream ist.

Schreiben von Textdateien
Für das Schreiben einer neuen Textdatei sind die folgenden Schritte notwendig:

1. Definition eines `PrintWriter`-Objektes mit einem angegebenen Dateinamen als Zeichenkette:

```
PrintWriter aus = new PrintWriter(dateiname);
```

© Springer Fachmedien Wiesbaden GmbH, ein Teil von Springer Nature 2023
S. Dörn, *Java lernen in abgeschlossenen Lerneinheiten*,
https://doi.org/10.1007/978-3-658-39915-3_10

2. Schreiben der Inhalte der Datei mit der Methode `printf()`:

> `aus.printf(formatstring, variableliste));`

3. Schließen der Datei:

> `aus.close();`

Eventuell auftretende Fehler, sogenannte Exceptions, sind mit dem Befehl `throws FileNotFoundException` nach der `main()`-Methode abzufangen. Kann die angegebene Datei weder gefunden noch angelegt werden, wird eine `FileNotFoundException` ausgelöst.

▶ **ACHTUNG**   Der Befehl `throws IOException` muss hinter jeder Methode stehen, die an einem Schreib- bzw. Lesevorgang beteiligt ist. Durch Klicken auf den unterstrichenen Fehlertext, wird dieser Befehl automatisch in Eclipse eingefügt. Alternativ steht auch die erweiterte Fehlerbehandlungstechnik `try-catch` zur Verfügung (siehe Kap. 18). Vergessen Sie am Ende der Verarbeitung nicht, die Datei mit dem `close()`-Befehl zu schließen.

Beispiel 10.1 Wir erstellen eine Textdatei mit dem Namen `Datei.txt` mit den Werten aus einem zweidimensionalen Array:

```
 1  import java.io.FileNotFoundException;
 2  import java.io.PrintWriter;
 3
 4  public class TextSchreiben
 5  {
 6      public static void main(String[] args) throws FileNotFoundException
 7      {
 8          // Definition von Beispieldaten
 9          double zahlen[][] = {{1.0, 23, 3.434}, {-40.4324, 4.3, 2.3}};
10
11          // 1. Definition eines PrintWriter-Objekt
12          PrintWriter aus = new PrintWriter("Datei.txt");
13
14          // 2. Schreiben der Datenwerte
15          for(int i=0; i<zahlen.length; i++)
16          {
17              for(int j=0; j<zahlen[0].length; j++)
18              {
19                  aus.printf(" %1.2f ", zahlen[i][j]);
20              }
21              aus.printf("\n");
22          }
23
24          // 3. Schließen der Datei
25          aus.close();
26      }
27  }
```

Ausgabe

Die Textdatei `Datei.txt` wird automatisch in dem aktuellen Projektordner erstellt.

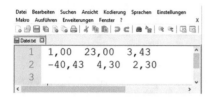

Allgemeine Erklärung

- Zeile 9: Definition der Werte der Daten in Form einer Matrix.
- Zeile 12: Definition des `PrintWriter`-Objektes für die Textdatei mit Namen `Datei.txt`.
- Zeile 15–22: Einfügen der Werte des Arrays in die Datei mit Hilfe zweier `for`-Schleifen.
  Nach jeder neuen Zeile der Matrix wird ein Zeilenumbruch eingefügt.
- Zeile 25: Schließen der Textdatei.

▶   **ACHTUNG** Alle Dateinamen ohne explizite Pfadangaben werden in der gleichen Hierarchieebene wie der `src`-Ordner geschrieben. Falls Sie aus Unterordnern bzw. von anderen Quellen schreiben oder lesen wollen, müssen Sie die dazugehörige Pfadangabe vor dem Namen schreiben. Beachten Sie des Weiterem, dass Sie Dateien mit einem Editor (z. B. Notepad) öffnen sollten, der auch Zeilenumbrüche erkennt.

▶   **TIPP** Die Klasse `PrintWriter` schreibt den gewünschten Inhalt in die angegebene Datei. Vorhandener Inhalt wird in diesem Fall vollständig gelöscht. Neue Zeilen in einer vorhandenen Datei können Sie mit der Klasse `File` und der Klasse `FileWriter` hinzufügen:

```
File datei = new File(dateiname);
FileWriter aus = new FileWriter(datei, true);
```

Die Methode `write()` schreibt den String `s` an das Ende der vorhandenen Datei:

```
aus.write(s)
```

Für einen Zeilenumbruch ist das bekannte Steuerzeichen \n verwendbar. Alle Zahlen sind mit der Methode `String.valueOf()` in Zeichenketten umzuwandeln.

Lesen von Textdateien

Für das Lesen einer Textdatei sind die folgenden Schritte notwendig:

1. Definition eines `File`-Objektes für die gewünschte Datei mit einem angegebenen Dateinamen als Zeichenkette:

```
File datei = new File(dateiname);
```

2. Definition eines `Scanner`-Objektes und Verknüpfen mit dem `File`-Objekt:

```
Scanner ein = new Scanner(datei);
```

3. Der Zugriff auf die Dateiinhalte erfolgt mit den Methoden der Klasse `Scanner`:

Methode	Beschreibung
`String next()`	Liefert die nächste Zeichenkette als `String`
`int nextInt()`	Liefert die nächste Zeichenkette als `int`
`int nextFloat()`	Liefert die nächste Zeichenkette als `float`
`double nextDouble()`	Liefert die nächste Zeichenkette als `double`
`String nextLine()`	Liefert die nächste Zeile als `String`
`boolean hasNext()`	Liefert `true`, wenn weitere Zeichenketten in der Eingabe sind

Ein Aufruf der `next()`-Methode liefert jeweils die nächste Zeichenkette in einer Zeile. Wenn die Zeile zu Ende ist, wird automatisch das Element der nächsten Zeile zurückgegeben.

4. Schließen der Datei nach dem Schreiben mit `close()` des `File`-Objekts:

```
datei.close();
```

Auftretende Fehler sind mit dem Befehl `throws FileNotFoundException` nach der main-Methode abzufangen.Falls die angegebene Datei weder gefunden noch angelegt ist, wird eine `FileNotFoundException` ausgelöst werden.

Beispiel 10.2 Wir lesen den Inhalt der obigen Textdatei mit dem Namen `Datei.txt` aus:

```
 1  import java.io.File;
 2  import java.io.FileNotFoundException;
 3  import java.util.ArrayList;
 4  import java.util.Scanner;
 5
 6  public class TextLesen
 7  {
 8      public static void main(String[] args) throws FileNotFoundException
 9      {
10          // 1. Definition einer Datei
11          File datei = new File("Datei.txt");
12
13          // 2. Definition eines Scanner-Objektes
14          Scanner ein = new Scanner(datei);
15
16          // 3. Lesen der Datenwerte
17          ArrayList<Double> list = new ArrayList<Double>();
18          while(ein.hasNext())
19          {
20              double a = ein.nextDouble();
21              list.add(a);
22          }
23          System.out.println(list);
24
25          // 4. Schließen der Datei
26          ein.close();
27      }
28  }
```

Ausgabe
```
[1.0, 23.0, 3.43, -40.43, 4.3, 2.3]
```

Allgemeine Erklärung

- Zeile 11: Definition des File-Objektes mit dem Namen datei für die angegebene Textdatei.

- Zeile 14: Definition des Scanner-Objektes durch Verknüpfen mit dem File-Objekt datei.

- Zeile 17–23: Die while-Schleife mit der Methode hasNext() wird solange ausgeführt, wie Zeichenketten in der Datei verfügbar sind. Die nächste Zeichenkette wird mit der Methode nextDouble() als double-Zahl geliefert. Alle diese Zahlen werden in einer dynamischen Liste abgespeichert.

▶   ACHTUNG Beim Einlesen von Dateien treten häufig folgende Fehler auf:

1. **Dateiname falsch**
   Laufzeitfehler FileNotFoundException: Der Name der Datei ist falsch geschrieben, die Groß- und Kleinschreibung wurde nicht beachtet oder die Dateiendung stimmt nicht. Überprüfen Sie die Schreibweise des Namens und der Dateiendung.

2. **Falsches Verzeichnis**
   Laufzeitfehler FileNotFoundException: Die Datei liegt nicht in dem angegebenen Verzeichnis. Überprüfen Sie die Lage der Datei. Nur

Dateien, die in der selben Hierarchieebene wie der src-Ordner liegen, sind ohne Pfadangabe einlesbar.

3. **Lesen übers Dateiende**
   Laufzeitfehler `java.util.NoSuchElementException`: Lesen Sie die nächste Zeichenkette erst ein, wenn vorher mit der `hasNext()`-Methode überprüft wurde, ob ein nächster Eintrag vorhanden ist.

4. **Falscher Trenner**
   Für einige Textdateien ist ein passender Abgrenzer (Delimiter) zum Trennen des Kommas (`,`) oder Zeilenumbruch (`\r\n`) für das `Scanner`-Objekt mit Namen `ein` zu setzen:
   `ein.useDelimiter(",|\r\n");`
   Die Zeichenkette in dem Befehl `useDelimiter` ist ein regulärer Ausdruck.

5. **Falsche next()-Methode**
   Laufzeitfehler: `java.util.InputMismatchException`: Das Einlesen der nächsten Zeichenkette erfolgt mit der falschen `next`-Methode, also beispielsweise `nextInt()` für eine `double`-Zahl.

▶ **TIPP** Wenn Sie eine neue Spalte in einer vorhandenen Datei hinzufügen wollen, müssen Sie die Datei neu schreiben. Erstellen Sie dazu eine neue Datei und lesen Sie die vorhandene Datei zeilenweise ein. Schreiben Sie dann die vorhandenen Daten in die neue Datei und ergänzen Sie die gewünschten zusätzlichen Zeilen.

Verarbeitung von CSV-Dateien

Das Dateiformat CSV (Comma-separated values) beschreibt einen strukturellen Aufbau einer Textdatei, bei der ein Zeichen (z. B. Semikolon) zum Trennen von Datensätzen verwendet wird. CSV-Dateien sind in Tabellenkalkulationsprogrammen wie Excel anzeigbar.

Das Einlesen einer CSV-Datei erfolgt zeilenweise mit der Methode `nextLine()` der Klasse `Scanner`. Die einzelnen Einträge sind hierbei in einem String durch Semikolons getrennt. Mit der Methode `split(";")` der Klasse `String` ist die Zeichenkette in ein Array zerlegbar. Anschließend ist mit `replace(",", ".")` das Komma durch einen Punkt zu ersetzen. Der erhaltene String ist mit `Double.parseDouble()` in eine Dezimalzahl umzuwandeln.

Beispiel 10.3 Wir lesen den Inhalt einer CSV-Datei mit dem Namen `Datei.csv` aus, die über 150 Zahlenwerte verfügt (siehe Abb. 10.1). Die einzelnen Zahlenwerte speichern wir dazu in einem Array ab.

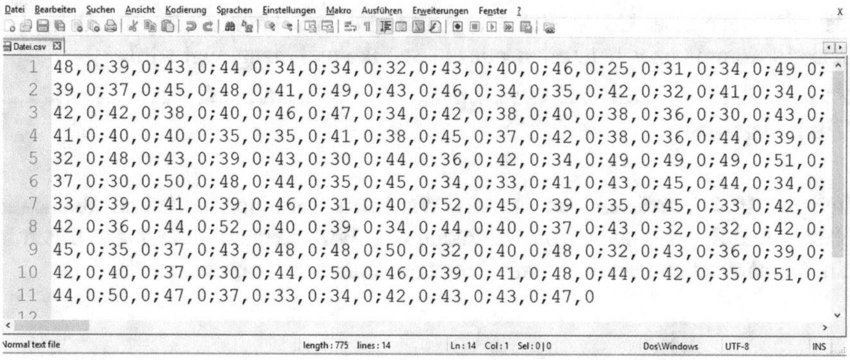

```
48,0;39,0;43,0;44,0;34,0;34,0;32,0;43,0;40,0;46,0;25,0;31,0;34,0;49,0;
39,0;37,0;45,0;48,0;41,0;49,0;43,0;46,0;34,0;35,0;42,0;32,0;41,0;34,0;
42,0;42,0;38,0;40,0;46,0;47,0;34,0;42,0;38,0;40,0;38,0;36,0;30,0;43,0;
41,0;40,0;40,0;35,0;35,0;41,0;38,0;45,0;37,0;42,0;38,0;36,0;44,0;39,0;
32,0;48,0;43,0;39,0;43,0;30,0;44,0;36,0;42,0;34,0;49,0;49,0;49,0;51,0;
37,0;30,0;50,0;48,0;44,0;35,0;45,0;34,0;33,0;41,0;43,0;45,0;44,0;34,0;
33,0;39,0;41,0;39,0;46,0;31,0;40,0;52,0;45,0;39,0;35,0;45,0;33,0;42,0;
42,0;36,0;44,0;52,0;40,0;39,0;34,0;44,0;40,0;37,0;43,0;32,0;32,0;42,0;
45,0;35,0;37,0;43,0;48,0;48,0;50,0;32,0;40,0;48,0;32,0;43,0;36,0;39,0;
42,0;40,0;37,0;30,0;44,0;50,0;46,0;39,0;41,0;48,0;44,0;42,0;35,0;51,0;
44,0;50,0;47,0;37,0;33,0;34,0;42,0;43,0;43,0;47,0
```

Abb. 10.1 Inhalt einer CSV-Datei, geöffnet in einem Texteditor

```
1  import java.io.File;
2  import java.io.FileNotFoundException;
3  import java.util.Scanner;
4
5  public class CSV
6  {
7      public static void main(String[] args) throws FileNotFoundException
8      {
9          File datei      = new File("Datei.csv");
10         Scanner eingabe = new Scanner(datei);
11         int i=0;
12         double daten[] = new double[150];
13         while(eingabe.hasNext())
14         {
15             String zeile = eingabe.nextLine();
16             String s[]   = zeile.split(";");
17             for(int j=0; j<s.length; j++)
18             {
19                 daten[i] = Double.parseDouble(s[j].replace(",", "."));
20                 i++;
21             }
22         }
23         eingabe.close();
24     }
25 }
```

Allgemeine Erklärung

- Zeile 9–12: Definition des `File`-Objektes, des `Scanner`-Objektes, einer Zählvariablen und des Einleseortes in Form eines `double`-Arrays für die 150 Zahlenwerte der angegebenen Datei.
- Zeile 13–15: Einlesen einer nächsten Zeile mit der Methode `nextLine()` des `Scanner`-Objektes. Der Einlesevorgang wird solange wiederholt, bis kein Inhalt mehr in der Datei ist. In diesem Fall ergibt die Auswertung des Ausdrucks `eingabe.hasNext()` den Wert `false`.
- Zeile 16: Zerlegen der Zeileninhalte mit der Methode `split(";")` in ein Array von Zeichenketten.
- Zeile 17–21: Umwandeln des Kommas durch einen Punkt mit `replace(",", ".")` und Konvertieren der resultierenden Zeichenkette in eine Dezimalzahl mit `Double.parseDouble()`.

Das Schreiben einer CSV-Datei erfolgt analog dem Schreiben einer Textdatei, bei dem ein Komma bzw. bei Zeilenende ein Semikolon hinzugefügt wird.

Die Beispiele

Beispiel 10.4 (Auslesen von Daten) Wir lesen aus einer Artikeldatenbank die Namen und die Nummern von Produkten aus. Wir speichern dazu diese Daten in einer dynamischen Datenliste mit Elementen eines String-Arrays ab.

```java
1  import java.io.File;
2  import java.io.FileNotFoundException;
3  import java.util.ArrayList;
4  import java.util.Scanner;
5
6  public class Artikeldaten
7  {
8      public static ArrayList<String[]> leseDatei(String name) throws FileNotFoundException
9      {
10          ArrayList<String[]> liste = new ArrayList<String[]>();
11          File datei    = new File(name);
12          Scanner ein   = new Scanner(datei);
13          while(ein.hasNext())
14          {
15              String h[] = {ein.next(), ein.next()};
16              liste.add(h);
17          }
18          ein.close();
19          return liste;
20      }
21
22      public static void main(String[] args) throws FileNotFoundException
23      {
24          String name = "Artikel.txt";
25          ArrayList<String []> liste = leseDatei(name);
26          for(int i=0; i<liste.size(); i++)
27          {
28              String h[] = liste.get(i);
29              System.out.printf("%s %s\n", h[0], h[1]);
30          }
31      }
32  }
```

Ausgabe
```
Schraube 2345
Mutter 9834
Scheibe 9823
```

Allgemeine Erklärung

- Zeile 8–20: Die Methode leseDatei() liest die Elemente ein und speichert sie in einer dynamischen Datenliste mit Elementen eines String-Arrays ab.

- Zeile 24–30: Definition des Dateinamens, Aufruf der Methode leseDatei() und Ausgabe der Inhalte der Datei auf der Konsole.

Die Zusammenfassung

1. Das Schreiben von Textdateien erfolgt mit einem `PrintWriter`-Objekt und der `printf`-Methode.

2. Das Lesen von Textdateien erfolgt mit der Klasse `Scanner` in Verbindung mit einem `File`-Objekt mit den `next()`-Methoden.

3. Das Verarbeiten von CSV-Dateien wird mit den Methoden zum Lesen und Schreiben von Textdateien erledigt.

4. Für alle Ein-/Ausgabe-Routinen sind separate Methoden zu empfehlen, bei der Fehler (keine Datei gefunden) mit dem Befehl `throws FileNotFound Exception` nach dem Methodennamen abzufangen sind.

Die Übungen

Aufgabe 10.1 (Klasse Zeichenkette) Implementieren Sie in der Klasse `Zeichenkette` aus dem Kapitel zu regulären Ausdrücken eine Methode zum Einlesen von Zeichenketten aus Textdateien.

Aufgabe 10.2 (Klasse Uni) In einer Unidatenbank sind unter anderem die folgenden Einträge hinterlegt:

Name	Vorname	Titel	PerNr.	Geb	Jahresgehalt
Cooper	Sheldon	Dr. Dr.	110190	1973	73.992,23
Wolowitz	Howard	M.Sc.	112832	1980	56.938,46
Fowler	Amy	Dr.	102938	1975	65.034,33
Hofstadter	Leonard	Dr.	139823	1975	67.097,45
Koothrappali	Rajesh	Dr.	124532	1981	62.093,45

Erstellen Sie eine Klasse `Uni` mit den folgenden Methoden:

- `public static ArrayList<String[]> leseDatei(String dateiname)`
  Einlesen einer angegebenen Textdatei vorgegebener Dimension mit einem definierten Mitarbeiterstamm.

- `public static void schreibeDatei(String dateiname, ArrayList<String[]> mitarbeiter)`
  Schreiben des Mitarbeiterstamms mit einer zusätzlichen Spalte für das Gehalt mit 25 % Steuern als Textdatei.

- `public static void hinzufuegenMitarbeiter(String dateiname, String daten[])`
  Ergänzen der Daten einer neuen Person in die angegebene Datei.

- `public static double[] getGehaelter(ArrayList <String[]> mitarbeiter)`
  Rückgabe aller Gehälter der Mitarbeiterstammdaten.

- `public static int getPersonMaxGehalt(double gehaelter[])`
  Bestimmen der Zeilenzahl des Mitarbeiters mit dem höchsten Gehalt.

- `public static double getPersonalausgaben(double gehaelter[])`
  Berechnen der gesamten Personalausgaben der Universität mit einem zusätzlichen 25 % Steueraufschlag.

- `public static void konvertiereCSV(String dateiname)` der angegebenen Textdatei vorgegebener Dimension in eine CSV-Datei.

Testen Sie alle implementierten Methoden in einer `main()`-Methode.

Hinweise Schreiben Sie die angegebenen Inhalte in eine Textdatei. Wenn Sie neue Dateien schreiben, verwenden Sie einen anderen Dateinamen, da ansonsten die ursprüngliche Datei überschrieben wird.

Wie erstelle ich objektorientierte Programme? Objektorientierte Programmierung Teil I

11

Die bisherigen Programme bestanden aus verschiedenen Methoden mit bereits vorhandenen Datentypen aus Zeichen, Zahlen oder Zeichenketten. Wir haben keine eigenen Datentypen definiert und keinen Zusammenhang zwischen Daten und den darauf anwendbaren Operationen hergestellt.

In der objektorientierten Programmierung definieren wir eigene Datentypen. Damit erstellen wir Programme durch eine Menge von interagierenden Elementen, den sogenannten Objekten. Das Ziel ist eine möglichst einfache Abbildung unserer realen Welt, um reale Objekte wie Autos, Menschen oder Produkte direkt in Software zu modellieren. Wir fassen dazu Klassen mit zusammengehörigen Daten und die darauf arbeitende Programmlogik zusammen.

Unsere Lernziele

- Prinzip der objektorientierten Programmierung verstehen.
- Eigene Datenklassen mit Konstruktoren und Methoden erstellen.
- Prinzip der Datenkapselung mittels Zugriffsspezifizierer verstehen.
- Funktionsweise der Getter- und Setter-Methoden kennenlernen.

Das Konzept

Wir betrachten als einführendes Beispiel die Klasse PKW, wie in Abb. 11.1 dargestellt. Die Klasse PKW beschreibt die Eigenschaften und Verhaltensweisen aller PKWs:

- Eigenschaften: Marke, Modell, PS usw.
- Verhaltensweise: kann lenken, kann bremsen usw.

© Springer Fachmedien Wiesbaden GmbH, ein Teil von Springer Nature 2023
S. Dörn, *Java lernen in abgeschlossenen Lerneinheiten*,
https://doi.org/10.1007/978-3-658-39915-3_11

Klasse PKW

Instanz: PKW1
Attribute:
String Marke = „Wartburg"
String Modell = „353"
int PS = 50

Instanz: PKW2
Attribute:
String Marke = „VW"
String Modell = „Lupo"
int PS = 50

Instanz: PKW3
Attribute:
String Marke = „Chevrolet"
String Modell = „Bel Air"
int PS = 250

Abb. 11.1 Klasse PKW mit drei Instanzen und zugehörigen Attributen

Die Attribute der Klasse PKW beschreiben die Eigenschaften der Klasse, z. B. Marke, Modell, PS oder den Zustand eines Objekts der Klasse, z. B. Tankinhalt. Die Methoden der Klasse PKW beschreiben das Verhalten, z. B. anlassen, fahren usw.

Von der Klasse PKW sind beliebig viele Instanzen wie PKW1, PKW2, usw. definierbar, die sogenannten Objekte der Klasse. Mit dem Anlegen einer Instanz einer Klasse, in diesem Fall durch ein neues Automodell, werden die zugehörigen Attributwerte für die Eigenschaften gesetzt.

Aufbau einer Klasse
Eine *Klasse* ist ein Konstruktionsplan für Objekte mit gleichen Eigenschaften und gleichem Verhalten. Die Klasse definiert, wie diese Objekte aufgebaut sind und wofür sie verwendbar sind. Eine Klasse legt dafür die Eigenschaften (Attribute) und Verhaltensweisen (Methoden) der Objekte fest. Mit Hilfe dieses Konzeptes sind wir in der Lage, eigene Datentypen für spezifische Aufgaben zu definieren. Diese Datentypen fassen eine Menge von Daten und darauf operierender Methoden zusammen.

Der Aufbau einer Klasse besteht aus Instanzvariablen, Konstruktoren und Methodendefinitionen, die mit dem Schlüsselwort class und einem Bezeichner definierbar sind:

```
class Klassenname
{
  // Instanzvariablen
  // Konstruktoren
```

```
   // Methoden
}
```

Mit dem Schlüsselwort `class` haben wir einen neuen Datentyp namens `Klassenname` definiert. Damit können wir in anderen Klassen Variablen vom Typ `Klassenname` einführen.

▶ **ACHTUNG** Schreiben Sie Variablen- und Methodennamen klein und Klassennamen mit einem Großbuchstaben. Konstanten bestehen in der Regel vollständig aus Großbuchstaben. Für die bessere Lesbarkeit sollten Sie alle Wortanfänge im Namen großschreiben. Verwenden Sie prägnante (beschreibende) Substantive für Klassennamen (z. B. `FirmenKonto`).

Die Instanzvariablen einer Klasse repräsentieren den Zustand eines Objektes, die in allen Methoden verwendbar sind. Konstruktoren sind spezielle Methoden ohne Rückgabetyp, die den Namen der Klasse tragen und die Instanzvariablen vorgegebene Anfangswerte zuweisen. Die Methoden der Klasse legen das Verhalten von Objekten fest und arbeiten immer mit den Variablen des aktuellen Objektes. Methoden tragen in diesem Fall nicht mehr das Schlüsselwort `static` in der Signatur.

Als Beispiel betrachten wir hier die Klasse `Adresse`, mit der wir Objekte in Form von Adressen von Personen definieren. Die Klasse hat gewisse Eigenschaften in Form von Variablen (`strasse`, `nummer`, `postleitzahl`, `stadt`) und Verhaltensweisen in Form von Methoden (`getAdresse()`, `aendereAdresse()`).

```
 1 public class Adresse
 2 {
 3     // --- Instanzvariablen ---
 4     public String strasse;
 5     public int nummer;
 6     public int postleitzahl;
 7     public String wohnort;
 8
 9     // --- Konstruktoren ---
10     public Adresse(String str, int nr, int plz, String ort)
11     {
12         strasse      = str;
13         nummer       = nr;
14         postleitzahl = plz;
15         wohnort      = ort;
16     }
17
18     // --- Methoden ---
19     public String getAdresse()
20     {
21         return strasse + " " + nummer + ", " + postleitzahl + " " + wohnort;
22     }
23 }
```

Allgemeine Erklärung

- Zeile 4–7: Definition der Instanzvariablen der Klasse `Adresse` mit den zugehörigen passenden elementaren Datentypen.

- Zeile 10–16: Definition eines Konstruktors zum Initialisieren der Instanzvariablen mit Hilfe der übergebenen Parameter.

- Zeile 19–22: Definition einer Methode zur Rückgabe der vollständigen Adresse in Form einer Zeichenkette.

Durch die Definition der Klasse haben wir einen neuen Datentyp Adresse erstellt. Mit dem new-Operator sind Objekte dieser Klasse in Form von Instanzvariablen mit konkreten Werten belegbar:

```
Klassenname klname = new Klassenname(wert1, wert2, ...);
```

Mit dieser Anweisung wird automatisch bei der Objekterzeugung der zugehörige Konstruktor aufgerufen. Die Variable klname heißt *Objektvariable*. Diese Variable ist ein *Objekt* oder eine *Instanz* ihres Klassentyps. Damit haben wir ein echtes Objekt und nicht mehr nur eine Anhäufung von einzelnen Variablen.

Die reine Deklaration einer Objektvariablen aus Datentyp, gefolgt von einem Variablennamen, erzeugt noch kein Objekt der Klasse, sondern reserviert lediglich Speicher:

```
Klassenname klname;
```

Mit Hilfe der Objektvariablen klname und des Punktoperators (.) können wir auf die Instanzvariablen und die Methoden des Objektes zugreifen.

Zum Anlegen von Objekten der Klasse Adresse definieren wir eine Klasse TestAdresse mit der main-Methode:

```java
 1 public class TestAdresse
 2 {
 3     public static void main(String[] args)
 4     {
 5         Adresse paul_muellerle = new Adresse("Schätzlestraße", 10, 78534, "Schwabingen");
 6         Adresse ute_schmitt    = new Adresse("Katharinenstraße ", 6, 20459, "Hamburg");
 7         System.out.println(paul_muellerle.getAdresse());
 8         System.out.println(ute_schmitt.getAdresse());
 9     }
10 }
```

Ausgabe
```
Schätzlestraße 10, 78534 Schwabingen
Katharinenstraße 6, 20459 Hamburg
```

Allgemeine Erklärung

- Zeile 5–6: Definition zweier Objekte der Klasse Adresse mit dem new-Operator durch Übergabe der aktuellen Parameterwerte. Die Variablen paul_muellerle und ute_schmitt sind Objektvariablen und ihre Werte sind Objekte oder Instanzen der Klasse Adresse.

- Zeile 7–8: Ausgabe der Adressbezeichnung der beiden Objekte mit Hilfe der Methode `getAdresse()` über den Punktoperator der zugehörigen Instanzen.

▶ **ACHTUNG** Die Objektvariablen sind Referenzen bzw. Zeiger, d.h. bei der Übergabe von Objekten an Methoden erhält die Methode keine Kopie, sondern arbeitet mit dem Originalobjekt. In diesem Fall wird das bereits vorgestellte Übergabeschema call by reference von Arrays angewandt. Alle bisher vorgestellten Datentypen, die mit dem `new`-Operator erzeugbar sind (z.B. Arrays, dynamische Listen, StringBuffer, PrintWriter), sind Objekte. Ein explizites Löschen von Objekten ist nicht notwendig, da Java automatisch über eine Speicherplatzbereinigung verfügt.

Konstruktoren der Klasse

Beim Bilden einer Instanz wird stets der Konstruktor der Klasse aufgerufen. Der Konstruktor erzeugt das Objekt und liefert eine Referenz in Form des Namens auf das Objekt zurück. Ein Konstruktor ist eine spezielle Methode der Klasse, die den gleichen Namen wie die Klasse trägt und ohne Rückgabetyp (auch kein `void`) definiert wird. Konstruktoren dürfen keine `return`-Anweisung enthalten.

```
public Klassenname()
{
    // Anweisungen
}
```

Die Aufgabe des Konstruktors ist das Einrichten von Speicher und das Initialisieren der Instanzvariablen der Objekte. Java erlaubt die Definition mehrerer Methoden gleichen Namens, wenn sich die Methoden in der Anzahl und/oder dem Typ der Parameter unterscheiden. Mit diesem Prinzip der Überladung können wir mehrere Konstruktoren für eine Klasse definieren:

```
public Klassenname(datentyp name1, datentyp name2, ...)
{
    // Anweisungen
}
```

Wir definieren für unsere obige Klasse `Adresse` einen zweiten Konstruktor, bei dem die Stadt mit der Postleitzahl fest definierbar ist:

```
public Adresse(String str, int nr)
{
    strasse = str;
    nummer = nr;
    postleitzahl = 78534;
    wohnort = "Schwabingen";
}
```

Mit diesem Konstruktor können wir Adressen für Personen aus dieser Stadt mit Straße und Hausnummer definieren:

```
Adresse paul_muellerle = new Adresse("Schätzlestraße", 10);
```

▶   **ACHTUNG** Falls in einer Klasse kein Konstruktor definiert ist, wird automatisch ein parameterloser Standardkonstruktor initialisiert. Dieser Standardkonstruktor initialisiert Instanzvariablen: Integervariablen mit 0, Gleitpunktvariablen mit 0.0, boolesche Variablen mit `false` und Verweis auf ein Objekt mit `null`. Wird in einer Klasse mindestens ein Konstruktor definiert, ist der implizit definierte Standardkonstruktor nicht mehr verfügbar. Initialisieren Sie in jedem Konstruktor alle Instanzvariablen. Ansonsten erhalten Sie bei einem Zugriff auf ein nicht instanziiertes Objekt eine NullPointerException.

this-Operator

Namenskonflikte zwischen Attributen und Parametern der Methode können Sie durch Voraussstellen des Schlüsselwortes `this`, als Referenz auf das eigene Objekt, beheben. Damit müssen Sie nicht immer neue Variablennamen für die Parameter des Konstruktors oder einer Methode überlegen.

```
int par
...
public int methode(int par)
{
  this.par = par;
}
```

Die Variable `this.par` ist eine Instanzvariable der Klasse und die Variable `par` ein formaler Parameter der angegebenen Methode. Das Schlüsselwort `this` liefert das aktuelle Objekt, um es beispielsweise in einer Methode zurückzugeben:

```
public Adresse getAdressObjekt()
{
  return this;
}
```

Verschiedene Konstruktoren einer Klasse sind verkettbar, indem sie sich gegenseitig aufrufen. Der Konstruktor wird dazu über den Namen `this` mit den jeweiligen Argumentwerten aufgerufen:

```
this(arg1, arg2);
```

Durch die Verkettung von Konstruktoren ist der vorhandene Code wiederverwendbar, sodass keine unnötigen Duplikate in Konstruktoren entstehen. Die Anweisung `this` muss als erste Anweisung innerhalb des Konstruktors stehen.

Sichtbarkeitstypen von Variablen

Die objektorientierte Programmierung hat die Aufgabe, die Programme sicherer und robuster zu machen. Für die obige Klasse `Adresse` trifft diese Forderung noch nicht zu, da beispielsweise die Instanzvariable `plz` Zahlen enthalten kann, die keine fünf Stellen besitzen. Mit Hilfe von Sichtbarkeitstypen schützen wir Instanzvariablen vor falschen Werten. Diese Schlüsselwörter werden in der Klassendefinition den Klassenelementen vorangestellt:

- `public`: Das Element kann innerhalb der eigenen Klasse und in allen anderen Klassen verwendet werden.

- `private`: Das Element kann nur innerhalb der eigenen Klasse verwendet werden.

- Keine Angabe: Das Element kann in der eigenen und in allen Klassen, die dem gleichen Paket angehören, verwendet werden.

- `protected`: Das Element kann in der eigenen und in Klassen, die von dieser abgeleitet sind, verwendet werden.

Mit diesen Zugriffsmethoden stellen wir einen kontrollierten Zugriff auf die Instanzvariablen sicher. Um die Instanzvariablen unserer Klasse `Adresse` vor falschen Werten zu schützen, setzen wir die Zugriffsspezifizierer der Instanzvariablen von `public` auf `private`:

```java
 1  public class Adresse
 2  {
 3      // --- Instanzvariablen ---
 4      private String strasse;
 5      private int nummer;
 6      private int postleitzahl;
 7      private String wohnort;
 8
 9      // --- Konstruktoren ---
10      public Adresse(String str, int nr, int plz, String ort)
11      {
12          strasse    = str;
13          nummer     = nr;
14          wohnort    = ort;
15          if (plz >= 10000 && plz <= 99999)
16              postleitzahl = plz;
17          else
18              System.out.println("Falscher Postleitzahlwert");
19      }
20
21      // --- Methoden ---
22      public String getAdresse()
23      {
24          return strasse + " " + nummer + ", " + postleitzahl + " " + wohnort;
25      }
26  }
```

Allgemeine Erklärung

1. Zeile 4–7: Definition der Instanzvariablen der Klasse `Adresse` mit dem Sichtbarkeitstyp `private`.

2. Zeile 12–14: Initialisieren der Instanzvariablen der Klassen mit den übergebenen Parametern.

3. Zeile 15–18: Prüfen im Konstruktor, ob die vorgegebene Zahl `plz` einer 5-stelligen Zahl entspricht. Falls das nicht der Fall ist, wird eine Fehlermeldung ausgegeben.

In dieser Implementierung der Klasse `Adresse` besteht keine Möglichkeit mehr, die einzelnen Instanzvariablen zu ändern. Der Zugriff auf die Instanzvariablen (z. B. `paul_muellerle.postleitzahl`) ergibt einen Syntaxfehler. Zum Abfragen und Ändern der Werte der Variablen definieren wir die sogenannten Getter- und Setter-Methoden.

Getter- und Setter-Methoden

Der Zugriff von außen auf ein Attribut mit dem Modifier `private` ist durch eine Methode möglich, die Auskunft über den aktuellen Wert des Attributs gibt, die sogenannte *Getter-Methode*. Für jede Variable der Klasse wird eine solche Methode erstellt, die als Ergebnis den Wert der betreffenden Variablen bzw. das Attribut zurückliefert. Es ist üblich, als Namen den Bezeichner `getAttributname` zu verwenden:

```
public datentyp getAttributname()
{
  return variablenname
}
```

Methoden zum Zuweisen von neuen Werten für einzelne Attribute heißen *Setter-Methoden*. Als Bezeichner wird in vielen Fällen `setAttributname` verwendet:

```
public void setAttributname(datentyp name)
{
  this.name = name;
}
```

Für die obige Beispielklasse `Adresse` erstellen wir verschiedene Getter- und Setter-Methoden:

```
 1 public class Adresse
 2 {
 3      // --- Instanzvariablen ---
 4      private String strasse;
 5      private int nummer;
 6      private int postleitzahl;
 7      private String wohnort;
 8
 9      // --- Konstruktoren ---
10*     public Adresse(String str, int nr, int plz, String ort)
20
21      // --- Methoden ---
22*     public String getStrasse()
23      {
24          return strasse;
25      }
26*     public int getPlz()
27      {
28          return postleitzahl;
29      }
30*     public void setStrasse(String str)
31      {
32          strasse = str;
33      }
34*     public void setPlz(int plz)
35      {
36          if (plz >= 10000 && plz <= 99999)
37              postleitzahl = plz;
38      }
39 }
```

Allgemeine Erklärung

1. Zeile 22–29: Definition von Getter-Methoden für die Instanzvariable `strasse`
   und `postleitzahl`.

2. Zeile 30–38: Definition von Setter-Methoden für die Instanzvariable `strasse`
   und `postleitzahl`.

Diese Art der Programmierung ist mit Mehraufwand verbunden, bietet aber den
Vorteil einer einheitlichen Benutzerschnittstelle. In dieser Schnittstelle wird geprüft,
ob die Änderung des Attributwertes zulässig ist. Weiterhin können auf diese Weise
interne Variablen vor anderen Nutzern verborgen werden.

▶   **TIPP** Getter- und Setter-Methoden können Sie in Eclipse automatisch
     generieren: Menüeintrag Source → Generate Getters and Setters...

Statische Elemente
Java ist eine objektorientierte Sprache, in der weder globale Methoden noch globale
Variablen existieren. Manchmal ist es sinnvoll Eigenschaften zu verwenden, die nicht
an Instanzen einer Klasse gebunden sind. Ein Beispiel ist eine Variable, welche die
Anzahl der angelegten Objekte einer Klasse zählt. Für diese Anwendungen wird das
Attribut `static` für Methoden und Variablen verwendet.

Die Instanzvariablen beschreiben die Eigenschaften von Objekten einer Klasse, während die Klassenvariablen der gesamten Klasse zuzuordnen sind. Klassenvariablen sind Bestandteile der Klasse und werden nicht mit jedem Objekt neu erzeugt. Die Definition von Klassenvariablen erfolgt mit dem Schlüsselwort `static`:

```
sichtbarkeit static datentyp klassenvariable;
```

Der Zugriff auf eine Klassenvariable erfolgt durch die Syntax:

```
Klassenname.klassenvariable;
```

Im Gegensatz zu Instanzvariablen, die immer an ein konkretes Objekt gebunden sind, existieren Klassenvariablen unabhängig von einem Objekt. Jede Klassenvariable wird nur einmal angelegt und ist von allen Methoden der Klasse aufrufbar. Da sich alle Methoden diese Variable teilen, sind Veränderungen von einer Instanz in allen anderen Instanzen sichtbar.

Eine andere Anwendung von Klassenvariablen besteht in der Deklaration von Konstanten. Dazu wird das `static`-Attribut mit dem `final`-Attribut kombiniert, um eine unveränderliche Variable mit unbegrenzter Lebensdauer zu erzeugen:

```
private static final double MWSTEUER = 19;
```

Durch die Anwendung von `final` wird verhindert, dass der Konstanten `MWSTEUER` während der Ausführung des Programms ein anderer Wert zugewiesen wird. Konstanten sollten Sie zur besseren Kennzeichnung mit Großbuchstaben schreiben.

Neben Klassenvariablen existieren in Java Klassenmethoden bzw. statische Methoden. Diese Methoden existieren unabhängig von einer bestimmten Instanz. Klassenmethoden werden ebenfalls mit Hilfe des `static`-Attributs deklariert:

```
sichtbarkeit static datentyp klassenmethode(...)
```

Der Zugriff auf eine Klassenmethode erfolgt durch die Syntax:

```
Klassenname.klassenmethode(...);
```

Klassenmethoden werden häufig für primitive Datentypen eingesetzt, die keinem speziellem Datenobjekt zuzuordnen sind. Ein Beispiel hierfür ist die bekannte Java-Klasse `Math`, die eine Reihe von wichtigen mathematischen Methoden und Konstanten zur Verfügung stellt.

	Instanzmethode	Statische Methode
Beispiel	ute_schmitt.getAdresse()	Math.sqrt(2.0)
Aufruf	Objektname	Klassenname
Parameter	Referenz auf Objekt, Argumente	Argumente
Anwendung	Objektwert manipulieren	Rückgabewert berechnen

▶ **ACHTUNG** Der Code in einer Klasse sollte wie eine Erzählung von oben nach unten lesbar sein. Schreiben Sie zusammengehörige Fakten stets eng beieinander. Im oberen Teil der Quelldatei sollten die Instanzvariablen und die wichtigsten Konzepte stehen. Die Detailtiefe nimmt nach unten hin zu, wobei am Ende die Hilfsmethoden stehen. Sinnvoll ist es, hinter jeder Methode die Methode auf der nächsttieferen Abstraktionsebene zu schreiben. Die aufrufende Methode sollte möglichst über der aufgerufenen Methode stehen. Typischerweise sollte die Größe einer Datei nicht 500 Zeilen überschreiten.

Die Beispiele

Beispiel 11.1 (Klasse Kreis) Wir definieren eine Klasse Kreis zur Repräsentation von geometrischen Kreisobjekten. Die Klasse wird durch die Attribute in Form von Instanzvariablen des Kreisradius und des Mittelpunktes beschrieben. Die Verhaltensweise dieser Klasse wird durch Methoden dargestellt, beispielsweise um den Flächeninhalt zu berechnen und den Kreis zu verschieben.

```
1  public class Kreis
2  {
3      // --- Instanzvariablen ---
4      private double radius;  // Radius des Kreises
5      private double x, y;    // Mittelpunkt
6      // --- Klassenvariablen ---
7      private static int anzahl=0;
8
9      // --- Konstruktoren ---
10     public Kreis(double r, double x, double y)
11     {
12         this.x = x;
13         this.y = y;
14         if (r > 0)
15             radius = r;
16         anzahl++;
17     }
18     public Kreis()
19     {
20         this(1, 0, 0);
21     }
22     public Kreis(double r)
23     {
24         this(r, 0, 0);
25     }
```

```
26      // Berechnen der Kreisfläche
27◦     public double getFlaeche()
28      {
29          return Math.PI * radius * radius;
30      }
31      // Verschieben des Kreismittelpunktes
32◦     public void verschiebe(int dx, int dy)
33      {
34          x = x + dx;
35          y = y + dy;
36      }
37◦     public double getRadius()
38      {
39          return radius;
40      }
41◦     public double[] getMittelpunkt()
42      {
43          return new double[]{x, y};
44      }
45◦     public void setRadius(double r)
46      {
47          if (r > 0)
48              radius = r;
49      }
50◦     public void setMittelpunkt(double x, double y)
51      {
52          this.x = x;
53          this.y = y;
54      }
55◦     public static int getAnzahl()
56      {
57          return anzahl;
58      }
59  }
```

Kreisobjekte können wir dann wie folgt in einer Testklasse definieren:

```
 1 public class TestKreis
 2 {
 3◦     public static void main(String[] args)
 4      {
 5          Kreis k1 = new Kreis(2.3);
 6          Kreis k2 = new Kreis(1, 4.3, 4.5);
 7          System.out.printf("Gesamtflaeche = %1.2f FE\n", k1.getFlaeche() + k2.getFlaeche());
 8          System.out.printf("Anzahl der Kreisobjekte: %d\n", Kreis.getAnzahl());
 9      }
10 }
```

Ausgabe

```
Gesamtflaeche = 19,76
Anzahl der Kreisobjekte: 2
```

Allgemeine Erklärung

- Zeile 4–7: Definition der nichtöffentlichen Instanzvariablen der Klasse Kreis
  aus Radius (radius) und Mittelpunkt (x, y), sowie der nicht öffentlichen Klassenvariable anzahl für die Anzahl der Kreisobjekte.

- Zeile 10–25: Anlegen von drei Konstruktoren zum Initialisieren eines Einheitskreises, eines Mittelpunktkreises und eines allgemeinen Kreises. Negative Radien werden dabei nicht zugewiesen. Mit dem Schlüsselwort `this` erfolgt eine Verkettung der Konstruktoren.

- Zeile 27–36: Definition einer Methode zum Berechnen der Kreisfläche und zum Verschieben des Mittelpunktes.

- Zeile 37–58: Definition der Getter- und Setter-Methoden als vereinheitlichte Schnittstelle. Durch die `private` definierten Instanzvariablen ist ein Zugriff von außerhalb nicht möglich. Damit soll verhindert werden, dass Werte von Variablen ohne Prüfung änderbar sind.

Diese Klasse kann in einem Zeichenprogramm verwendet werden, indem die Objekte zu zeichnende Elemente, wie Linien, Kreise oder Rechtecke darstellen.

Die Zusammenfassung

1. Alle Dinge sind Objekte. Die Objekte sind Instanzen einer Klasse. In einer Klasse ist die Verhaltensweise der Objekte implementiert. Jedes Objekt besitzt einen eigenen Speicherbereich für seine zugehörigen Daten. Mit dem Austausch von Objekten kommunizieren die einzelnen Objekte miteinander.

2. Eine Klassendefinition aus Instanzvariablen, Konstruktoren und Methoden führt einen neuen Datentyp ein. Ein Objekt der Klasse wird mit dem `new`-Operator erzeugt. Diese Klasse ist durch die Zusammenfassung der Menge von Daten und darauf operierender Methoden der Konstruktionsplan für Objekte.

3. Variablen können in Java nur innerhalb von Klassen definiert werden, wobei die folgenden drei Arten zu unterscheiden sind:
   - *Lokale Variable,* die innerhalb einer Methode oder eines Blocks definiert wird, und nur dort existiert.
   - *Klassenvariable,* die außerhalb einer Methode und mit dem Schlüsselwort `static` vor dem Datentyp gekennzeichnet ist.
   - *Instanzvariable,* die im Rahmen einer Klassendefinition definiert und zusammen mit dem Objekt angelegt wird.

4. Die Konstruktoren sind spezielle Methoden ohne Rückgabetyp, die den Namen der Klasse tragen und dazu dienen, den Instanzvariablen der Objekte gewisse Anfangswerte zuzuweisen.

5. Die Methoden der Klasse legen das Verhalten von Objekten fest und arbeiten immer mit den Variablen des aktuellen Objektes.

6. Die *Abstraktion* beschreibt die Vorgehensweise, unwichtige Einzelheiten auszublenden und Gemeinsamkeiten zusammenzufassen. Die Abstraktion beschreibt

gleichartige Objekte mit gemeinsamen Merkmalen mit Hilfe von Klassen, ohne eine genaue Implementierung.

7. Die *Kapselung* stellt den kontrollierten Zugriff auf Attribute bzw. Methoden einer Klasse dar. Das Innenleben einer Klasse bleibt dem Nutzer weitestgehend verborgen (Geheimnisprinzip). In einer Klasse sind die nach außen sichtbaren Methoden eines Objektes die Schnittstellen, die zur Interaktion mit anderen Klasse dienen.

8. Die Datenkapselung schützt die Variablen einer Klasse vor unberechtigtem Zugriff von außen und bietet eine Reihe von Vorteilen:

- Verbesserte Änderbarkeit: Implementierung einer Klasse kann geändert werden, solange die öffentliche Schnittstelle gleich bleibt.
- Verbesserte Testbarkeit: Beschränkung der Zugriffsmöglichkeiten auf eine Klasse verkleinert die Anzahl der notwendigen Testfälle.
- Verbesserte Wartbarkeit: Datenkapselung erleichtert die Einarbeitung in fremden Programmcode und vereinfacht die Fehlersuche.

Weitere nützliche Befehle
Für jedes Objekt einer Klasse sind unter anderem die folgenden elementaren Methoden definiert:

```
boolean equals(Object obj)
protected Object clone()
String toString()
```

Die Methode `equals()` testet, ob zwei Objekte denselben Inhalt haben. Der Operator = liefert bei einem Vergleich `true`, wenn die zwei Bezeichner auf das identische Objekt verweisen. Die Methode `clone()` kopiert ein Objekt und `toString()` erzeugt eine String-Repräsentation des Objekts.

Die Übungen

Aufgabe 11.1 (Klasse Kreis) Erweitern Sie die Klasse `Kreis` um die Instanzvariable `farbe` als Datentyp `String` und eine Methode `getUmfang()` zur Berechnung des Umfangs. Definieren Sie zwei weitere sinnvolle Konstruktoren sowie die zugehörigen Getter- und Setter-Methoden für die Variable `farbe`. Erzeugen Sie anschließend verschiedene Kreisobjekte in der separaten Testklasse und überprüfen Sie die vorhandenen Methoden.

Aufgabe 11.2 (Klasse Rechteck) Implementieren Sie eine Klasse `Rechteck` zur Repräsentation von Rechtecken. Diese Klasse soll die gleiche Funktionalität wie die Klasse `Kreis` besitzen. Erzeugen Sie anschließend verschiedene Rechteckobjekte in der separaten Testklasse und überprüfen Sie die vorhandenen Methoden.

Aufgabe 11.3 (Klasse Schrank) Implementieren Sie eine Klasse `Schrank` mit den Instanzvariablen `name` für den Modellnamen, einem Array `abmessung` für die Länge, Breite und Höhe und `preis` für den Preis. Erstellen Sie drei Konstruktoren für zwei Einheitsschränke sowie für einen allgemeinen Schranktyp. Schreiben Sie neben den notwendigen Getter- und Setter-Methoden noch die folgenden Methoden:

- `public double getVolumen()`
  Berechnen des Volumens eines Schrankes.

- `public double getPreis()`
  Berechnen des Preises eines Schrankes über eine geeignete Vorschrift aus dem Volumen.

- `public String getInfo()`
  Ausgabe der vollständigen Schrankeigenschaften als Zeichenkette.

- `public static int getAnzahl()`
  Rückgabe der Anzahl der definierten Schränke mit Hilfe der Klassenvariablen `zaehler`.

Testen Sie anschließend diese Klasse mit mehreren definierten Schrankobjekten.

Wie erstelle ich objektorientierte Programme? Objektorientierte Programmierung Teil II

12

Mit einer Klasse haben wir einen selbst definierten Datentyp mit Eigenschaften in Form von Instanzvariablen und Verhaltensweisen mittels Methoden erstellt. Die konkrete Realisierung einer Klasse sind die Objekte. Diese Objekte können wir in anderen Klassen wiederum als Instanzvariablen verwenden. Auf diesem Weg sind wir in der Lage, ein neues Objekt aus anderen Objekten zusammenzusetzen.

Unsere Lernziele

- Zusammensetzen von Objekten und deren Interaktion untereinander.
- Objektorientierte Analyse und Modellierung praktischer Aufgabenstellungen.
- Objekte in Arrays und dynamischen Listen verwenden.

Das Konzept

Zusammensetzen von Objekten

Viele Objekte entstehen durch das Zusammensetzen eines Objektes aus anderen Objekten. Wir zeigen dieses Prinzip anhand der Klasse `Person`, deren Instanzvariablen das Objekt `Adresse` sowie die beiden Zeichenketten `name` für den Namen und `vorname` für den Vornamen einer Person sind.

© Springer Fachmedien Wiesbaden GmbH, ein Teil von Springer Nature 2023
S. Dörn, *Java lernen in abgeschlossenen Lerneinheiten*,
https://doi.org/10.1007/978-3-658-39915-3_12

```
 1  public class Person
 2  {
 3      // --- Instanzvariablen ---
 4      private String name;
 5      private String vorname;
 6      private Adresse adresse;
 7      // --- Klassenvariable ---
 8      private static int anzahl;
 9
10      // --- Konstruktoren ---
11      public Person(String name, String vorname, Adresse adresse)
12      {
13          this.name    = name;
14          this.vorname = vorname;
15          this.adresse = adresse;
16          anzahl++;
17      }
18
19      // --- Methoden ---
20      public String getAnschrift()
21      {
22          return vorname + " " + name + ", " + adresse.getAdresse();
23      }
24      public Person getPerson()
25      {
26          return this;
27      }
28      public static int getAnzahl()
29      {
30          return anzahl;
31      }
32  }
```

Für das Testen dieser Klasse schreiben wir eine `main()`-Methode, entweder in dieser Klasse, oder in einer neuen Testklasse:

```
public static void main(String[] args)
{
    Adresse a1 = new Adresse("Schätzlestraße", 10, 78534, "Schwabingen");
    Adresse a2 = new Adresse("Katharinenstraße ", 6, 20459, "Hamburg");
    Person p1 = new Person("Paul", "Müllerle", a1);
    Person p2 = new Person("Ute", "Schmitt", a2);
    System.out.println(p1.getAnschrift());
    System.out.println(p2.getAnschrift());
    System.out.println("Anzahl der Personen: " + Person.getAnzahl());
}
```

Ausgabe
```
Müllerle Paul, Schätzlestraße 10, 78534 Schwabingen
Schmitt Ute, Katharinenstraße 6, 20459 Hamburg
Anzahl der Personen: 2
```

Allgemeine Erklärung

- Zeile 4–8: Definition der nicht-öffentlichen Instanzvariablen der Klasse Person aus den beiden Zeichenketten name und vorname, der Variablen adresse vom Typ Adresse und der nichtöffentlichen Klassenvariablen anzahl zum Zählen der Anzahl der angelegten Objekte Person.

- Zeile 11–17: Anlegen eines Konstruktors zum Initialisieren der Instanzvariablen mit Hilfe der übergebenen Parameter. Die statische Variable `anzahl` wird dabei jeweils um eins erhöht.

- Zeile 20–23: Definition einer Methode zur Rückgabe der vollständigen Anschrift als Zeichenkette. Mit der Instanzvariablen `adresse` ist die bereits definierte Methode `getAdresse()` der Klasse `Adresse` verwendbar.

- Zeile 24–27: Rückgabe des gesamten aktuellen Objektes vom Typ `Person` mit dem Schlüsselwort `this`.

- Zeile 28–31: Rückgabe des Wertes der Klassenvariablen `anzahl` mit der Klassenmethode `getAnzahl()`.

▶ **ACHTUNG** Die Komponenten eines Objektes können aus beliebigen Objekten anderer Klassen bestehen. Sie können diese Objekte beliebig als Argumente übergeben oder als Parameter zurückliefern. Beachten Sie unbedingt die Wahl des korrekten Datentyps.

Objektorientierte Analyse und Modellierung

Die Basis der objektorientierten Programmierung eines Softwaresystems ist das Modellieren einer Aufgabe durch kooperierende Objekte. Bei der objektorientierten Analyse sind die zu modellierenden Objekte zu finden, zu organisieren und zu beschreiben. Die einzelnen Schritte lassen sich in der folgenden Reihenfolge darstellen:

1. **Finden der Objekte:** In dem zu modellierenden Softwaresystem sind die darin enthaltenen Objekte zu finden. Diese Objekte beschreiben eine Gruppe von interagierenden Elementen. Damit werden reale Objekte wie Autos, Kunden, Aufträge oder Artikel direkt in die Software modelliert.

2. **Organisation der Objekte:** Bei einer großen Anzahl von beteiligten Objekten setzen sich zusammengehörige Objekte in Gruppen zusammen. Diese Zusammenstellung ergibt sich aus den Beziehungen der einzelnen Objekte zueinander. Damit enthalten Objekte andere Objekte als Instanzvariablen (z. B. Bestellsystem enthält Artikel, Maschine enthält Komponenten).

3. **Interaktion der Objekte:** Die Interaktion zweier Objekte beschreibt die Beziehung zwischen diesen Objekten. Die Aggregation beschreibt das Zusammensetzen eines Objektes aus anderen Objekten. Die Komposition ist ein Spezialfall einer Aggregation, bei der ein beschriebenes Objekt nur durch gewisse Teilobjekte existiert (z. B. Maschine besteht aus Teilen, Container besteht aus Behältern, Behälter besteht aus Gegenständen).

4. **Beschreiben der Attribute der Objekte:** Die Attribute sind die individuellen Eigenschaften eines Objektes. Das Attribut ist ein Datenelement einer Klasse, das in allen Objekten vorhanden ist (z. B. Farbe eines Autos, Name eines Artikels).

5. **Beschreiben des Verhaltens der Objekte:** Das Verhalten eines Objektes wird durch Methoden innerhalb einer Klasse definiert, die jeweils auf einem Objekt

dieser Klasse operieren. Die Methoden eines Objektes definieren eine zu erledigende Aufgabe (z. B. Algorithmus steuert Maschine, Kalkulation berechnet Preis eines Artikels).

Das Ergebnis dieser Analyse ist die obige Beschreibung mit Abbildungen der einzelnen Klassen (Kästchen) und deren Beziehungen untereinander (Linien und Text).

Beispiel 12.1 Wir modellieren eine Software für die Produktionsplanung einer Firma. Das Softwaresystem besteht aus einer Eingabemaske, in die der Kunde die Auftragsdaten und die Produktionsplanungsdaten eingibt. Die Auftragsdaten bestehen aus den einzelnen Artikeln. Die Produktionsmaschine und deren Konfiguration definieren die Produktionsplanung.

1. **Finden der Objekte:** Eingabemaske, Kunde, Auftrag, Artikel, Produktionsplanung, Produktionsmaschine, Konfiguration

2. **Organisation der Objekte:** Die Objekte werden in vier Gruppen aufgeteilt:
   a) Eingabemaske
   b) Kunde
   c) Auftrag, Artikel
   d) Produktionsplanung, Produktionsmaschine, Konfiguration

3. **Interaktion der Objekte:**
   • Kunde, Auftrag und Produktionsplanung werden eingegeben.
   • Artikel gehört zum Auftrag.
   • Produktionsmaschine ist Produktionsplanung zugeordnet.
   • Konfiguration wird von Produktionsplanung ausgewählt.

4. **Beschreibung der Attribute der Objekte:**
   • Kunde: Name, Adresse, Kundennummer
   • Artikel: Nummer, Name, Preis, Anzahl
   • Auftrag: Array von Artikel
   • Konfiguration: Maschinenparameter
   • Produktionsmaschine: Maschinenbezeichner, Laufzeit
   • Produktionsplanung: Produktionsmaschine, Konfiguration

5. **Beschreibung des Verhaltens der Objekte:**
   • Kunde: `getKundennummer()`, `getKunde()`, …
   • Auftrag: `getAuftragswert()`, `getAnzahlauftraege()`, …
   • Artikel: `getArtikelnummer()`, `getArtikelanzahl()`, …
   • Produktionsplanung: `getKonfiguration()`, …
   • Konfiguration: `getParameter()`, `setParameter()`, …
   • Produktionsmaschine: `getMaschinenbezeichner()`, …

Die Abb. 12.1 zeigt ein Übersichtsdiagramm der objektorientierten Analyse dieser Planungssoftware.

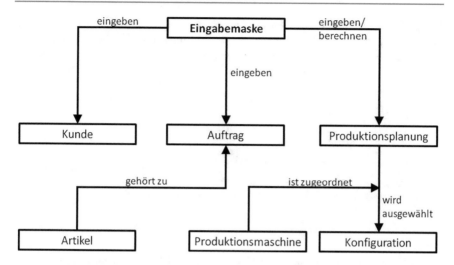

Abb. 12.1 Objektorientierte Analyse einer Planungssoftware

▶   **ACHTUNG** Jede Klasse sollte nur eine Verantwortlichkeit und nur einen
   einzigen Grund zur Änderung besitzen. Teilen Sie eine Klasse auf, wenn
   diese mehrere Verantwortlichkeiten hat oder gewisse Methoden nur
   bestimmte Variablen benutzen. Erstellen Sie eine Klasse in der Form,
   dass diese möglichst mit wenigen anderen Klassen zusammenarbeitet,
   um das gewünschte Verhalten zu erreichen. Jede Klasse sollte eine überschaubare Anzahl von Instanzvariablen besitzen.

Arrays von Objekten
Die Definition eines Arrays vom Typ `Klassenname` erfolgt wie bei den primitiven
Datentypen:

```
Klassenname name[] = new Klassenname[anzahl];
```

Mit dieser Anweisung ist zunächst nur ein Feld von Objekten angelegt. Für jedes
Element des Feldes ist ein Objekt vom Typ `Klassenname` zu definieren:

```
name[i] = new Klassenname(parameterliste);
```

Das Anlegen dieser Objekte mittels Aufruf eines passenden Konstruktors erfolgt
meistens über eine `for`-Schleife. Der Zugriff auf eine Instanzvariable `var` des i-
ten Objektes funktioniert mit `name[i].var`. Die Anzahl der Elemente in einem
Feldobjekt erhalten wir mit der Methode `length`.

Beispiel 12.2 In dem obigen Programm legen wir zwei Felder von Adress- bzw. Personenobjekten an. Damit können wir flexibel diese Objekte an andere Komponenten des Programms weitergeben und verarbeiten.

```
public static void main(String[] args)
{
    Adresse a[] = new Adresse[2];
    Person p[]  = new Person[2];
    a[0] = new Adresse("Schätzlestraße", 10, 78534, "Schwabingen");
    a[1] = new Adresse("Katharinenstraße ", 6, 20459, "Hamburg");
    p[0] = new Person("Paul", "Müllerle", a[0]);
    p[1] = new Person("Ute", "Schmitt", a[1]);
    for(int i=0; i<p.length; i++)
        System.out.println(p[i].getAnschrift());
    System.out.println("Anzahl der Personen: " + Person.getAnzahl());
}
```

Ausgabe
```
Müllerle Paul, Schätzlestraße 10, 78534 Schwabingen
Schmitt Ute, Katharinenstraße 6, 20459 Hamburg
Anzahl der Personen: 2
```

Anstatt eines statischen Arrays kann eine dynamische Datenstruktur vom Typ ArrayList mit den Elementen vom Typ Klassenname verwendet werden:

```
ArrayList<Klassenname> liste = new ArrayList<Klassenname>();
```

Die einzelnen Objekte sind auch mit einer foreach-Schleife durchlaufbar:

```
for (Klassenname element : liste)
   . . .
```

Für das obige Beispiel erhalten wir den folgenden Code zum Erzeugen von Adressen und Personen:

```
public static void main(String[] args)
{
    ArrayList<Adresse> adress = new ArrayList<Adresse>();
    ArrayList<Person>  pers   = new ArrayList<Person>();
    adress.add(new Adresse("Schätzlestraße", 10, 78534, "Schwabingen"));
    adress.add(new Adresse("Katharinenstraße", 6, 20459, "Hamburg"));

    pers.add(new Person("Paul", "Müllerle", adress.get(0)));
    pers.add(new Person("Ute", "Schmitt",  adress.get(1)));

    for(Person p : pers)
        System.out.println(p.getAnschrift());
    System.out.println("Anzahl der Personen: " + Person.getAnzahl());
}
```

Ausgabe

```
Müllerle Paul, Schätzlestraße 10, 78534 Schwabingen
Schmitt Ute, Katharinenstraße 6, 20459 Hamburg
Anzahl der Personen: 2
```

Die Beispiele

Beispiel 12.3 (Klasse Personal) Wir schreiben eine Klasse `Personal` zum Verwalten von Mitarbeitern einer Firma. Die Instanzvariablen sind ein Feld von Personen vom Datentyp `Person` und ein Array von Personalnummern mit dem Namen `nummer`. Die Klasse soll in der Lage sein, aus der Personalnummer das zugehörige Gehalt zu bestimmen. Alle Personen mit einer Nummer kleiner als 100 verdienen 3000 EUR und alle anderen nur 2000 EUR pro Monat.

```
 1 public class Personal
 2 {
 3     // --- Instanzvariablen ---
 4     private Person person[];
 5     private int nummer[];
 6
 7     // --- Konstruktor ---
 8     public Personal(Person person[], int nummer[])
 9     {
10         this.person = person.clone();
11         this.nummer = nummer.clone();
12     }
13
14     // --- Methoden ---
15     public Person getPerson(int i)
16     {
17         return person[i];
18     }
19     public double getGehalt(int i)
20     {
21         if (nummer[i] < 100)
22             return 3000;
23         else
24             return 2000;
25     }
26 }
```

Für das Testen dieser Klasse schreiben wir eine `main()`-Methode:

```
public static void main(String[] args)
{
    Person per[] = new Person[3];
    per[0] = new Person("Müller", "Erich", new Adresse("Weg", 1, 12345, "Stadt"));
    per[1] = new Person("Schulz", "Franz", new Adresse("Weg", 5, 12345, "Stadt"));
    per[2] = new Person("Schmid", "Jutta", new Adresse("Weg", 7, 12345, "Stadt"));
    Personal pl = new Personal(per, new int[]{13, 432, 23});
    for(int i=0; i<per.length; i++)
        System.out.printf("%s hat mtl. Gehalt = %1.2f Euro\n",
                pl.getPerson(i).getAnschrift(), pl.getGehalt(i));
}
```

Ausgabe

```
Erich Müller, Weg 1, 12345 Stadt hat mtl. Gehalt = 3000,00 EUR
Franz Schulz, Weg 5, 12345 Stadt hat mtl. Gehalt = 2000,00 EUR
Jutta Schmid, Weg 7, 12345 Stadt hat mtl. Gehalt = 3000,00 EUR
```

Allgemeine Erklärung

- Zeile 4–5: Definition der nicht-öffentlichen Instanzvariablen der Klasse `Personal` aus dem Array-Objekt `person` vom Typ `Person` und dem `int`-Array `nummer`.

- Zeile 8–12: Definition eines Konstruktors zum Initialisieren der Instanzvariablen mit Hilfe der übergebenen Parameter. Die Methode `clone()` kopiert das Übergabearray.

- Zeile 15–18: Rückgabe des i-ten Objektes vom Typ `Person`.

- Zeile 19–25: Rückgabe des Gehaltswertes der i-ten Person als `double`-Wert.

Beispiel 12.4 (Preiskategorien und Schrauben) Ein Hersteller von Schrauben will seine Produkte nach dem folgenden Schema einordnen:

- Schrauben mit einem Durchmesser bis zu 3 mm und einer Länge bis zu 20 mm haben den Preis 30 Cent.

- Schrauben mit einem Durchmesser zwischen 3 und 5 mm und einer Länge zwischen 20 und 30 mm haben den Preis 40 Cent.

- Schrauben mit einem Durchmesser zwischen 5 und 6 mm und einer Länge zwischen 20 und 30 mm haben den Preis 60 Cent.

- Schrauben mit einem Durchmesser zwischen 6 und 15 mm und einer Länge zwischen 30 und 50 mm haben den Preis 80 Cent.

- Schrauben mit einem Durchmesser zwischen 15 und 20 mm und einer Länge zwischen 30 und 50 mm haben den Preis 90 Cent.

Die Aufgabe besteht darin, den richtigen Preis einer Schraube für einen angegebenen Durchmesser und eine Länge zu ermitteln. Falls eine Schraube keiner der oben beschriebenen Kategorien angehört, erfolgt die Ausgabe der Meldung „Unbekannter Schraubentyp".

Wir erstellen ein objektorientiertes Programm, bei dem wir zusammengehörige Daten und die darauf arbeitende Programmlogik zu einer Einheit zusammenfassen. In der realen Welt existiert eine Preisgruppe für Schraubentypen, die wir mit der Klasse Preisgruppe darstellen. Die Attribute in Form von Instanzvariablen sind neben dem Preis, die Unter- und Obergrenzen für den Durchmesser und die Länge. Mit dieser Modellierung erhalten wir einen gut erweiterbaren, modularen und wiederverwendbaren Programmcode.

```java
 1 public class Preisgruppe
 2 {
 3     // --- Instanzvariablen ---
 4     private double uD, oD;  // unterer und oberer Durchmesser
 5     private double uL, oL;  // untere und obere Länge
 6     private double preis;   // Preis
 7
 8     // --- Konstruktor ---
 9     public Preisgruppe(double uD, double oD, double uL, double oL, double preis)
10     {
11         this.uD = uD;
12         this.oD = oD;
13         this.uL = uL;
14         this.oL = oL;
15         this.preis = preis;
16     }
17     // Prüfung des Preis des Produktes mit Durchmesser d und Laenge l
18     public boolean pruefePreis(double d, double l)
19     {
20         if (d > uD && d <= oD && l > uL && l <= oL)
21             return true;
22         else
23             return false;
24     }
25     // Rueckgabe des Preises
26     public double getPreis()
27     {
28         return preis;
29     }
30 }
```

Allgemeine Erklärung

- Zeile 4–6: Definition der nichtöffentlichen Instanzvariablen für den unteren und oberen Durchmesser (uD, oD), für die untere und obere Länge (uL, oL) und den Preis preis.

- Zeile 9–16: Definition eines Konstruktors zum Initialisieren der Instanzvariablen mit Hilfe der übergebenen Parameter.

- Zeile 18–24: Prüfen, ob der übergebene Durchmesser und die Länge zu der Preisgruppe gehören. Diese Methode vergleicht dazu die beiden Parameter mit ihren eigenen Attributen.

- Zeile 26–29: Rückgabe des Wertes der Variable preis.

In der Klasse Schrauben definieren wir fünf Preisgruppen-Objekte in Form eines Arrays vom Typ Preisgruppe. Anschließend durchlaufen wir alle Preisgruppen und vergleichen, ob der zu testende Durchmesser und eine Länge vorhanden sind.

```java
 1 public class Schrauben
 2 {
 3     public static void main(String[] args)
 4     {
 5         // ----------- Eingabe ------------
 6         // --- 1. Durchmesser
 7         double durchmesser = 5.5;
 8
 9         // --- 2. Laenge
10         double laenge = 23;
11
12         // -------------------------------------------------
13         // --- 1. Definition der Preisgruppen
14         Preisgruppe pg[] = new Preisgruppe[5];
15         pg[0] = new Preisgruppe(0, 3, 0, 20, 0.30);
16         pg[1] = new Preisgruppe(3, 5, 20, 30, 0.40);
17         pg[2] = new Preisgruppe(5, 6, 20, 30, 0.60);
18         pg[3] = new Preisgruppe(6, 15, 30, 50, 0.80);
19         pg[4] = new Preisgruppe(15, 20, 30, 50, 0.90);
20
21         // --- 2. Bestimmung des aktuellen Preises
22         double preis = -1;
23         for (int i = 0; i < pg.length; i++)
24             if (pg[i].pruefePreis(durchmesser, laenge))
25             {
26                 preis = pg[i].getPreis();
27                 break;
28             }
29
30         // --- 3. Ausgabe
31         if (preis >= 0)
32             System.out.printf("Der Preis beträgt %1.2f Euro.", preis);
33         else
34             System.out.printf("Der Preis ist unbekannt.");
35     }
36 }
```

Ausgabe

Der Preis beträgt 0,60 EUR.

Allgemeine Erklärung

1. Zeile 7–10: Definition der Eingabegrößen in Form von Durchmesser und Länge.

2. Zeile 14–19: Definition der einzelnen Preisgruppen durch die gegebenen Intervalle.

3. Zeile 22–28: Bestimmen des Preises durch Prüfen, ob die gegebenen Parameter zu einer gegebenen Preisgruppe passen.

4. Zeile 31–34: Ausgabe des Preises durch eine formatierte Ausgabe auf der Konsole.

Die objektorientierte Implementierung besitzt hier zahlreiche Vorteile: Die Methode pruefePreis() existiert im Zusammenhang mit einem Objekt der Klasse Preisgruppe. Auf die üblichen verschachtelten if-else-Schleifen können wir damit verzichten. Änderungen, wie beispielsweise durch Hinzufügen oder Weglassen von Gleichheitszeichen in der if-Abfrage, benötigen nur eine Modifikation statt fünf. In der Methode getPreis() können wir leicht Änderungen, wie ein Steueraufschlag ergänzen. Weiterhin sind wir in der Lage, problemlos neue Preisgruppen zu ergänzen, ohne den Programmcode eventuell fehlerhaft zu machen. Mit der Gliederung des Programms in zwei Teilklassen ist die Klasse Preisgruppe für andere Produkte leicht wiederverwendbar.

Die Zusammenfassung

1. Selbstdefinierte Datenklassen sind in anderen Klassen in Form von Arrays mit fest definierter Länge oder als dynamische Liste verwendbar.

2. Die Elemente in einer dynamischen Datenliste mit dem Namen liste vom Typ Klassenname sind mit folgendem Schleifenkonstrukt zu durchlaufen:

   ```
   for (Klassenname element : liste)
   ```

3. Mit Hilfe der objektorientierten Analyse modellieren wir Klassen durch kooperierende Objekte.

4. Die *Aggregation* beschreibt das Zusammensetzen eines Objektes aus anderen Objekten.

5. Die *Komposition* ist ein Spezialfall einer Aggregation mit Abhängigkeiten zwischen den Objekten, sodass ein beschriebenes Objekt nur durch gewisse Teilobjekte existiert.

Die Übungen

Aufgabe 12.1 (Klasse Schreinerei) Implementieren Sie eine Klasse Auftrag mit der Instanzvariable artikel als Artikelliste in Form einer dynamischen Liste mit Elementen vom Typ Schrank und einer statischen Variable mwst für den aktuellen Mehrwertsteuersatz[1]. Erstellen Sie neben einem leeren Konstruktor die folgenden Methoden:

- public void add(Schrank s)
  Hinzufügen eines neuen Schrankes.

- public double getAuftragswertMitSteuer()
  Berechnen des Gesamtwertes des Auftrags.

---

[1]Klasse Schrank wurde als Übung in Kap. 11 erstellt. Diese Klasse muss sich im aktuellen Projektordner befinden.

- `public double getAuftragswertOhneSteuer()`
  Berechnen des Gesamtwertes des Auftrags ohne die Mehrwertsteuer.

- `public String getAuftragsliste()`
  Rückgabe der Auftragsliste als Zeichenkette.

- `public int getAnzahl()`
  Rückgabe der Anzahl der Artikel im Auftrag.

Testen Sie diese Klasse durch eine Klasse `Schreinerei` mit der Definition von mehreren Aufträgen in Form eines Array.

Aufgabe 12.2 (Klasse Klausur) Implementieren Sie eine Klasse `Klausur` mit den Instanzvariablen
`fachbezeichnung` (`String`) für die Fachbezeichnung, `semesterKuerzel` (`String`) für die Semesterbezeichnung und `note` (`double`) für die Note. Erstellen Sie neben einem passenden Konstruktor noch die folgenden Methoden:

- `public String getDaten()`
  Rückgabe der vollständigen Klausurdaten als Zeichenkette.

- `public double getNote()`
  Rückgabe der Note.

Aufgabe 12.3 (Klasse Student) Implementieren Sie eine Klasse `Student` mit den Instanzvariablen `matrikelNr` (`String`) für die Matrikelnummer, `nachName` (`String`) für den Nachnamen, `vorName` (`String`) für den Vornamen und `klausurListe` als Klausurliste in Form einer dynamischen Liste mit Elementen vom Typ `Klausur`. Erstellen Sie neben einem passenden Konstruktor noch die folgenden Methoden:

- `public boolean pruefeMatrikel(String matrikel)`
  Prüfen, ob die aktuelle Matrikelnummer mit einer übergebenen Matrikelnummer übereinstimmt.

- `public void addKlausur(Klausur klausur)`
  Hinzufügen einer neuen Klausur in die Klausurliste.

- `public void schreibeDaten()`
  Ausgabe aller Klausurergebnisse und der resultierenden Durchschnittsnote.

Aufgabe 12.4 (Klasse Prüfungsamt) In einer gegebenen Datei stehen unter anderem die folgenden Informationen:

```
34187, Meyer, Peter, Mathematik 1, SoSe 2016, 1.7
57894, Peters, Fredericke, Physik 2, WiSe 2016/17, 2.3
34187, Meyer, Peter, Mathematik 2, WiSe 2016/17, 2.3
...
```

Implementieren Sie eine Klasse `Pruefungsamt` mit der Instanzvariablen `studentenListe` als Studentenliste in Form einer dynamischen Liste mit Elementen vom Typ `Student`. Erstellen Sie neben einem passenden Konstruktor noch die folgenden Methoden:

- `public void schreibeDaten()`
  Ausgabe der vollständigen Studentenliste.

- `public Student findeStudent(String matrikel)`
  Gibt den Studenten mit der angegebenen Matrikelnummer zurück oder null, falls dieser nicht vorhanden ist.

- `public Student getStudent(String matrikel, String vorname, String nachname)`
  Gibt den Studenten mit der gegebenen Matrikelnummer zurück. Falls dieser nicht vorhanden ist, wird er mit der Klasse `Student` mit den drei Werten `matrikel`, `vorname`, `nachname` angelegt, der Studentenliste hinzugefügt und zurückgegeben.

- `public void schreibeNotenliste(Student st)`
  Schreiben aller Klausurergebnisse des angegebenen Studenten in eine Textdatei mit Namen *Notenliste_matrikelnummer_nachname_vorname*.

- `public void leseDaten()`
  Einlesen der Daten der Klausuren aus einer Datei und Zuordnen zu den Studenten mit Hilfe der Methode `getStudent()`.

Wie teste ich meine Klassen und Methoden? Modultests

13

Ein Modultest bzw. Komponententest (Unit-Test) ist ein automatisiertes Testverfahren, bei dem wir einzelne Einheiten (z. B. Methoden) auf ihre Korrektheit überprüfen. In einem Modultest testen wir diese Komponenten möglichst ohne Interaktion mit anderen Modulen. Hierzu isolieren wir eventuelle Abhängigkeiten, um auf diesem Weg das Verhalten des Moduls kontrolliert zu testen. Die Grundlage für diese Modultests sind relevante Testfälle, die von der zu testenden Komponente auszuführen sind. Das erhaltene Ergebnis vergleichen wir anschließend mit dem Sollwert.

Die einzelnen Unit-Tests besitzen eine große Bedeutung für das Testen der gesamten Anwendung. Eventuelle Fehler in einem Softwarepaket lassen sich damit wesentlich früher entdecken. Durch den begrenzten Umfang eines Moduls sind wir in der Lage die Fehler genau zu lokalisieren und zu entfernen. Die Softwareentwicklung lässt sich damit deutlich effizienter und kostengünstiger gestalten.

Unsere Lernziele

- Bedeutung des Testens von Programmen verstehen.
- Prinzip der Äquivalenzklassen anwenden.
- Unit-Tests in Java mit JUnit implementieren.

Das Konzept

Ein Modultest prüft automatisiert die einzelnen Komponenten in einem Computerprogramm mit relevanten Testfällen. Der Modultest muss fehlschlagen, wenn er sollte, und erfolgreich sein, wenn er sollte. Erfolgreich sein sollte ein Modultest, wenn die Software die Testfälle richtig bearbeitet. Fehlschlagen sollte ein Modul-

© Springer Fachmedien Wiesbaden GmbH, ein Teil von Springer Nature 2023
S. Dörn, *Java lernen in abgeschlossenen Lerneinheiten*,
https://doi.org/10.1007/978-3-658-39915-3_13

tests, wenn der von einem Kunde aufdeckte Fehler als Testfall mit den zugehörigen Eingaben implementiert wird. Das ist ein positiver Nachweis für die Existenz des Fehlers im getesteten Modul. Anschließend wird das Modul repariert, so dass der Modultest erfolgreich ist.

Drei Arten von Ergebnissen sind bei Modultests überprüfbar:

1. **Wertbasiertes Testen:** Test, ob der Rückgabewert einer Methode mit dem Sollwert übereinstimmt.

2. **Zustandsbasiertes Testen:** Test, ob das Verhalten des testenden Systems nach Zustandsänderung richtig ist.

3. **Interaktionsbasiertes Testen:** Test, ob ein Objekt eine Nachricht an ein anderes Objekt versendet.

Für den Test dieser drei Kategorien stehen unterschiedliche Methoden und Techniken zur Verfügung.

Eigenschaften von Modultests

In der Programmierpraxis haben Modultests eine ganze Reihe von Eigenschaften zu erfüllen:

- **Einfach:** Test ist einfach zu implementieren.
- **Automatisierbar:** Test ist auf Knopfdruck wiederholbar.
- **Effizient:** Test ist schnell ausführbar.
- **Konsistent:** Test gibt ohne Änderungen den gleichen Wert zurück.
- **Isoliert:** Test läuft unabhängig von anderen Tests.
- **Lokalisierbar:** Wenn der Test fehlschlägt, ist das Problem schnell zu erkennen.
- **Vertrauenswürdig:** Test enthält keine Fehler und prüft die richtigen Dinge.
- **Lesbar:** Test ist für andere Programmierer leicht verständlich.
- **Wartbar:** Test ist schnell änderbar und flexibel.

Die Eigenschaft der Vertrauenswürdigkeit ist bei einem Modelltest der schwierigste Teil, der die meisten Erfahrungen erfordert. Die Tests sind dabei so aufzubauen, dass sie „die richtigen Dinge" testen, also das komplette von der Methode programmierte Verhalten. Werden die Tests dabei zu umfangreich, ist das ein wichtiger Hinweis, dass die zu testende Methode zu kompliziert und in mehrere Einzelmethoden zu zerlegen ist.

Modultests haben durch das Implementieren der einzelnen Tests einen erhöhten Aufwand. In einem Modultest sind nur eine beschränkte Anzahl von Testfällen überprüfbar. Eine absolute Fehlerfreiheit eines Moduls kann damit nicht gewährleistet werden. Der zeitliche Aufwand für Modultests liegt typischer Weise zwischen 30 % und 50 % des Aufwandes für das Programmieren der Originalmodule. Auf den ersten Blick ein hoher Aufwand, der sich jedoch später auszahlt, da Modultests wesentlich die Anzahl von Fehlern im Code reduzieren.

Im Gegensatz zum Modultest besitzen Integrationstests eine oder mehrere Abhängigkeiten (z. B. Datenbank). Hier arbeiten alle Komponenten zusammen, sodass viele Dinge auf einmal zu testen sind. Jede einzelne Komponente kann dabei fehlerhaft sein, wodurch Fehlerursachen teilweise schwer zu lokalisieren sind. Eine Suche dieser Fehler ohne Modultests ist damit weitaus aufwändiger.

Modultest mit JUnits

Mit Hilfe eines geeigneter Frameworks lassen sich Modultests schneller schreiben, leichter automatisieren und einfacher auswerten. Hierzu erstellen wir spezielle Testprogramme für den Aufruf der einzelnen Module. In der Programmiersprache Java steht in der Entwicklungsumgebung Eclipse das Tool JUnits für Modultests zur Verfügung:

1. **Anlegen einer JUnit-Testklasse:**
   (a) Markieren der zu testenden Klasse und Auswahl in der Menüleiste: **File → New → JUnit Test Case.**
   (b) Eingabe des Namens der Testklasse in **Name** mit dem Klassenname und angehängtem „Test". Angabe der zu testenden Klasse im Feld **Class under test → Next.**
   (c) Auswahl der zu testenden Methoden der gewählten Klasse → **Next → OK.**

2. **Programmieren der einzelnen Testfälle:**

   In die Testklasse werden die konkreten Testfälle mit Hilfe der `assert Equals()`-Methode erstellt. In dieser Methode wird ein erwartetes Ergebnis (Sollwert) als erster Parameter (z. B. Handrechnung, Taschenrechner, Spezifikation) und der Aufruf der zu testenden Methode mit den zugehörigen Übergabeparametern als zweiter Parameter angegeben. Für Dezimalzahlen ist eine Genauigkeit als dritten Parameter zu definieren (z. B. 0.001). Für das Überprüfen von Arrays existiert die Methode `assertArrayEquals()`.[1]

3. **Ausführen der Testfälle:**

   Die Testfälle werden durch Drücken auf den grünen Knopf ausgeführt (siehe Abbildung unten). Wenn ein roter Balken erscheint, stimmt der Sollwert nicht mit dem Istwert überein. In diesem Fall ist ein Fehler im Code oder im Test vorhanden. Falls der Test korrekt durchläuft, wird ein grüner Balken angezeigt.

---

[1]Weitere Information zu den `assert`-Methode unter http://junit.sourceforge.net/javadoc/org/junit/Assert.html.

Beispiel 13.1 Wir zeigen den Ablauf eines Modultests an einer Klasse `Funktion`, welche die folgenden zwei Funktionen implementiert:

$$f_1(x) = a \cdot \sin(x+b), \quad a, b \in \mathbb{R} \quad \text{und} \quad f_2(x) = \begin{cases} 0, & x < 0 \\ k, & 0 \le x < 2k \\ 2k, & 2k \le x < 4k \\ 3k, & 4k \le x < 6k \\ \dots, \dots \end{cases}$$

Die Funktion f_2 ist eine Stufenfunktion mit der Stufenbreite $2k$ und der Stufenhöhe $k \in \mathbb{N}$. Wir schreiben eine Klasse `Funktion` mit den folgenden zwei Methoden für f_1 und f_2:

```
1  public class Funktionen
2  {
3      public static double fwert1(double a, double b, double x)
4      {
5          return a * Math.sin(x + b);
6      }
7
8      public static int fwert2(int k, double x)
9      {
10         if(x < 0)
11             return 0;
12         else
13             return (int) (x/(2*k) + 1) * k;
14     }
15 }
```

Mit dem JUnits-Framework erstellen wir die Testklasse `FunktionTest` mit einer ganzen Reihe von Testfällen:

```
1  import static org.junit.Assert.*;
2  import org.junit.Test;
3  public class FunktionenTest
4  {
5      @Test
6      public void testFwert1()
7      {
8          assertEquals(0.423,  Funktionen.fwert1(3, 2, 1), 0.001);
9          assertEquals(0.0,    Funktionen.fwert1(0, 2, 1), 0.001);
10         assertEquals(-0.841, Funktionen.fwert1(-1, 0, 1), 0.001);
11         assertEquals(-0.841, Funktionen.fwert1(-1, 1, 0), 0.001);
12     }
13
14     @Test
15     public void testFwert2()
16     {
17         assertEquals(0, Funktionen.fwert2(-1, 1));
18         assertEquals(0, Funktionen.fwert2(0, 1));
19         assertEquals(0, Funktionen.fwert2(1, -1));
20         assertEquals(1, Funktionen.fwert2(1, 0));
21         assertEquals(1, Funktionen.fwert2(1, 1));
22         assertEquals(1, Funktionen.fwert2(1, 1.3));
23         assertEquals(2, Funktionen.fwert2(1, 2));
24         assertEquals(2, Funktionen.fwert2(1, 3.99));
25         assertEquals(3, Funktionen.fwert2(1, 4));
26         assertEquals(4, Funktionen.fwert2(2, 4));
27         assertEquals(4, Funktionen.fwert2(2, 6));
28     }
29 }
```

Die einzelnen Testfunktionen arbeiten mit der Annotation @Test, um sie ausführbar zu machen. Wenn bei einem Test die erwartete Ausgabe nicht zur berechneten Ausgabe passt, erscheint ein roter Balken mit einer Meldung:

▶ **TIPP** Schreiben Sie zuerst den Test und kommentieren Sie, wie die zu erwarteten Ergebnisse lauten. Das Ausführen der zu testenden Module schlägt dann in der Regel fehl. Korrigieren Sie anschließend das Modul soweit, bis der Test grün ist. Der Modultest zeigt die Fehler dort an, wo sie auftreten. Schreiben Sie den Testcode in eine separate Klasse, wo er nicht stört und nicht ausgeliefert wird. Optimal ist dabei das Anlegen eines separaten Paketes für die einzelnen Testklassen.

▶ **ACHTUNG** Beachten Sie die folgenden zentralen Grundprinzipien beim Schreiben von Modultests:

- **Eine Testklasse pro Klasse:** Für jede Klasse des Softwarepaketes ist eine Testklasse mit verschiedenen Testmethoden zu schreiben. Damit ist das bessere Auffinden der Tests für eine bestimmte Testklasse sichergestellt.
- **Entfernen von doppelten Tests:** Mehrere Tests mit der gleichen Funktionalität sind zu vermeiden und zu einer Testroutine zusammenzufassen. In diesem Fall können mehrere Tests fehlschlagen, wenn nur eine einzige Sache nicht korrekt ist.

- **Keine Programmlogik:** Modultests bestehen aus Methodenaufrufen mit Assert-Methoden ohne Ablaufsteuerungen. Je mehr Logik in einem Test verbaut ist, desto größer wird die Gefahr von Fehlern in Tests.
- **Testen einer Aufgabe:** Ein Test hat genau eine Aufgabe mit einem Endresultat des Moduls zu überprüfen. Mehrere Aufgaben liegen vor, wenn der Rückgabewert eine Änderung des Systemzustands oder der Aufruf eines anderen Objektes vermischt.
- **Entfernen von Duplizitäten:** Duplizierter Code ist aus Gründen der besseren Wartbarkeit unbedingt zu vermeiden. Je mehr duplizierter Code vorliegt, desto mehr Testcode ist bei Codemodifizierung in der testenden Klasse zu ändern.
- **Alle Asserts ausführen:** Fehlgeschlagene Asserts dürfen nicht das Ausführen anderer Asserts behindern. Je mehr Informationen über die Asserts vorliegen, desto schneller lässt sich die Fehlerursache finden.

Äquivalenzklassen-Prinzip

Beim Testen einer Methode mit einem Unit-Test sind viele unterschiedliche Arten von Testfällen zu berücksichtigen. Eine Äquivalenzklasse ist eine Gruppe von Testbeispielen, die einen identischen Testfall überprüft. Um ein falsches Verhalten einer Methode festzustellen, genügt ein Vertreter von jeder Äquivalenzklasse. In der Praxis sind folgende Äquivalenzklassen von großer Bedeutung:

- **Mathematische Kriterien:** Parameter mit großen, kleinen, positiven, negativen Werten und der Zahl 0. Verschiedene zentrale Parameterfälle sind miteinander zu kombinieren.

- **Listen:** Listen mit unterschiedlicher Längen (kurze Liste der Länge 0, 1, usw.), unterschiedlicher Reihenfolge und identischen Einträgen.

- **Objekte:** Objekte mit verschiedenen Instanziierungen und dem Eintrag `null`.

- **Kritische Werte:** Erste oder letzte Elemente in einer Liste, die oftmals durch eine falsche Bedingung in einer Schleife nicht berücksichtigt werden.

Für alle diese potentiellen Eingaben müssen Sie die zugehörigen Rückgabewerte der zu testenden Methode korrekt definieren. Mit jedem zusätzlichen Test steigt das Vertrauen in die Richtigkeit des Moduls. Das Ziel ist möglichst viele vorkommende Bereiche mit Hilfe von Äquivalenzklassen zu testen. In einem Modultest sind dazu alle Sonderfälle bei der Parameterübergabe zu überprüfen.

Wenn ein Fehler auftritt, ist die zu testende Methode zu korrigieren. Am Ende der Testphase ist ein Refactoring (Codeüberarbeitung) durchzuführen, um den Code übersichtlicher und effizienter zu gestalten. Beispiele für Refactoring ist das Umbenennen von Klassen, Methoden und Variablen, das Vereinfachen von `if-else`-Konstrukten oder das Extrahieren von Methoden.

Die Beispiele

Beispiel 13.2 Wir erstellen eine Klasse $\texttt{Statistik}$ zum Berechnen des Mittelwertes und der Standardabweichung eines Vektors $a = (a_1, \ldots, a_n)$:

$$\mu = \frac{1}{n}\sum_{i=1}^{n} a_i \quad \text{und} \quad \sigma = \sqrt{\frac{1}{n-1}\sum_{i=1}^{n}(a_i - \mu)^2}$$

Diese Klasse $\texttt{Statistik}$ enthält dann die zwei Methoden $\texttt{mittelwert}$ und $\texttt{std}$:

```java
 1 public class Statistik
 2 {
 3     /** Funktion zur Berechnung der Mittelwerte
 4      * @param werte: Array mit den Eingabewerten
 5      * @return Mittelwert des Eingabearrays */
 6     public static double mittelwert(double werte[])
 7     {
 8         if (werte == null)
 9             return Double.NaN;
10
11         int n = werte.length;
12         if (n > 0)
13         {
14             double m = 0;
15             for (int i = 0; i < n; i++)
16                 m = m + werte[i];
17             return m/n;
18         }
19         else
20             return Double.NaN;
21     }
22
23     /** Funktion zur Berechnung der Standardabweichung
24      * @param werte: Array mit den Eingabewerten
25      * @return Standardabweichung des Eingabearrays */
26     public static double std(double werte[])
27     {
28         if (werte == null)
29             return Double.NaN;
30
31         int n = werte.length;
32         double mittel = mittelwert(werte);
33         if (werte.length > 1)
34         {
35             double erg = 0;
36             for (int i = 0; i < n; i++)
37                 erg = erg + Math.pow(werte[i] - mittel, 2);
38             return Math.sqrt(erg / (n-1));
39         }
40         else
41             return Double.NaN;
42     }
43 }
```

Bei einem `null`-Array oder einer Division durch 0 liefert die Methode `NaN` (Not A Number) mit `Double.NaN` zurück. Wir erstellen mit JUnit eine Testklasse `StatistikTest` mit zwei Testroutinen zum Überprüfen der beiden obigen Methoden mit Hilfe von Äquivalenzklassen:

```
1  import static org.junit.Assert.*;
2  import java.util.Arrays;
3  import org.junit.Test;
4
5  public class StatistikTest
6  {
7      @Test
8      public void testMittelwert()
9      {
10         // 1. Einfache Liste mit gleichen Zahlen
11         assertEquals(5.22, Statistik.mittelwert(new double[]{3.3, 5.45, 5.45, 6.67}), 0.01);
12
13         // 2. Liste mit großen und kleinen Zahlen
14         assertEquals(2134239.178, Statistik.mittelwert(new double[]{3.3, 5.45, 8536941.2947, 6.67}), 0.01);
15
16         // 3. Liste nur aus negativen Zahlen
17         assertEquals(-2983.4595, Statistik.mittelwert(new double[]{-258, -8597.2584, -95.12}), 0.01);
18
19         // 4. Liste nur aus 0er
20         assertEquals(0, Statistik.mittelwert(new double[]{0, 0, 0}), 0.01);
21
22         // 5. Liste der Länge 1
23         assertEquals(10.0, Statistik.mittelwert(new double[]{10}), 0.01);
24
25         // 6. Leere Liste, Rückgabewert soll NaN sein
26         assertEquals(Double.NaN, Statistik.mittelwert(new double[]{}), 0.01);
27
28         // 7. Null-Liste, Rückgabewert soll NaN sein
29         assertEquals(Double.NaN, Statistik.mittelwert(null), 0.01);
30     }


31     @Test
32     public void testStd()
33     {
34         // 1. Einfache Liste mit gleichen Zahlen
35         assertEquals(1.401, Statistik.std(new double[]{3.3, 5.45, 5.45, 6.67}), 0.01);
36
37         // 2. Liste mit großen und kleinen Zahlen
38         assertEquals(4268468.077, Statistik.std(new double[]{3.3, 5.45, 8536941.2947, 6.67}), 0.01);
39
40         // 3. Liste nur aus negativen Zahlen
41         assertEquals(4862.374, Statistik.std(new double[]{-258, -8597.2584, -95.12}), 0.01);
42
43         // 4. Liste nur aus einem Element
44         assertEquals(Double.NaN, Statistik.std(new double[]{1}), 0.01);
45
46         // 5. Liste nur aus 0er
47         assertEquals(0, Statistik.std(new double[]{0, 0, 0}), 0.01);
48
49         // 6. Liste der Länge 2
50         assertEquals(1.414, Statistik.std(new double[]{10, 12}), 0.01);
51
52         // 7. Liste der Länge 1, Rückgabewert soll NaN sein
53         assertEquals(Double.NaN, Statistik.std(new double[]{10}), 0.01);
54
55         // 8. Leere Liste, Rückgabewert soll NaN sein
56         assertEquals(Double.NaN, Statistik.std(new double[]{}), 0.01);
57
58         // 9. Null-Liste, Rückgabewert soll NaN sein
59         assertEquals(Double.NaN, Statistik.std(null), 0.01);
60     }
61 }
```

Solange beim Ausführen der Tests ein grüner Balken erscheint, laufen die Test-fälle fehlerfrei durch. Andernfalls passt die erwartete Ausgabe nicht zur berechneten Ausgabe, sodass der Code anzupassen ist.

Beispiel 13. Gegeben ist die folgende Klasse `Spiel` zum Darstellen eines Spiels zwischen zwei Spielern:

```
 1  public class Spiel
 2  {
 3      private String spieler1, spieler2; // Name der Spieler
 4      private int punkte1, punkte2;      // Punkte der Spieler
 5      public Spiel(String spieler1, String spieler2)
 6      {
 7          this.spieler1 = spieler1;
 8          this.spieler2 = spieler2;
 9          punkte1      = 0;
10          punkte2      = 0;
11      }
12      public String getSpieler1()
13      {
14          return spieler1;
15      }
16      public String getSpieler2()
17      {
18          return spieler2;
19      }
20      public void setErgebnis(int punkte1, int punkte2)
21      {
22          this.punkte1 = punkte1;
23          this.punkte2 = punkte2;
24      }
25      public String getGewinner()
26      {
27          if (punkte1 > punkte2)
28              return spieler1;
29          else if (punkte1 < punkte2)
30              return spieler2;
31          else
32              return null;
33      }
34  }
```

Wir legen mit JUnit eine neue Testklasse `SpielTest` an. In der Testklasse erstellen wir den Inhalt der Methode `setUp()`, die vor jedem einzelnen Test durch die Annotation `@Before` aufgerufen wird. Diese und ähnliche Methoden legt JUnit automatisch an, wenn Sie die zugehörigen Haken im Fenster New JUnit Test Case setzen. In der Methode `setUp()` initialisieren wir die notwendigen Variablen für die Testroutine:

```
 1  import static org.junit.Assert.*;
 2  import org.junit.Before;
 3  import org.junit.Test;
 4
 5  public class SpielTest
 6  {
 7      String spieler1, spieler2;
 8
 9      @Before
10      public void setUp() throws Exception
11      {
12          spieler1 = "Anna";
13          spieler2 = "Bernd";
14      }
15  }
```

Zum Testen der Klasse `Spiel` implementieren wir eine Testmethode `testSpiel()`. Mit dieser Testklasse lassen sich beispielsweise Copy&Paste-Fehler der folgenden Form finden:

```
this.spieler1 = spieler1;
this.spieler2 = spieler1;
```

In der Testmethode schreiben wir für alle vier auftretenden Fälle zugehörige Testbeispiele: kein Ergebnis, Gewinner ist Spieler 1, Gewinner ist Spieler 2 und Unentschieden:

```
 1+import static org.junit.Assert.*;⬚
 4
 5 public class SpielTest
 6 {
 7     String spieler1, spieler2;
 8
10+    public void setUp() throws Exception ⬚
15
16⊖    @Test
17     public void testSpiel()
18     {
19         Spiel spiel = new Spiel(spieler1, spieler2);
20         assertEquals(spieler1, spiel.getSpieler1());
21         assertEquals(spieler2, spiel.getSpieler2());
22
23         // 1. Ohne Ergebnis
24         assertEquals(null, spiel.getGewinner());
25
26         // 2. Gewinner ist Spieler 1
27         spiel.setErgebnis(15, 10);
28         assertEquals(spieler1, spiel.getGewinner());
29
30         // 3. Gewinner ist Spieler 2
31         spiel.setErgebnis(10, 20);
32         assertEquals(spieler2, spiel.getGewinner());
33
34         // 4. Unentschieden
35         spiel.setErgebnis(13, 13);
36         assertEquals(null, spiel.getGewinner());
37     }
38 }
```

Die Zusammenfassung

1. Ein *Modultest* prüft automatisiert die einzelnen Komponenten in einem Computerprogramm mit Hilfe von relevanten Testfällen.

2. Mit Hilfe von Modultests lassen sich Fehler in einem Softwarepaket wesentlich früher entdecken. Die Softwareentwicklung gestaltet sich damit deutlich effizienter und kostengünstiger.

3. In der Entwicklungsumgebung Eclipse steht mit JUnits ein Tool zum effizienten Durchführen von Modultests zur Verfügung.

4. Beim Testen einer Methode mit einem Unit-Test sind unterschiedliche Arten von Testfällen aus Äquivalenzklassen zu berücksichtigen.

Die Übungen

Aufgabe 13.1 (Quadratische Gleichung) Erstellen Sie eine Klasse `Gleichung` mit einer Methode für das Berechnen aller reellen Nullstellen der quadratischen Gleichung $ax^2 + bx + c = 0$ mit der Mitternachtsformel:

$$x_{1,2} = \frac{-b \pm \sqrt{b^2 - 4ac}}{2a}.$$

Die drei Gleitkommazahlen a, b und c sind die Übergabeparameter dieser Methode. Implementieren Sie eine Klasse `GleichungTest`, um die Methode der Klasse `Gleichung` mit Hilfe geeigneter Äquivalenzklassen zu prüfen. Schreiben Sie zuerst den Test mit der richtigen Erwartung und korrigieren Sie anschließend den Code der Methode. Überlegen Sie welche Arten von Eingaben diese Methode die falschen Ergebnisse liefert.

Aufgabe 13.1 (Klasse Statistik) Erweitern Sie die Klasse `Statistik` mit den folgenden zwei Methoden:

- `public double[] regressionsgerade(double x[], double y[])`

  Bestimmen der Regressionsgerade $y = ax + b$ einer Menge von n Punkten $P_1 = (x_1, y_1), \ldots, P_n = (x_n, y_n)$ mit der folgenden Formel:

  $$a = \frac{\sum_{i=1}^{n} x_i y_i - n\bar{x}\bar{y}}{\sum_{i=1}^{n} x_i^2 - n\bar{x}^2} \quad \text{und} \quad b = \bar{y} - a\bar{x},$$

  wobei $\bar{x}$ bzw. $\bar{y}$ die Mittelwerte von den x- bzw. y-Komponenten sind.

- `public double[][] histc(double daten[], double intervall[])`

  Bestimmen des Histogramms aus einem Datenarray `daten` in den vorgegebenen Intervallgrenzen `intervall` durch Zuordnen der einzelnen Datenwerte in die angegebenen Intervalle. Das Rückgabeobjekt ist eine Matrix mit zwei Zeilen, die erste Zeile für die Intervallmittelpunkte und die zweite Zeile für die Histogramm-werte.

Implementieren Sie die Klasse `StatistikTest`, um die einzelnen Methoden mit Hilfe von geeigneten Äquivalenzklassen zu prüfen.

Wie leite ich Klassen von anderen Klassen ab? Vererbung

14

Ein zentrales Merkmal der objektorientierten Programmierung ist die Vererbung. Mit Hilfe der Vererbung sind neue Klassen auf der Basis bereits vorhandener Klassen definierbar. Die Vererbung überträgt Eigenschaften bestehender Klassen auf neue Klassen. Auf diesem Weg können wir aus einer existierenden Klasse, eine neue Klasse mit gemeinsamen Eigenschaften ableiten. Diese abgeleitete Klasse erweitern wir mit neuen Eigenschaften in Form von zusätzlichen Instanzvariablen oder Methoden.

Die Vorteile der Vererbung sind bestechend: Gemeinsame Eigenschaften von verwandten Klassen implementieren wir in einer gemeinsamen Oberklasse. Dieses Vorgehen erleichtert deutlich die Wartbarkeit des Quellcodes. Das Prinzip des Ableitens aus Basisklassen ergibt ein einheitliches Erscheinungsbild von verwandten Klassen. Mit der Vererbung erhalten wir einen übersichtlichen und modularisierten Quellcode.

Unsere Lernziele

- Prinzip und Sinn der Vererbung von Klassen verstehen.
- Vererbungshierarchie für praktische Anwendungen erstellen.
- Verschiedene Unterklassen aus Oberklasse ableiten.

Das Konzept

Als *Basis-, Super-* oder *Oberklasse* bezeichnen wir eine Klasse, die ihre Elemente an eine neu definierte Klasse vererbt. Die *Sub-* oder *Unterklasse* ist eine Klasse, die alle

© Springer Fachmedien Wiesbaden GmbH, ein Teil von Springer Nature 2023
S. Dörn, *Java lernen in abgeschlossenen Lerneinheiten*,
https://doi.org/10.1007/978-3-658-39915-3_14

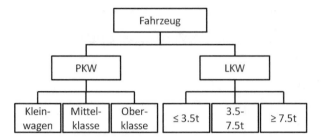

Abb. 14.1 Oberklasse Fahrzeug und die zugehörigen Unterklassen

nicht privaten Instanzvariablen und Methoden der Oberklasse erbt. Die Vererbung beschreibt die „ist eine"-Beziehung, bei der alle Unterklassen gleichzeitig vom Typ der Oberklasse sind, d. h. eine Unterklasse „ist eine" Oberklasse. Eine Unterklasse dient zum Spezialisieren der Oberklasse und die Oberklasse zum Generalisieren der Unterklasse.

In Abb. 14.1 ist die Oberklasse Fahrzeug mit einigen zugehörigen Unterklassen dargestellt. Die Oberklasse enthält dabei alle Eigenschaften eines Fahrzeugs. Die Unterklassen PKW und LKW unterteilen die Oberklasse in zwei weitere Klassen mit neuen Eigenschaften. Von diesen beiden Klassen sind weitere Unterklassen ableitbar.

Eine sinnvolle Vererbung erkennen Sie daran, dass Objekte der abgeleiteten Klassen alle Eigenschaften der Oberklasse teilen. Die Objekte der abgeleiteten Klasse müssen dabei immer als Instanzen der Oberklasse interpretierbar sein. Beispielsweise ist das Ableiten einer Klasse Garage von einer Oberklasse Haus sinnvoll, da eine Garage auch ein Haus ist. Eine Ableitung von einer Klasse Fahrzeug ist dagegen sinnlos.

Definition der Vererbung
Das Ableiten einer Unterklasse von einer Oberklasse geschieht mit dem Schlüsselwort extends mit dem Namen der Oberklasse in der class-Anweisung:

```
class Unterklasse extends Oberklasse
{
   // ...
}
```

Wir betrachten als Beispiel die Klasse Kreis:

```java
 1 public class Kreis
 2 {
 3     // --- Instanzvariablen ---
 4     private double radius;  // Radius des Kreises
 5     private double x, y;    // Mittelpunkt
 6     // --- Klassenvariablen ---
 7     private static int anzahl=0;
 8
 9     // --- Konstruktoren ---
10     public Kreis(double r, double x, double y)
11     {
12         this.x = x;
13         this.y = y;
14         if (r > 0)
15             radius = r;
16         anzahl++;
17     }
18     public Kreis()
19     {
20         this(1, 0, 0);
21     }
22     public Kreis(double r)
23     {
24         this(r, 0, 0);
25     }


26     // Berechnen der Kreisfläche
27     public double getFlaeche()
28     {
29         return Math.PI * radius * radius;
30     }
31     // Verschieben des Kreismittelpunktes
32     public void verschiebe(int dx, int dy)
33     {
34         x = x + dx;
35         y = y + dy;
36     }
37     public double getRadius()
38     {
39         return radius;
40     }
41     public double[] getMittelpunkt()
42     {
43         return new double[]{x, y};
44     }
45     public void setRadius(double r)
46     {
47         if (r > 0)
48             radius = r;
49     }
50     public void setMittelpunkt(double x, double y)
51     {
52         this.x = x;
53         this.y = y;
54     }
55     public static int getAnzahl()
56     {
57         return anzahl;
58     }
59 }
```

Wir definieren eine neue Klasse `Kreissegment`, die wir von der Oberklasse `Kreis` ableiten:

```
public class Kreissegment extends Kreis
{
  private double winkel;
  public void setWinkel(double w)
  {
    winkel = w;
  }
}
```

Die neuen Elemente der Klasse `Kreissegment` sind die Instanzvariable `winkel` für den Öffnungswinkel des Segmentes und die Methode `setWinkel()` zur Rückgabe des Wertes. Mit der Definition eines Objektes vom Typ `Kreissegment`, können wir auf alle nicht `private`-Elemente der Oberklasse `Kreis` zugreifen:

```
Kreissegment s = new Kreissegment();
s.setRadius(10.0);
s.setMittelpunkt(2.0, 5.5);
s.setWinkel(25.0);
```

▶   **ACHTUNG** Die Programmiersprache Java erlaubt ausschließlich die Einfachvererbung, bei der eine Klasse nur von einer anderen Klasse ableitbar ist. Der Zugriff auf die geerbten Elemente ist grundsätzlich möglich, außer die Elemente sind mit `private` gekennzeichnet. Sie können eine Vererbungshierarchie von Klassen in beliebiger Tiefe erstellen. Die abgeleitete Klasse erbt dabei die Eigenschaften der unmittelbaren Vaterklasse, die ihrerseits die Eigenschaften ihrer unmittelbaren Vaterklasse erbt, usw. Falls eine Klasse das Attribut `final` enthält, sind von dieser Klasse keine neuen Klassen ableitbar.

Vererben von Konstruktoren
Der Konstruktor der Oberklasse ist über das Schlüsselwort `super()` im Konstruktor der Unterklasse aufrufbar. Die Argumente des Konstruktors werden dabei in runden Klammern an die Anweisung `super` angehängt:

```
super(arg1, arg2, ...);
```

▶   **ACHTUNG** Den Aufruf von `super()` müssen Sie zwingend in die erste Zeile im Konstruktor der Unterklasse schreiben. Die Signatur des Aufrufs hat mit den angegebenen Übergabeparametern zu einem Konstruktor in der Oberklasse übereinzustimmen. Falls in der ersten Zeile des Konstruktors der Unterklasse die Anweisung `super()` fehlt, setzt der Compiler an dieser Stelle den impliziten Aufruf `super()` ein und ruft den parameterlosen Konstruktor der Oberklasse auf. Falls dieser Konstruktor in der Oberklasse nicht existiert, erhalten sie einen Syntaxfehler.

Das Anlegen von Konstruktoren in einer Klasse ist optional. Falls in einer Klasse überhaupt kein Konstruktor definiert ist, erzeugt der Compiler beim Übersetzen der Klasse automatisch einen parameterlosen default-Konstruktor. Dieser enthält lediglich einen Aufruf des parameterlosen Superklassenkonstruktors.

Am Beispiel der Klasse `Kreissegment` implementieren wir einen Konstruktor mit zwei Übergabeparametern:

```
public class Kreissegment extends Kreis
{
  private double winkel;
  public Kreissegment(double r, double w)
  {
    super(r);
    winkel = w;
  }
}
```

Mit der Anweisung `super(r)` wird der Konstruktor `public Kreis (double r)` der Klasse `Kreis` aufgerufen, um die Instanzvariable `radius` der Klasse `Kreis` zu initialisieren.

▶ **ACHTUNG** Konstruktoren werden nicht vererbt. Sie müssen alle benötigten Konstruktoren in einer abgeleiteten Klasse neu definieren, selbst wenn sie nur aus einem Aufruf des Superklassenkonstruktors bestehen.

Vererben von Methoden
Jede Oberklasse vererbt alle nicht `private`-Elemente von Instanzvariablen und Methoden an die abgeleitete Klasse. Sinnvoll ist es vererbbare Elemente mit dem Sichtbarkeitstyp `protected` zu definieren, damit diese Elemente in den abgeleiteten Klassen sichtbar sind. In der abgeleiteten Klasse können Sie neue Methoden erstellen oder Methoden der Oberklasse überschreiben.

Beim Überschreiben einer Methode implementieren Sie in der Unterklasse eine Methode mit gleicher Signatur. Ein Aufruf der Methode mit dem Objekt der Unterklasse verwendet dann immer die überschriebene neue Version. Damit ist die ursprüngliche Methode `meth()` der Oberklasse verdeckt. Mit Hilfe der Anweisung `super.meth()` können Sie aber weiterhin auf die ursprüngliche Methode der Oberklasse zugreifen.

Beachten Sie, dass nicht alle geerbten Methoden für eine abgeleitete Klasse sinnvoll sind. In unserem Beispiel `Kreis` müssen wir die Methode `getFlaeche()`
der Klasse `Kreissegment` anpassen, da diese ansonsten einen falsche Wert liefert:

```
public double getFlaeche()
{
  return super.getFlaeche() * winkel / 360;
}
```

Zusammenfassend sieht die Implementierung der Klasse `Kreissegment` wie folgt
aus:

```
 1 public class Kreissegment extends Kreis
 2 {
 3     private double winkel;
 4
 5     public Kreissegment(double r, double w)
 6     {
 7         super(r);
 8         winkel = w;
 9     }
10     public void setWinkel(double w)
11     {
12         winkel = w;
13     }
14     public double getWinkel()
15     {
16         return winkel;
17     }
18
19     @Override
20     public double getFlaeche()
21     {
22         return super.getFlaeche() * winkel/360;
23     }
24 }
```

Kreissegmentobjekte können wir dann wie folgt in einer Testklasse definieren:

```
Kreissegment s = new Kreissegment(10, 25);
System.out.printf("Kreissegment mit Radius = %1.2f LE
und Winkel %1.2fÂº hat die Fläche %1.2f LE.",
s.getRadius(), s.getWinkel(), s.getFlaeche());
```

Ausgabe
```
Kreissegment mit Radius = 10,00 LE und Winkel 25,00Âº hat die
Fläche 21,82 LE.
```

▶   **TIPP** Die Annotation (dt. Anmerkung) `@Override` vor einer Methode
     signalisiert, dass die Unterklasse eine Methode der Oberklasse über-
     schreibt. Der Vorteil dieser Annotation ist, dass der Compiler prüft, ob Sie

tatsächlich eine Methode aus der Oberklasse überschreiben. Bei einem Schreibfehler im Methodennamen fügen Sie eine neue Methode hinzu, anstatt eine alte zu überschreiben. In diesem Fall erhalten Sie einen Syntaxfehler.

Das Prinzip des Überschreibens von Methoden innerhalb einer Klassenhierarchie wird als *Polymorphie* (Vielgestaltigkeit) bezeichnet. Die Polymorphie ist ein objektorientiertes Programmierparadigma, bei der verschiedene Objekte auf die gleiche Anweisung (z. B. Aufruf einer Methode) unterschiedlich reagieren. Ein Beispiel ist der „+"-Operator in Java, der für die beiden Objekte Zeichenketten (Verkettung zweier Zeichen) und Zahlen (Addition zweier Zahlen) eine unterschiedliche Bedeutung besitzt.

Ein weiteres Beispiel ist eine Liste mit Fahrzeugen verschiedener Unterklassen, die jeweils eine Methode der Oberklasse überschreiben. In einer Schleife, die jedes Element dieser Liste durchläuft, wird dann immer die überschriebene Methode der zugehörigen Klasse verwendet. Die Polymorphie berücksichtigt spezielle Besonderheiten der verschiedenen Unterklassen mit einer einheitlichen Schnittstelle.

Eine wichtige Eigenschaft der Vererbung ist die Folgende: In der Vererbungshierarchie ruft ein Konstruktor der Unterklasse immer zuerst den Konstruktor der Oberklasse auf:

```
 1  class Oberklasse
 2  {
 3      public Oberklasse()
 4      {
 5          System.out.println("Konstruktor der Oberklasse");
 6          meth();
 7      }
 8      public void meth()
 9      {
10          System.out.println("Methode der Oberklasse");
11      }
12  }
13  class Unterklasse extends Oberklasse
14  {
15      String s = "String der Unterklasse";
16      public Unterklasse()
17      {
18          super();
19          System.out.println("Konstruktor der Unterklasse");
20      }
21      public void meth()
22      {
23          System.out.println("Methode der Unterklasse");
24          System.out.println(s);
25      }
26  }
```

```
27 public class Vererbung
28 {
29      public static void main(String[] args)
30      {
31          System.out.println("Anlegen eines Objektes der Oberklasse:");
32          Oberklasse o  = new Oberklasse();
33          System.out.println("Anlegen eines Objektes der Unterklasse:");
34          Unterklasse u = new Unterklasse();
35          u.meth();
36      }
37 }
```

Ausgabe

```
Anlegen eines Objektes der Oberklasse:
Konstruktor der Oberklasse
Methode der Oberklasse
Anlegen eines Objektes der Unterklasse:
Konstruktor der Oberklasse
Methode der Unterklasse
null
Konstruktor der Unterklasse
Methode der Unterklasse
String der Unterklasse
```

Allgemeine Erklärung

1. Zeile 1–12: Definition der Klasse Oberklasse mit einem Konstruktor und einer Methode meth().

2. Zeile 13–26: Definition der Klasse Unterklasse mit einer Instanzvariable s, einem Konstruktor und einer Methode meth().

3. Zeile 32: Anlegen eines Objektes der Oberklasse und Aufruf des zugehörigen Konstruktors der Oberklasse.

4. Zeile 34–35: Anlegen eines Objektes der Oberklasse und Aufruf des Konstruktors der Oberklasse durch die Anweisung super(). Der Konstruktor der Oberklasse wird vor dem Initialisieren der Variable s der Unterklasse aufgerufen. Mit dem Aufruf der Methode meth() der Unterklasse von der Oberklasse (Unterklasse überschreibt Methode der Oberklasse), besitzt die Variable s zunächst den Wert null. Die Instanzvariable s der Unterklasse wird erst im Anschluss mit dem vorgegebenen Wert initialisiert.

Falls eine Klasse keine extends-Klausel enthält, so besitzt sie die implizite Oberklasse Object. Die Klasse Object definiert einige elementare Methoden, die für alle Arten von Objekten nützlich sind:

```
boolean equals(Object obj)
protected Object clone()
String toString()
```

Die Methode `equals()` testet, ob zwei Objekte denselben Inhalt haben. Der Operator = liefert bei einem Vergleich nur dann `true`, wenn die zwei Bezeichner auf das identische Objekt verweisen. Die Methode `clone()` kopiert ein Objekt und `toString()` erzeugt eine String-Repräsentation des Objekts.

Die Beispiele

Beispiel 14.1 (Vererbungshierarchie von Möbeln) Wir definieren eine Oberklasse `Moebel` zur Repräsentation von Möbelstücken. Die Klasse wird durch zwei Instanzvariablen für einen Bezeichner und der Artikelnummer beschrieben. In der Klasse definieren wir eine Methode `getPreis()` zur Rückgabe des Preises. Von dieser Oberklasse leiten wir zwei Subklassen `Tisch` und `Schrank` ab. Die Klasse `Tisch` bekommt die zusätzliche Eigenschaft für die Personenzahl und die Klasse `Schrank` für die Türenzahl.

```
 1 public class Moebel
 2 {
 3     protected String bezeichner;
 4     protected int nummer;
 5     public Moebel(String bez, int nr)
 6     {
 7         bezeichner = bez;
 8         nummer     = nr;
 9     }
10     public double getPreis()
11     {
12         return 100;
13     }
14 }
15
16 class Tisch extends Moebel
17 {
18     protected int personenzahl;
19     public Tisch(String bez, int nr, int pz)
20     {
21         super(bez, nr);
22         personenzahl = pz;
23     }
24     @Override
25     public double getPreis()
26     {
27         return super.getPreis() + personenzahl * 80;
28     }
29 }
30
```

```
31 class Schrank extends Moebel
32 {
33     protected int tuerenzahl;
34     public Schrank(String bez, int nr, int tz)
35     {
36         super(bez, nr);
37         tuerenzahl = tz;
38     }
39     @Override
40     public double getPreis()
41     {
42         return super.getPreis() + tuerenzahl * 50;
43     }
44 }
```

Allgemeine Erklärung

- Zeile 1–14: Definition der Oberklasse `Moebel` mit zwei `protected`-Instanzvariablen `bezeichner` für den Namen und `nummer` für die Nummer, einem Konstruktor und der Methode `getPreis()`.

- Zeile 16–29: Definition der Unterklasse `Tisch` mit einer `protected`-Instanzvariablen `personenzahl` für die Anzahl der Personen am Tisch, einem Konstruktor und der neuen überschriebenen Methode `getPreis()`.

- Zeile 31–44: Definition der Unterklasse `Schrank` mit einer `protected`-Instanzvariablen `tuerenzahl` für die Anzahl der Türen des Schrankes, einem Konstruktor und der neuen überschriebenen Methode `getPreis()`.

Für das Testen dieser Klassenstruktur schreiben wir eine Testklasse:

```
 1 public class MoebelTest
 2 {
 3     public static void main(String args[])
 4     {
 5         Moebel mobiliar[] = new Moebel[3];
 6         mobiliar[0] = new Moebel("Komode", 23452);
 7         mobiliar[1] = new Tisch("Fritz", 12345, 4);
 8         mobiliar[2] = new Schrank("Henry", 73613, 3);
 9         double preis=0;
10         for(Moebel m: mobiliar)
11             preis = preis + m.getPreis();
12         System.out.printf("Gesamtpreis: %1.2f Euro", preis);
13     }
14 }
```

Allgemeine Erklärung

- Zeile 5–8: Definition eines Array `mobiliar` vom Typ `Moebel` mit drei verschiedenen Objekten vom Typ `Moebel`, `Tisch` und `Schrank`.

- Zeile 9–12: Berechnen des Preises aller Elemente im Array `mobiliar` mit einer Schleife über alle Elemente.

Ausgabe

```
Gesamtpreis: 770,00 EUR
```

Die Zusammenfassung

1. Die *Vererbung* beschreibt die Übernahme von Merkmalen (Instanzvariablen, Methoden) der vorhandenen Klasse durch eine neue abgeleitete Klasse.

2. Die *Oberklasse* ist eine Klasse, die in einer Vererbungshierarchie über der aktuellen Klasse steht.

3. Die *Unterklasse* ist eine Klasse, die von einer Oberklasse abgeleitet wird und alle Instanzvariablen und Methoden der Oberklasse erbt. Die Objekte der abgeleiteten Klassen müssen alle Eigenschaften der Oberklasse teilen, ansonsten ist die Vererbungshierarchie nicht sinnvoll.

4. Die abgeleitete Klasse erbt sämtliche Elemente (Ausnahme: Konstruktoren, `private`-Elemente), der nach dem Schlüsselwort `extends` angegebenen Oberklasse. Geerbte Methoden in der abgeleiteten Klasse sind überschreibbar, indem eine Methode mit den gleichen Signatur (Name, Übergabeparameter) erstellt wird.

5. Der Sinn der Vererbung ist gemeinsame Eigenschaften von verwandten Klassen in einer gemeinsamen Oberklasse zu implementieren. Damit verbessern sich die Modularität und die Wartbarkeit des Codes deutlich.

6. Die Beziehungen zwischen den Klassen und Objekten sehen wie folgt aus:

   - **Instanzrelation:** Verbinden von Objekten mit Klassen, sodass Objekte eine Instanz einer Klasse sind („Instanz von"-Relation). Mit den Instanzen werden Objekte einer Klasse definiert, sodass den Attributen der Klasse konkrete Werte zuordenbar sind.
     z. B. „VW Polo" ist eine Instanz von PKW, „Bello" ist eine Instanz von Hund.
   - **Vererbungsrelation:** Beschreiben von Eigenschaften, die von einem Oberbegriff auf einen Unterbegriff vererbt werden („ist eine"-Relation). Die Unterbegriffe beschreiben durch Hinzufügen von neuen Attributen oder durch Einschränkungen des Wertebereichs für Attribute des Oberbegriffes speziellere Eigenschaften als die Oberbegriffe. Z. B. PKW ist ein Auto, Hund ist ein Tier.
   - **Aggregation:** Zusammensetzen eines Objekts aus anderen Objekten („hat eine"-Relation, „ist Teil von"). Mit Hilfe der Aggregation werden aus bestehenden Objekten neue Objekte aufgebaut. Die *Komposition* ist ein Spezialfall einer Aggregation, bei der ein beschriebenes Objekt nur durch gewisse Teilobjekte existiert.
     z. B. „VW Polo" hat einen Motor, „Bello" hat vier Beine, Steuerung ist Teil des Roboters.

7. Mit der Polymorphie hängt das Verhalten eines Objektes von seiner konkreten Klasse ab. Damit reagieren verschiedene Objekte auf gleiche Anweisungen unterschiedlich. Die Polymorphie basiert auf den folgenden Prinzipien:

   - **Überladen:** Mehrfaches Verwenden eines Methodennamens innerhalb einer Klassendefinition mit unterschiedlichen Übergabeparametern, aber gleichem Ergebnistyp.

- **Überschreiben:** Methode der Unterklasse ist in Bezug auf den Namen, dem Ergebnistyp und der Anzahl der Übergabeparameter identisch zu einer Methode der Oberklasse.

Die Übungen

Aufgabe 14.1 (Oberklasse Angestellter) Implementieren Sie eine Klasse `Angestellter` mit den Instanzvariablen `name` für den Name, `vorname` für den Vornamen und der `personalnr` für die Personalnummer. Schreiben Sie geeignete Konstruktoren und eine Methode zur Rückgabe der Informationen zu einem Angestellten. Die Personalnummer wird für jeden neuen Angestellten um den Wert eins erhöht. Implementieren Sie weiterhin eine Methode `getGehalt()` zur Rückgabe des Standardgehalts eines Angestellten in Höhe von 2000 EUR.

Aufgabe 14.2 (Unterklasse Student) Erstellen Sie zu der Oberklasse `Angestellter` mit Hilfe der Vererbung die Unterklasse `Student` mit einer zusätzlichen Instanzvariable `semester` für das aktuelle Semester. Definieren Sie anschließend zwei weitere Unterklassen für Bachelor- und Masterstudenten. Überschreiben Sie die Methode `getGehalt()`, sodass ein (Bachelor)-Student 500 EUR und ein Masterstudent 1000 EUR erhält. Die Klasse Masterstudent erhält zusätzlich dazu eine Eigenschaft für das Bachelorstudienfach.

Aufgabe 14.3 (Unterklasse Manager) Erstellen Sie mit Hilfe der Vererbung die Unterklassen `Manager` mit der zusätzlichen Instanzvariable `position(String)` für die Managementposition und `mitarbeiter(ArrayList<Angestellter>)` für seine Mitarbeiter. Überschreiben Sie die Methode `getGehalt()`, sodass ein Manager zu dem Grundgehalt von 3000 EUR jeweils noch 20 % der Summe aller Gehälter seiner Mitarbeiter bekommt.

Aufgabe 14.4 (Klasse TestAngestellte) Testen Sie die obigen Klassenhierarchien an ausgewählten Testinstanzen für alle vorhandenen Klassen. Implementieren Sie dazu die folgenden Methoden:

- `public static void ausgabePersonal(ArrayList <Angestellter> personal)`
  Ausgabe der Angestellteninformation.

- `public static double getGehaelter(ArrayList <Angestellter> personal)`
  Berechnen der Summe der Gehälter aller Angestellten.

Wie leite ich Klassen von abstrakten Klassen ab? Abstrakte Klassen

In der objektorientierten Programmierung ist eine abstrakte Klasse eine spezielle Klasse, die als Strukturelement innerhalb einer Vererbungshierarchie dient. Von abstrakten Klassen sind per Definition keine Objekte dieser Klasse erzeugbar. In einer abstrakten Klasse sind sogenannte abstrakte Methoden definierbar. Eine abstrakte Methode definiert nur die Signatur (Schnittstelle) dieser Methode, nicht aber ihre konkrete Implementierung.

Abstrakte Klassen dienen in einer Klassenhierarchie als Oberklassen zur Definition von zentralen Eigenschaften der Unterklassen. In einer abgeleiteten Unterklasse einer abstrakten Klasse sind alle vererbten abstrakten Methoden zu implementieren. Das Ableiten aus abstrakten Basisklassen ergibt einen modularen Aufbau von verwandten   Klassen.

Unsere Lernziele

- Prinzip und Sinn abstrakter Klassen verstehen.
- Vererbungshierarchie für praktische Anwendungen erstellen.
- Ableiten verschiedener Unterklassen aus abstrakten Oberklassen implementieren.

Das Konzept

Definition einer abstrakten Klasse
Eine abstrakte Klasse ist eine Klasse, die mit dem Schlüsselwort `abstract` bezeichnet ist:

```
public abstract class AbstrakteKlasse
{
  ...
}
```

Von einer abstrakten Klasse lassen sich keine Objekte erzeugen. Diese Klasse dient lediglich als strukturelles Element innerhalb der Klassenhierarchie. Beispielsweise gibt es in der realen Welt keine allgemeinen unspezifizierten Objekte, wie Gegenstände, sondern immer spezielle Unterarten, wie Autos, Tische, Bücher oder anderes.

Abstrakte Klassen sind Oberklassen, von denen durch Vererbung mit dem Schlüsselwort extends weitere Klassen ableitbar sind:

```
class Unterklasse extends AbstrakteKlasse
{
  ...
}
```

In einer abstrakten Klasse lassen sich wie in herkömmlichen Klassen beliebige Instanzvariablen, Konstruktoren und Methoden implementieren.

Definition einer abstrakten Methode
In einer abstrakten Klasse sind abstrakte Methoden definierbar, die nur die Signatur, nicht aber den Rumpf mit der konkreten Implementierung enthalten. Eine abstrakte Methode wird dazu mit dem Attribut abstract gekennzeichnet. Anstelle der geschweiften Klammern mit den auszuführenden Anweisungen steht ein Semikolon:

```
abstract class AbstrakteKlasse
{
  ...
  public abstract typ methodenname();
}
```

Eine abstrakte Oberklasse mit einer abstrakten Methode zeigt an, dass diese Oberklasse keine Information über die Implementierung dieser Methode besitzt. Eine abgeleitete Unterklasse hat die Aufgabe die konkreten Implementierung zu definieren. Abstrakte Methoden sind der Grund dafür, weshalb von abstrakten Klassen keine Objekte erzeugbar sind. Andernfalls wären Methoden dieser Klasse aufrufbar, die keinen Inhalt besitzen.

Definition einer konkreten Klasse
Eine sogenannte *konkrete Klasse* erhalten wir durch Ableiten der abstrakten Klasse mit dem Schlüsselwort extends und der Implementation aller abstrakten Methoden:

```
class KonkreteKlasse extends AbstrakteKlasse
{
  ..
  public typ methodenname()
  {
    // Implementierung der Methode
  }
}
```

Mit der Implementierung der abstrakten Methoden wird die Klasse konkret und ist wie üblich aufgerufbar. In diesem Fall gilt die „ist eine"-Relation mit dem sogenann-ten *Liskovschem Substitutionsprinzip:*

```
Abstrakte Klasse a = new KonkreteKlasse();
```

Anstelle eines Objektes der Oberklasse ist immer ein Objekt der davon abgeleiteten Klasse einsetzbar, da die konkrete Klasse sowohl die Implementierung der konkreten Klasse als auch die der abstrakten Klasse enthält.

Eine wichtige Eigenschaft von abstrakten Klassen ist die Folgende: In der Ver-erbungshierarchie ruft ein Konstruktor der konkreten Unterklasse immer zuerst den Konstruktor der abstrakten Oberklasse auf:

```
 1 abstract class AbstrakteKlasse
 2 {
 3     protected int a;
 4     public AbstrakteKlasse()
 5     {
 6         System.out.println("Konstruktor der abstrakten Klasse.");
 7         methode(a);
 8     }
 9     public abstract void methode(int a);
10 }
11
12 class KonkreteKlasse extends AbstrakteKlasse
13 {
14     int a = 1;
15     public KonkreteKlasse()
16     {
17         System.out.println("Konstruktor der konkreten Klasse.");
18         methode(a);
19     }
20     public void methode(int a)
21     {
22         System.out.println("Aufruf der Methode mit a = " + a);
23     }
24 }
25
26 public class TestAbstrakteKlasse
27 {
28     public static void main(String[] args)
29     {
30         AbstrakteKlasse aK = new KonkreteKlasse();
31         aK.methode(2);
32     }
33 }
```

Ausgabe
```
Konstruktor der abstrakten Klasse.
Aufruf der Methode mit a = 0
Konstruktor der konkreten Klasse.
Aufruf der Methode mit a = 1
Aufruf der Methode mit a = 2
```

Allgemeine Erklärung
Die Reihenfolge der Aufrufe der einzelnen Komponenten sieht wie folgt aus:

1. Aufruf des Konstruktors AbstrakteKlasse der abstrakten Oberklassen.

2. Ausführen der Anweisungen im Rumpf des Konstruktors AbstrakteKlasse. In diesem Fall ist die Variable a nicht initialisiert (default-Wert).

3. Aufruf des Konstruktors KonkreteKlasse der konkreten Unterklasse.

4. Ausführen der Anweisungen im Rumpf des Konstruktors KonkreteKlasse. In diesem Fall wird die Variable a initialisiert.

Die Beispiele

Beispiel 15.1 (Bestimmen von Produktpreisen) Wir betrachten eine Anwendung zum Berechnen des Preises unterschiedlicher Produkte einer Firma. Hierzu definieren wir eine abstrakte Oberklasse Produkt mit den drei Instanzvariablen prodnr für die Produktnummer, name für den Produktnamen und preis für den Preis des Produktes. Diese abstrakte Oberklasse enthält eine abstrakte Methode getPreis():

```
 1 abstract class Produkt
 2 {
 3     protected int prodnr;    // Produktnummer
 4     protected String name;   // Produktname
 5     protected int preis;     // Produktpreis
 6
 7     public Produkt(){}
 8
 9     public abstract double getPreis();
10 }
```

Die abstrakte Klasse Produkt verwenden wir als abstrakte Oberklasse für spezialisierte Unterklassen. Wir leiten aus dieser Oberklasse konkrete Unterklassen Produkt_A und Produkt_B ab. In diesen konkreten Unterklassen definieren wir eine individuelle Preisgestaltung. Dazu wird die abstrakte Methode getPreis() in den abgeleiteten Klassen mit dem gewünschten Inhalt gefüllt:

```
11
12  class Produkt_A extends Produkt
13  {
14      protected double preisMaterial;    // Preis des Materials
15      protected double preisStunde;      // Preis pro Stunde
16      protected double anzahlStunden;    // Anzahl der Stunden
17      protected final double mwst = 1.19;
18
19      public Produkt_A(double preisMaterial, double preisStunde, double anzahlStunden)
20      {
21          this.preisMaterial = preisMaterial;
22          this.preisStunde   = preisStunde;
23          this.anzahlStunden = anzahlStunden;
24      }
25
26      public double getPreis()
27      {
28          return mwst * (preisMaterial + preisStunde * anzahlStunden);
29      }
30  }
31
32  class Produkt_B extends Produkt
33  {
34      protected double preisMaterial;    // Preis des Materials
35      protected double preisArbeit;      // Preis der Arbeit
36      protected final double mwst = 1.07;
37
38      public Produkt_B(double preisMaterial, double preisArbeit)
39      {
40          this.preisMaterial = preisMaterial;
41          this.preisArbeit   = preisArbeit;
42      }
43
44      public double getPreis()
45      {
46          return mwst * (preisMaterial + preisArbeit);
47      }
48  }
```

Für das Testen dieser Klassenstruktur schreiben wir eine Testklasse:

```
49
50  public class Preisberechnung
51  {
52      public static void main(String[] args)
53      {
54          Produkt prod[] = new Produkt[3];
55          prod[0] = new Produkt_A(100.34, 39.00, 3);
56          prod[1] = new Produkt_B(59.99, 50);
57          prod[2] = new Produkt_A(59.99, 50.00, 4.6);
58
59          double summe = 0.0;
60          for(Produkt p : prod)
61              summe = summe + p.getPreis();
62          System.out.printf("Preis aller Produkte = %1.2f Euro", summe);
63      }
64  }
```

Ausgabe

```
Preis aller Produkte = 721,41 EUR
```

In Abhängigkeit des konkreten Objektes führt der Aufruf von `getPreis()` die zugehörige Preisbestimmung aus. Mit der abstrakten Klasse `Produkt` können Sie beliebig viele verschiedene Produkte erzeugen. Alle diese Produkte sind in einem gemeinsamen Feld vom Typ der abstrakten Klasse `Produkt` speicherbar. Erst durch das Anlegen konkreter Produkte legen Sie den jeweiligen Produkttyp fest. In vielen praktischen Anwendungen hat dieses Vorgehen große Vorteile. Mit der abstrakten Klasse `Produkt` besitzen wir einen allgemeinen Datentyp, der an andere Konstruktoren oder Methoden übergebbar ist.

Die Zusammenfassung

1. Eine *abstrakte Klasse* ist eine spezielle Klasse, die als Strukturelement innerhalb einer Vererbungshierarchie dient. Von abstrakten Klassen sind per Definition keine Objekte dieser Klassen erzeugbar.

2. In einer abstrakten Klasse sind abstrakte Methoden definierbar, die nur die Signatur, nicht aber den Rumpf mit der konkreten Implementierung enthalten.

3. Abstrakte Klassen und abstrakte Methoden werden mit dem Schlüsselwort `abstract` gekennzeichnet. In einer abstrakten Methode steht anstelle der geschweiften Klammern mit den auszuführenden Anweisungen ein Semikolon.

4. Abstrakte Klassen sind Oberklassen, von denen konkrete Unterklassen ableitbar sind. In diesen Unterklassen ist die konkrete Implementierung aller abstrakten Methoden zu definieren.

5. In abstrakten Klassen gilt das Liskovsche Substitutionsprinzip:

   ```
   Abstrakte Klasse a = new KonkreteKlasse();
   ```

   Anstelle eines Objektes der Oberklasse ist immer ein Objekt der davon abgeleiteten Klasse einsetzbar.

6. Die Objektorientierten Programmierparadigmen stellen die folgenden Prinzipien dar:

   - **Single-Responsibility-Prinzip (SRP):** Das Prinzip der eindeutigen Verantwortlichkeit besagt, dass jede Klasse eine fest definierte Aufgabe zu erfüllen hat. Die Klasse besitzt ausschließlich Methoden, die zu dieser Aufgabe beitragen.
   - **Interface-Segregation-Prinzip (ISP):** Das Prinzip der Schnittstellenaufteilung besagt, dass zu große Schnittstellen in mehrere Schnittstellen aufzuteilen sind. Eine Klasse sollte nur die Methoden besitzen, die sie für ihre Aufgabe auch benötigt.

- **Open-Closed-Prinzip (OCD):** Das Prinzip der Offen- und Verschlossenheit besagt, dass eine Klasse offen für Erweiterungen, aber geschlossen für Änderungen ist. Die Vererbung ist im Sinne des Open-Closed-Prinzips, da sie eine Klasse nicht ändert.
- **Liskov-Substitution-Prinzip (ISP):** Das Prinzip der Ersetzbarkeit besagt, dass ein Modul, welches Objekte einer Oberklasse benutzt, auch mit Objekten der davon abgeleiteten Klasse funktioniert. Die Objekte werden durch Instanzen ihrer jeweiligen Ableitungen ersetzt.

Die Übungen

Aufgabe 15.1 (Klasse Konto) Erstellen Sie eine abstrakte Klasse `Konto` mit den Instanzvariablen `kontonummer` und `kontostand`. Schreiben Sie geeignete Konstruktor und die folgenden Methoden:

- `public int getKontonummer()`
  Rückgabe der Kontonummer.
- `public double getKontostand()`
  Rückgabe des aktuellen Kontostands.
- `public void einzahlen(double betrag)`
  Erhöhen den Kontostand um einen angegeben Betrag.
- `public void auszahlen(double betrag)`
  Verringern den Kontostand um einen angebenen Betrag

Implementieren Sie zwei konkrete Klasse `Privatkonto` mit einem vorgegebenen Auszahlungslimit, einem Überziehungszinssatz und einer jährlichen Guthabenverzinsung, sowie ein `Geschäftskonto` mit einem festgelegten Kreditrahmen mit einem Überziehungszinssatz. Testen Sie die alle Klassen und Methoden in einer Testklasse.

Aufgabe 15.2 (Abstrakte Klasse Maschine) Implementieren Sie eine abstrakte Klasse `Maschine` mit den Instanzvariablen `typ` für den Maschinentyp, `hersteller` für den Herstellernamen und `name` für den Maschinennamen. Die abstrakte Klasse `Maschine` besitzt die folgenden zwei abstrakten Methoden `void bearbeite()` und `int getWartezeit()`. Implementieren Sie einen geeigneten Konstruktor, alle notwendigen Getter- und Settermethoden und eine Methode zur Rückgabe des Hersteller- und Maschinennamens.

Aufgabe 15.3 (Subklassen Maschine) Leiten Sie aus der Klasse `Maschine` die Unterklassen `Schneidemaschine`, `Bohrmaschine`, `Lackiermaschine` und `Poliermaschine` ab. Diese Maschinen tragen dabei einen definierten Bezeichner für den jeweiligen Maschinentyp: `Schneiden`, `Bohren`, `Lackieren`, `Polieren`.

Implementieren Sie anschließend die folgenden zwei konkreten Methoden:

- `public void bearbeite()`
  Bearbeiten eines Werkstückes durch Ausgabe des Herstellernamen und der Bearbeitungsart auf der Konsole, z. B.:
  `Fräser GmbH_DX23: Schneiden einer Platte`
- `public int getWartezeit()`
  Rückgabe einer individuellen Wartezeit (z. B. 5, 8, 10 Zeiteinheiten), die angibt, wie lange der Service braucht, bis er die Wartung beginnt.

Testen Sie alle Klassen und Methoden in einer Testklasse, indem Sie eine dynamische Liste mit den einzelnen Maschinen anlegen.

Wie erstelle ich eine Schnittstelle? Interface

16

Ein Interface ist eine Schnittstelle in Form eines Programmteils, der in Software-systemen zur Kommunikation dient. Interfaces dienen wie abstrakte Klassen als Strukturelemente in einer Klassenhierarchie. Ein Interface wird zum Beschreiben von gemeinsamen Eigenschaften von Klassen verwendet, die nicht in einer Verer-bungshierarchie abbildbar sind. Mit Hilfe des Interface können Klassen eine oder auch mehrere Schnittstellen erben. Auf diesem Weg wird eine Art von Mehrfach-vererbung von Klassen zugelassen.

Abstrakte Klassen und Interface trennen in der objektorientierten Programmie-rung das „Was" vom „Wie". Die abstrakten Klassen und das Interface liefern die Informationen über das „Was". Die konkrete Implementierung definiert die Umset-zung mit dem „Wie".

Unsere Lernziele

- Prinzip und Sinn von Interface verstehen.
- Interface für praktische Anwendungen erstellen.
- Verschiedene Arten von Interface implementieren.

Das Konzept

Ein *Interface* wird zum Beschreiben von Eigenschaften einer Klasse verwendet, die nicht direkt in der normalen Vererbungshierarchie abbildbar sind. Interface sind zentrale Bestandteile zahlreicher objektorientierter Entwurfsmuster, die Programme wesentlich eleganter und übersichtlicher gestalten.

© Springer Fachmedien Wiesbaden GmbH, ein Teil von Springer Nature 2023
S. Dörn, *Java lernen in abgeschlossenen Lerneinheiten*,
https://doi.org/10.1007/978-3-658-39915-3_16

Definition eines Interface

Ein Interface ist eine spezielle Form einer Klasse, die nur Methoden deklariert und Konstanten enthält, ohne die genauen Funktionalitäten zu beschreiben. Ein Interface wird mit dem Bezeichner `interface` deklariert:

```
public interface InterfaceName
{
  public typ methode();
  ...
}
```

Alle Methoden eines Interface sind abstrakt, öffentlich und definieren die Schnittstelle für den Zugriff. Die deklarierten Methoden des Interface geben, wie die abstrakten Methoden, niemals eine Implementierung an. Ein Interface darf im Gegensatz zu einer abstrakten Klasse keinen Konstruktor besitzen. Der Name einer Schnittstelle beginnt in der Regel mit dem Buchstaben I und endet oftmals auf -able, wie beispielsweise `Runable`.

Ein Interface eignet sich gut um Konstanten zu definieren, die viele Klassen verwenden. Jede Klasse, die diese Konstanten benötigt, implementiert dieses Interface:

```
interface IKonstanten
{
  public static final konst1 = 1.2345;
  public static final konst2 = 3.4567;
  ...
}
```

Mit der Implementation des Interface sind diese einzelnen Konstanten ohne vorangestellten Interface-Namen benutzbar.

Implementieren eines Interface

Eine Klasse implementiert ein Interface mit dem Schlüsselwort `implements` mit dem Namen des Interface in der `class`-Anweisung:

```
public class Klassenname implements InterfaceName
{
  public typ methode();
  {
    // Implementierung der Methode
  }
}
```

Alle implementierten Methoden des Interface sind `public`, da die Schnittstellen immer öffentliche Methoden deklarieren. An dieser Stelle ist die Ausdrucksweise wichtig: Klassen werden vererbt und Schnittstellen implementiert. In einem Interface gilt ebenfalls das Liskovsche Substitutionsprinzip:

```
InterfaceName a = new Klassenname();
```

Anstelle des Interface kann immer ein Objekt der implementierten Klasse auftauchen. Der große Vorteil eines Interface ist, dass wir Modulen nicht einen konkreten Datentyp übergeben müssen, sondern nur das dazugehörige Interface. In Abhängigkeit des jeweiligen konkreten Typs wird dann die jeweilige Methode der konkreten Klasse ausgeführt.

Eine Klasse kann mehrere Interfaces implementieren, die Namen werden dabei durch Kommas hinter das Schlüsselwort `implements` angegeben:

```
public class Unterklasse extends Oberklasse implements
IName1, IName2, ...
```

In diesem Fall müssen Sie alle definierten Methoden in den angegebenen Interfaces implementieren. Wenn Konstanten der implementierten Interfaces den gleichen Namen besitzen, muss bei einem Zugriff der zugehörige Interfacename angegeben werden:

```
Interfacename.Konstantenname
```

> **ACHTUNG** Ein großer Fehler ist es Schnittstellen im Nachhinein zu ändern, wenn bereits zahlreiche Klassen die Schnittstelle implementiert haben. In diesem Fall sind alle implementierten Klassen fehlerhaft. Wenn Sie eine Schnittstelle erweitern möchten, definieren Sie eine neues Interface mit weiteren Operationen. In Java wird dies beispielsweise durch Hinzufügen einer 2 an den alten Schnittstellennamen erledigt.

Ein Interface kann selbst auch abgeleitet werden. Die implementierende Klasse muss dann alle Methoden von allen übergeordneten Interfaces implementieren.

Interface Cloneable
Zum Klonen von Objekten ist das Interface `Cloneable` in Zusammenspiel mit der Methode `clone` aus der Oberklasse `Object` verwendbar:

- Die Anweisung `super.clone()` ruft die Methode `clone()` aus `Object` zum elementweisen Kopieren der Daten des aktuellen Objektes auf.

- Implementieren der Schnittstelle `Cloneable`, ansonsten wird eine `CloneNot SupportedException` ausgelöst.

Beispiel 16.1 Wir definieren eine Klasse `Raum`, um einen Raum mit den Attributen Länge und Breite zu beschreiben:

```
 1  class Raum implements Cloneable
 2  {
 3        private double laenge;
 4        private double breite;
 5
 6        public Raum(double l, double b)
 7        {
 8            laenge = l;
 9            breite = b;
10        }
11        public void setLaenge(double l)
12        {
13            laenge = l;
14        }
15
16        // Klonen des Raumes
17        protected Raum clone() throws CloneNotSupportedException
18        {
19            return (Raum) super.clone();
20        }
21        // Ausgabe der Raumdaten
22        public void ausgabeRaum()
23        {
24            System.out.println(laenge + ", " + breite);
25        }
26  }
```

Die Klasse `Raum` implementiert die Schnittstelle `Cloneable` und erstellt eine Methode `clone()` zum Kopieren eines Raum-Objektes. Für das Testen dieser Klassenstruktur schreiben wir eine Testklasse:

```
27
28  public class Klonen
29  {
30        public static void main(String[] args) throws CloneNotSupportedException
31        {
32            // Test 1
33            Raum r1 = new Raum(1,1);
34            Raum r2 = r1;
35            r1.setLaenge(3);
36            r1.ausgabeRaum();
37            r2.ausgabeRaum();
38            System.out.println("--------");
39
40            // Test 2
41            Raum r3 = new Raum(1,1);
42            Raum r4 = r3.clone();
43            r3.setLaenge(3);
44            r3.ausgabeRaum();
45            r4.ausgabeRaum();
46        }
47  }
```

Ausgabe
```
3.0, 1.0
3.0, 1.0
```

```
3.0, 1.0
1.0, 1.0
```

Im ersten Fall wird das Raum-Objekt durch das Gleichheitszeichen nicht kopiert, sodass sich Änderungen des einen Objektes auf das andere auswirken. Erst durch das Kopieren mit der Methode `clone()` wird eine Kopie erzeugt.

Die Beispiele

Beispiel 16.2 (Berechnen von Flächen) Wir definieren ein Interface `IFlaeche`, um die Größe unterschiedlicher Objekte, wie beispielsweise Häuser, Tische, usw. zu beschreiben.

```
1 public interface IFlaeche
2 {
3     public double getLaenge();
4     public double getBreite();
5 }
```

Das Interface enthält zwei Schnittstellenmethoden `getLaenge()` und `getBreite()` für die Länge und Breite von Objekten. Mit diesem Interface verhindern wir eine unnatürliche Ableitungshierarchie der zugehörigen Objekte.

Wir schreiben im Nachfolgenden zwei Klassen `Haus` und `Tisch`, die das Interface `IFlaeche` implementieren und die beiden zugehörigen Methoden mit dem gewünschten Inhalt ausfüllen:

```
 1  class Haus implements IFlaeche
 2  {
 3      private double laenge;
 4      private double breite;
 5
 6      public Haus(double laenge, double breite)
 7      {
 8          this.laenge = laenge;
 9          this.breite = breite;
10      }
11
12      public double getLaenge()
13      {
14          return this.laenge;
15      }
16      public double getBreite()
17      {
18          return this.breite;
19      }
20  }
21
22  class Tisch implements IFlaeche
23  {
24      public double getLaenge()
25      {
26          return 2.00;
27      }
28      public double getBreite()
29      {
30          return 1.50;
31      }
32  }
```

Für das Testen dieser Klassenstruktur schreiben wir eine Testklasse:

```
33
34  public class Flaeche
35  {
36      public static double getGesamtFlaeche(IFlaeche obj[])
37      {
38          double summe = 0.0;
39          for(IFlaeche a : obj)
40              summe = summe + a.getLaenge() * a.getBreite();
41          return summe;
42      }
43
44      public static void main(String[] args)
45      {
46          IFlaeche obj[] = new IFlaeche[3];
47          obj[0] = new Haus(15.04, 10.08);
48          obj[1] = new Tisch();
49          obj[2] = new Haus(20.13, 13.87);
50
51          System.out.printf("Fläche aller Objekte = %1.2f FE.", getGesamtFlaeche(obj));
52      }
53  }
```

Ausgabe

```
Fläche aller Objekte = 433,81 FE.
```

Die Klasse Flaeche definiert eine statische Methode getGesamtFlaeche() zum Bestimmen der Grundfläche aller Objekte im Array obj vom Typ IFlaeche.

Beispiel 16.3 (Nachbilden von Funktionszeigern) Eine nützliche Anwendung von Interfaces ist das Prinzip der Übergabe einer Funktion als Argument an eine Methode. Wir definieren hierzu ein Interface IFunktion mit der Deklaration einer Methode getWert().

```
1  interface IFunktion
2  {
3      public double getWert(double wert);
4  }
```

Wir schreiben zwei Klassen Exp und Sqrt, die das Interface IFunktion implementieren und die Methoden mit dem gewünschten Inhalt ausfüllen:

```
1  class Exp implements IFunktion
2  {
3      public double getWert(double wert)
4      {
5          return Math.exp(wert);
6      }
7      public String toString()
8      {
9          return "Exponentialfunktion";
10     }
11 }
12
13 class Sqrt implements IFunktion
14 {
15     public double getWert(double wert)
16     {
17         return Math.sqrt(wert);
18     }
19     public String toString()
20     {
21         return "Wurzelfunktion";
22     }
23 }
```

Für das Testen des Funktionszeigers schreiben wir eine Testklasse, die eine Wertetabelle für eine beliebige Funktion ausgibt.

```
24
25 public class WerteTabelle
26 {
27     public static void schreibeTabelle(IFunktion fkt)
28     {
29         System.out.println(fkt.toString() + ": ");
30         for(double x = 0.0; x <= 5.0; x++)
31             System.out.printf(" %f %f\n", x, fkt.getWert(x));
32     }
33
34     public static void main(String[] args)
35     {
36         schreibeTabelle(new Exp());
37         schreibeTabelle(new Sqrt());
38     }
39 }
```

Durch den Aufruf einer Methode `schreibeWertetabelle()` mit einem konkreten Übergabeobjekt vom Typ `IFunktion` erhalten wir die Wertetabelle dieser Funktion.

Ausgabe
```
Exponentialfunktion:
0,000000  1,000000
1,000000  2,718282
2,000000  7,389056
3,000000  20,085537
4,000000  54,598150
5,000000  148,413159

Wurzelfunktion:
0,000000  0,000000
1,000000  1,000000
2,000000  1,414214
3,000000  1,732051
4,000000  2,000000
5,000000  2,236068
```

Die Zusammenfassung

1. Ein *Interface* ist wie eine abstrakte Klasse ein Strukturelement in einer Klassenhierarchie. Ein Interface wird verwendet, wenn Eigenschaften einer Klasse beschrieben werden, die nicht direkt in der normalen Vererbungshierarchie stehen.

2. Die Vererbung beschreibt „ist-eine"-Relation und ein Interface „hat-ein"-Relation.

3. Eine Klasse implementiert ein Interface mit dem Schlüsselwort `implements` mit dem Namen aller Interfaces in der `class`-Anweisung:

   ```
   public class Unterklasse extends Oberklasse
   implements IName1, IName2, ...
   ```

4. Mit jedem implementierten Interface wird eine Klasse zu dem dadurch definierten Datentyp kompatibel. Eine Klasse die n Interfaces implementiert, ist dann zu $n+1$ Datentypen kompatibel.

5. Abstrakte Klassen und Schnittstellen deklarieren beide Operationen, deren konkrete Implementierung erst später erfolgt. Die Unterschiede liegen in den folgenden Bereichen:

   - Klassen können beliebig viele Schnittstellen implementieren, aber nur eine Klasse ist durch Vererbung ableitbar.

- Nachträgliche Änderungen an den Schnittstellen führen zu Inkompatibilitäten in allen Klassen, die diese Schnittstellen implementieren.
- Schnittstellen implementieren im Gegensatz zu abstrakten Klassen keine Funktionalitäten. Damit können durch Schnittstellen gewisse Redundanzen im Programmcode auftreten, weil alle Klassen, die das Interface implementieren, ggf. den gleichen Code nutzen, um eine Methode des Interfaces zu implementieren.
- Ein vererbtes Objekt ist gleichzeitig ein Objekt der Oberklasse mit allen vererbten Attributen und Eigenschaften. Ein implementiertes Objekt besitzt nur den Zugriff auf andere Objekte.

6. Eine Vererbung ist in der Regel einer Schnittstelle vorzuziehen. Schnittstellen sollten dann benutzt werden, wenn Objekte aus verschiedenen Klassenhierarchien stammen oder eine gewisse Querschnittfunktionalität zu implementieren ist.

Weitere nützliche Befehle

Ein Interface zum paarweisen Vergleich von Objekten ist das Interface Comparable des Pakets java.lang:

```
public interface Comparable
{
    public int compareTo(Object o);
}
```

Mit diesem Interface Comparable können beliebige Arten von Objekten (z. B. Strings) verglichen werden, solange alle das Interface Comparable implementieren. Die Methode compareTo() liefert genau dann einen Wert kleiner 0, wenn das Objekt „kleiner", größer 0, wenn es „größer" und gleich 0, wenn es „gleich" dem als Argument übergebenen Objekt ist.

Die Übungen

Aufgabe 16.1 (Produktverwaltung, Entwurfsmuster Dekorierer) Ein Unternehmen benötigt eine Software für das Verwalten von verschiedenen Arten von Produkten. Jedes dieser Produkte wird dabei mit oder ohne Serviceleistungen angeboten. Implementieren Sie ein Softwarepaket, das bestehende Klassen mit Zusatzfunktionalitäten flexibel erweitert:

- Interface IProdukt: Interface mit zwei deklarierten Methoden getPreis() für die Rückgabe des Produktpreises und getMerkmale() für die Ausgabe der Produktmerkmale.

- Produktklassen: Verschiedene Arten von Produktklassen mit sinnvollen Instanzvariablen/Konstruktoren, die das Interface IProdukt implementieren.

- Klasse Produkte: Klasse zum Verwalten einer dynamischen Produktliste mit zwei Methoden getPreis() für die Rückgabe des Gesamtpreises und getMerkmale() für die Ausgabe aller Produktmerkmale.

- Klasse Service: Klasse, die das Interface IProdukt implementiert und ein Produkt mit einer Serviceleistung (Konsolenausgabe einer passenden Zeichenkette) ausstattet.

Implementieren Sie eine Testklasse zum Testen der obigen Klassenstruktur an ausgewählten Testbeispielen:

```
Schrauben der Länge 6,00 LE
Schrauben der Länge 10,00 LE
Box = [5,00, 5,00, 5,00]
Box = [1,00, 2,00, 5,00]
Schrauben der Länge 6,00 LE mit Serviceleistungen
Box = [2,00, 2,00, 2,00] mit Serviceleistungen
Gesamtpreis: 232,30 EUR
```

Aufgabe 16.2 (Maschinenwartung, Entwurfsmuster Strategie) Für eine Produktionsanlage besteht die Aufgabe eine austauschbare Wartungsstrategie für eine Maschine zu implementieren. Das Ziel ist das Verhalten der Maschine flexibel an die zu nutzende Strategie anzupassen, ohne dass die zugehörigen Wartungsalgorithmen fest implementiert sind. Auf diesem Weg wird eine gute Wiederverwendbarkeit der Algorithmen und die Übersichtlichkeit des Codes gewährleistet. Erstellen Sie für dieses Projekt das folgende Softwarepaket:

- Interface IStrategie: Interface für die Wartungsstrategie mit einer deklarierten Methoden public int algorithmus(int alter) für die Rückgabe des Wartungsintervalls.

- Klasse Maschine: Definition einer Maschine mit den Instanzvariablen modell für den Modellbezeichner, baujahr für das Maschinenbaujahr und strategie für die zugehörige Wartungsstrategie. Diese Klasse besitzt zudem die folgenden Methoden:
  - String getMerkmale()

    Rückgabe der Maschinenmerkmale
  - void setStrategie(IStrategie strategie)

    Setzen einer Wartungsstrategie
  - int getWartungsintervall()

    Rückgabe des Wartungsintervalls

- Wartungsstrategien: Verschiedene Arten von Wartungsstrategieklassen, die das Interface `IStrategie` implementieren, und die mit Hilfe des übergebenen Parameters `alter` verschiedene Wartungsintervalle berechnen.

Implementieren Sie eine Testklasse zum Testen der obigen Klassenstruktur an ausgewählten Testbeispielen.

Wie wende ich ein Entwurfsmuster an? Objektorientierte Entwurfsmuster

17

In der objektorientierten Programmierung existieren für viele Entwicklungsschritte spezielle Muster zum Implementieren von Software. Diese objektorientierten Entwurfsmuster sind bewährte Lösungsvorschläge für bestimmte Aufgabengebiete. Das Ziel ist bereits gewonnene Erkenntnisse aus der objektorientierten Modellierung wiederzuverwenden.

Objektorientierte Entwurfsmuster sind nicht auf eine bestimmte Programmiersprache beschränkt. Diese Muster beruhen vor allem auf den Konzepten der Vererbung und der Polymorphie. Mit diesen Prinzipien lässt sich die Flexibilität der Softwarearchitektur erhöhen und den Code verständlicher und wartungsfreundlicher gestalten. Durch das hohe Abstraktionsniveau dieser Entwurfsmuster sind wir in der Lage große Softwarepakete zielsicher und effizient zu planen.

Unsere Lernziele

- Prinzip und Sinn von Entwurfsmustern verstehen.
- Objektorientierte Analyse mit Entwurfsmustern durchführen.
- Entwurfsmuster in praktischen Anwendungen implementieren.

Das Konzept

Mit objektorientierten Entwurfsmustern (Design Patterns) übertragen wir das Prinzip einer grundlegenden Lösung auf Probleme ähnlicher Art. Ein Beispiel ist das Entwurfsmuster des Adapters. Sie benötigen einen Adapter für das Anschließen eines elektrisches Gerätes mit einem deutschen Stecker an eine amerikanische Steckdose. Dieses Prinzip des Adapters übertragen Entwurfsmuster auf Softwaresysteme. Eine vorhandene Software besteht dabei aus einer großen Anzahl unterschiedlicher Klas-

© Springer Fachmedien Wiesbaden GmbH, ein Teil von Springer Nature 2023
S. Dörn, *Java lernen in abgeschlossenen Lerneinheiten*,
https://doi.org/10.1007/978-3-658-39915-3_17

sen. Leider passt die Schnittstelle der einen Klasse nicht zu der Schnittstelle der anderen. Mit dem Entwurfsmuster des Adapters verbinden wir zwei Schnittstellen, sodass zwei Objekte in der Lage sind Nachrichten auszutauschen.

Arten von Entwurfsmustern

In dem Buch „Design Patterns Elements of Reusable Object-Oriented Software" stellten die vier Autoren Erich Gamma, Richard Helm, Ralph Johnson und John Vlissides – die sogenannte Viererbande – die grundlegendsten 23 Muster vor. Diese Muster haben sich dadurch zum allgemeinen Sprachgebrauch der Programmierer verfestigt, um viele Probleme abstrakt zu modellieren. Die objektorientierten Entwurfsmuster lassen sich in die folgenden drei Kategorien unterteilen:

- **Strukturmuster** beschreiben wie sich Klassen zusammensetzen. Die Strukturmuster haben die Aufgabe, die einzelnen Teile geeignet zu größeren Einheiten zusammenzubringen.

- **Verhaltensmuster** beschreiben wie Klassen und Objekte zusammenarbeiten. Das Verhaltensmuster hat die Aufgabe einen Prozess zu entwickeln, bei der sich Objekte gegenseitig über ihren Zustand informieren.

- **Erzeugungsmuster** beschreiben wie Objekte erzeugbar sind. Das Verhaltensmuster hat die Aufgabe das Erzeugen von speziellen Methoden auszulagern.

Jedes Entwurfsmuster besteht aus einem zu lösenden Problem, einem abstrakten Lösungsprinzip und gewissen Implementierungsdetails.

Anwendung von Entwurfsmustern

Objektorientierte Entwurfsmuster wenden wir in der Programmierpraxis wie folgt an:

1. **Klassifizieren:** Das gegebene Problem wird in die drei verschiedenen Musterkategorien des Struktur-, Verhaltens- oder Erzeugungsmusters eingeordnet.

2. **Musterauswahl:** Ein passendes Entwurfsmuster wird aus der Menge der vorhandenen Entwurfsmuster der jeweiligen Kategorie ausgewählt.

3. **Anpassen:** Das abstrakte Lösungsprinzip des ausgewählten Musters wird für die konkrete Problemstellung angepasst.

4. **Implementieren:** Der objektorientierte Modellrahmen wird in einer konkreten Programmiersprache implementiert.

5. **Dokumentation:** Die konkrete Umsetzung mit der Klassenstruktur erfolgt in einem übersichtlichen Klassendiagramm.

Objektorientierte Entwurfsmuster dürfen keinen Selbstzweck besitzen. Ein Muster ist dann sinnvoll, wenn es den Softwareentwicklern einen Mehrwert in Form von Flexibilität und Wiederverwendbarkeit bringt. Für die meisten Muster sind zusätzliche

Klassen oder Interfaces notwendig. Keinesfalls sollte Sie viele verschiedene Muster in einer relativ kleinen Anwendung benutzen, da damit ein unnötig aufgeblähtes System entsteht.

In den folgenden Beispielen stellen wir oft verwendete Entwurfsmuster aus den oben beschriebenen drei Kategorien vor. Für jedes der ausgewählten Muster betrachten wir ein konkretes Implementierungsbeispiel. Zwei weitere Entwurfsmuster haben Sie bereits in der Übungsaufgabe zum Thema Interface kennengelernt.

Die Beispiele

Beispiel 17.1 (Adapter) In der Softwaretechnik passt das Adapter-Muster (Adapter Pattern) eine vorhandene unpassende Schnittstelle mit einer Adapterklasse an die gewünschte Form an. Mit diesem Adapter können existierende Klassen mit inkompatiblen Schnittstellen ohne weitere Änderungen zusammenarbeiten.

Vorhanden ist eine Klasse ZuAdaptierendeKlasse, welche die gewünschte Funktionalität mit einer unpassenden Schnittstelle bereitstellt (siehe Abb. 17.1). Wir definieren einen Adapter mit einem Interface IZiel, das die vorgegebene Aufrufschnittstelle der Anwendung TestAdapter definiert. Die Klasse Adapter passt die Schnittstelle zwischen der Anwenderklasse TestAdapter und der zu adaptierenden Klasse ZuAdaptierendeKlasse an.

In dem folgenden Beispiel lesen wir Artikeldaten von einer CSV-Datei ein. Die Klasse ZuAdaptierendeKlasse ist bereits vorhanden, passt jedoch nicht zur neuen Anwendung. Um die Klasse kompatibel zu machen, schreiben wir eine Klasse Adapter.

- Klasse Artikel: Vorhandene Hilfsklasse zum Speichern von Name und Nummern der Artikeldaten.

Abb. 17.1 Strukturmuster
des Adapter

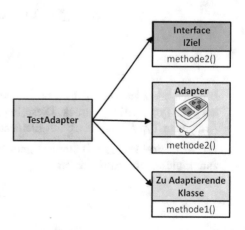

```
1  import java.io.File;
2  import java.io.FileNotFoundException;
3  import java.util.ArrayList;
4  import java.util.Scanner;
5
6  class Artikel
7  {
8      private String name;
9      private String nummer;
10
11     public Artikel(String name, String nummer)
12     {
13         this.name   = name;
14         this.nummer = nummer;
15     }
16     public void ausgabe()
17     {
18         System.out.println("Artikel " + name + " mit Nummer " + nummer);
19     }
20 }
```

- **Klasse ZuAdaptierendeKlasse**: Vorhandene Klasse zum Auslesen von Artikeldaten aus einer CSV-Datei.

```
21  class ZuAdaptierendeKlasse
22  {
23      public ArrayList<String []> leseDatei(String file)
24      {
25          ArrayList<String []> artikel = new ArrayList<String[]>();
26          try
27          {
28              File datei = new File(file);
29              Scanner in = new Scanner(datei);
30              while (in.hasNextLine())
31              {
32                  String string = in.nextLine();
33                  String name[] = string.split(";");
34                  if (name.length >= 2)
35                      artikel.add(new String[] {name[0], name[1]});
36              }
37              in.close();
38          }
39          catch (FileNotFoundException e)
40          {
41              System.out.println("Datei ist nicht vorhanden");
42          }
43          return artikel;
44      }
45  }
```

Die Methode leseDatei() gibt ein Array vom Typ ArrayList mit Elementen vom Typ String zurück. Diese Implementierung ist inkompatibel, da ein Array vom Typ ArrayList mit Elementen vom Typ Artikel notwendig ist.

- **Interface IZiel**: Definition eines Interface als Schnittstelle aller Klassen zum Einlesen von Artikeldaten.

```
1  import java.util.ArrayList;
2
3  public interface IZiel
4  {
5      public ArrayList<Artikel> leseArtikel();
6  }
```

Die Methode `leseArtikel()` hat die Aufgabe ein Array vom Typ `ArrayList` mit Elementen vom Typ `Artikel` zurückzugeben.

- Klasse `Adapter`: Adapter für die Klasse `ZuAdaptierendeKlasse` die durch Implementierung des Interface `IZiel` erstellt wird.

```
46  class Adapter implements IZiel
47  {
48      private String file;
49
50      public Adapter(String file)
51      {
52          this.file = file;
53      }
54      public ArrayList<Artikel> leseArtikel()
55      {
56          ZuAdaptierendeKlasse zA      = new ZuAdaptierendeKlasse();
57          ArrayList<String []> artikel = zA.leseDatei(file);
58
59          ArrayList<Artikel> artikelVector = new ArrayList<Artikel>();
60          for(String name[] : artikel)
61              artikelVector.add(new Artikel(name[0], name[1]));
62
63          return artikelVector;
64      }
65  }
```

Das Einlesen der Artikeldaten erfolgt durch die vorhandene Klasse `ZuAdaptierendeKlasse`. Danach werden die erhaltenen Daten so aufbereitet, dass sie auf die Schnittstelle des Anwenders passen.

- Klasse `TestAdapter`: Der Anwender ließt eine csv-Datei mit Artikeldaten mit Hilfe der Klasse `Adapter` ein und gibt diese auf der Konsole aus.

```
66  public class TestAdapter
67  {
68      public static void main (String[] args) throws FileNotFoundException
69      {
70          IZiel adapter              = new Adapter("Artikel.csv");
71          ArrayList<Artikel> artikel = adapter.leseArtikel();
72          for (Artikel a : artikel)
73              a.ausgabe();
74      }
75  }
```

Ausgabe

`Artikel Schraube mit Nummer HS1234b`

`Artikel Mutter mit Nummer TI3456c`

Mit einem Adapter erweitern wir eine Software mit zusätzlicher Funktionalität in Form einer neuen Schnittstelle. Auf diesem Weg stellen wir eine effiziente Kommunikation zwischen zwei unabhängigen Softwarekomponenten sicher. Sinnvoll kann es für Anwendungen sein, mehrere Adapter zu erstellen.

Beispiel 17.2 (Fassade) Viele Softwaresysteme bestehen aus mehreren miteinander interagierenden Subsystemen. Um den Zugriff auf dieses System zu erleichtern, wird eine sogenannte Fassade (Facade Pattern) erzeugt, die häufig verwendete Komponenten zusammenfasst. Diese Fassade bietet dem Anwender eine einheitliche und vereinfachte Schnittstelle auf die Klassen des Subsystems an. Die Fassade versteckt die einzelnen Details der internen Struktur eines Subsystems. Damit muss sich der Anwender nicht mehr mit den konkreten Details beschäftigen. Der Aufbau eines Subsystems ist auf diesem Weg veränderbar, ohne dass der Anwender sein Programm modifizieren muss. Jederzeit besteht zudem die Möglichkeit ohne die Fassade auf die einzelnen Komponenten des Systems zuzugreifen.

Gegeben ist eine Menge von verschiedenen Subsystemen mit den Klassen `Subsystem1`, `Subsystem2`, usw. Die Klasse `Fassade` stellt eine Schnittstelle zu den Subsystemen her (siehe Abb. 17.2). Der Anwender `TestFassade` legt ein Objekt der Klasse `Fassade` an, um Methoden dieser Klasse aufzurufen. Dieser Aufruf leitet die Fassade an die Objekte der Subsysteme weiter, und die Subsystemklassen liefern auf umgekehrten Weg die Ergebnisse an den Anwender zurück.

Als Beispiel betrachten wir die Verwaltung von Lagern mit einer Fassade. Diese Lager stellen die Subsystemklassen dar und die Klasse `Fassade` implementiert eine Schnittstelle zum Entnehmen und Hinzufügen gleich vielen Teile aus dem Lager. Weitere Fassadenklassen könnten andere Zugriffsmöglichkeiten auf die Lager implementieren.

Abb. 17.2 Strukturmuster der Fassade

- **Klasse Lager1** und **Klasse Lager2**: Repräsentation von zwei Lagern in Form von verschiedenen Subsystemklassen.

```
 1 class Lager1
 2 {
 3      private int anzahl = 0;
 4      public void aufstocken(int n)
 5      {
 6          anzahl = anzahl + n;
 7          System.out.println("Das Lager 1 wird um " + anzahl + " Stück aufgestockt.")
 8      }
 9      public void entnehmen(int n)
10      {
11          anzahl = anzahl - n;
12          System.out.println("Dem Lager 1 wird um " + anzahl + " Stück entnommen.");
13      }
14 }
15
16 class Lager2
17 {
18      private int anzahl = 0;
19      public void aufstocken(int n)
20      {
21          anzahl = anzahl + n;
22          System.out.println("Das Lager 2 wird um " + anzahl + " Stück aufgestockt.")
23      }
24      public void entnehmen(int n)
25      {
26          anzahl = anzahl - n;
27          System.out.println("Dem Lager 2 wird um " + anzahl + " Stück entnommen.");
28      }
29 }
```

- **Klasse Fassade**: Implementierung einer Fassade zum Entnehmen und Aufstocken von Lagerteilen aus allen Lagern mit den Methoden entnehmen() und aufstocken().

```
30 class Fassade
31 {
32      private Lager1 lager1;
33      private Lager2 lager2;
34
35      public Fassade()
36      {
37          lager1 = new Lager1();
38          lager2 = new Lager2();
39      }
40      public void aufstocken(int anzahl)
41      {
42          System.out.println("Der Bestand aller Lager wird aufgestockt:");
43          lager1.aufstocken(anzahl);
44          lager2.aufstocken(anzahl);
45      }
46      public void entnehmen(int anzahl)
47      {
48          System.out.println("Zur Produktion werden allen Lager Teile entnommen:");
49          lager1.entnehmen(anzahl);
50          lager2.entnehmen(anzahl);
51      }
52 }
```

- Klasse TestFassade: Anwender legt ein Objekt der Klasse Fassade zum Verwalten der Lager an.

```
53 public class TestFassade
54 {
55     public static void main (String[] args)
56     {
57         Fassade fassade = new Fassade();
58         fassade.aufstocken(20);
59         fassade.entnehmen(10);
60         fassade.aufstocken(5);
61     }
62 }
```

Ausgabe
Der Bestand aller Lager wird aufgestockt:
Das Lager 1 wird um 20 Stück aufgestockt.
Das Lager 2 wird um 20 Stück aufgestockt.
Zur Produktion werden allen Lager Teile entnommen:
Dem Lager 1 wird um 10 Stück entnommen.
Dem Lager 2 wird um 10 Stück entnommen.
Der Bestand aller Lager wird aufgestockt:
Das Lager 1 wird um 15 Stück aufgestockt.
Das Lager 2 wird um 15 Stück aufgestockt.

Eine Fassade definiert eine Schnittstelle auf ein. Softwaresystem für einen vereinfachten Zugriff auf die Funktionalität von verschiedenen Subsystemen. Mit verschiedenen Fassadenklassen entsteht ein flexibler Austausch von losen Systemen, die in beliebiger Form veränderbar sind.

Beispiel 17.3 (Schablone) Eine Schablone ist ein ausgeschnittenes Muster zum Herstellen gleichartiger Dinge. In der Softwaretechnik ist eine Schablone (Template Method Pattern) ein Entwurfsmuster zur Definition eines Grundgerüsts eines Algorithmus mit den einzelnen Operationen. In einer Basisklasse legen wir dazu die allgemeine Struktur eines Algorithmus fest. Die variablen Teile implementiert der Anwender in speziellen Unterklassen. Auf diesem Weg ist ein Algorithmus in verschiedenen Ausprägungen implementierbar.

In einer abstrakten Klasse AbstrakteKlasse definieren wir in einer Schablonenmethode schablonenmethode() mit verschiedenen abstrakten Einschubmethoden einschubmethode1(), einschubmethode2(), usw. das Grundgerüst eines Algorithmus (siehe Abb. 17.3). Die Schablonenmethode schablonenmethode() enthält dabei so viel identischen Code wie möglich. Eine Reihe von verschiedenen konkreten Subklassen KonkreteKlasse1, KonkreteKlasse2, usw. legen die spezifischen Schritte des Algorithmus in den

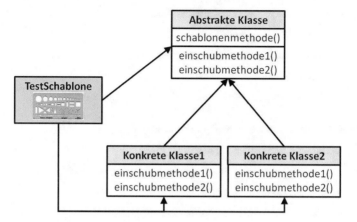

Abb. 17.3 Verhaltensmuster der Schablone

konkreten Einschubmethoden fest. Mit dieser Implementierung realisiert jede Unterklasse eine andere Variante des Basisalgorithmus.

Wir demonstrieren die Schablone an einem einfachen Grundgerüst mit zwei konkreten Klassen.

- Klasse AbstrakteKlasse: Abstrakte Klasse mit Schablonenmethode schablonenmethode() und abstrakter Schablonenmethoden einschubmethode1() und einschubmethode2().

```
 1 abstract class AbstrakteKlasse
 2 {
 3     public void schablonenmethode()
 4     {
 5         System.out.println("Grundgerüst des Algorithmus");
 6         einschubmethode1();
 7         einschubmethode2();
 8     }
 9     abstract protected void einschubmethode1();
10     abstract protected void einschubmethode2();
11 }
```

- Klasse KonkreteKlasse1 und KonkreteKlasse2: Subklassen mit den jeweiligen konkreten Einschubmethoden.

```
12 class KonkreteKlasse1 extends AbstrakteKlasse
13 {
14     protected void einschubmethode1()
15     {
16         System.out.println("Spezieller Teil 1 des Algorithmus 1");
17     }
18     protected void einschubmethode2()
19     {
20         System.out.println("Spezieller Teil 2 des Algorithmus 1");
21     }
22 }
23 class KonkreteKlasse2 extends AbstrakteKlasse
24 {
25     protected void einschubmethode1()
26     {
27         System.out.println("Spezieller Teil 1 des Algorithmus 2");
28     }
29     protected void einschubmethode2()
30     {
31         System.out.println("Spezieller Teil 2 des Algorithmus 2");
32     }
33 }
```

- Klasse TestSchablone: Anwender ruft die Schablonenmethode
  schablonenmethode() auf, welche die jeweilige konkrete Einschubme-
  thode verwendet.

```
34 public class TestSchablone
35 {
36     public static void main (String args[])
37     {
38         KonkreteKlasse1 algo1 = new KonkreteKlasse1();
39         algo1.schablonenmethode();
40
41         KonkreteKlasse2 algo2 = new KonkreteKlasse2();
42         algo2.schablonenmethode();
43     }
44 }
```

Ausgabe

```
Grundgerüst des Algorithmus
Spezieller Teil 1 des Algorithmus 1
Spezieller Teil 2 des Algorithmus 1
Grundgerüst des Algorithmus
Spezieller Teil 1 des Algorithmus 2
Spezieller Teil 2 des Algorithmus 2
```

Mit Hilfe einer Schablone sind verschiedene Arten von Algorithmen mit mehreren identischen Arbeitsschritten effizient implementierbar. Der Grundalgorithmus
ist dann im Groben ohne die Details festlegbar, was eine gute Wiederverwendbarkeit
sicher stellt.

Die Zusammenfassung

1. Ein Entwurfsmuster ist ein von einer Programmiersprache unabhängiger Lösungs-ansatz mit zentralen Eigenschaften. Die genaue Implementierung bleibt hingegen dem Nutzer des Entwurfsmusters überlassen.

2. Objektorientierte Entwurfsmuster (Design Patterns) sind bewährte Lösungsmus-ter für Probleme, die in Softwaresystemen immer wieder auf eine bestimmte Art und Weise auftreten.

3. Die Wiederverwendbarkeit und Übersichtlichkeit dieser Muster spielen eine wich-tige Rolle zur Lösung von komplizierten Problemen.

4. Die objektorientierten Entwurfsmuster lassen sich in die drei Kategorien Struk-turmuster, Verhaltensmuster und Erzeugungsmuster gliedern.

5. Jedes Entwurfsmuster besteht aus einem zu lösenden Problem, einem abstrakten Lösungsprinzip und gewissen Implementierungsdetails.

6. Eine zentrale Aufgabe ist die Auswahl eines passenden Musters zu einem vor-handenen Problem.

Die Übungen

Aufgabe 17.1 (Adapter) Implementieren Sie in einer Klasse `Sortieren` den BubbleSort Algorithmus zum Sortieren eines Arrays von Gleitkommazahlen. Schrei-ben Sie für die folgenden Aufgaben einen zugehörigen Adapter mit passenden Inter-face:

- Sortieren eines Array mit ganzen Zahlen.

- Sortieren einer dynamischen Liste mit Gleitkommazahlen.

- Zeilenweises Sortieren eines zweidimensionalen Arrays mit Gleitkommazahlen.

Testen Sie alle Adapter in einer passenden Testklasse.

Aufgabe 17.2 (Fassade) Implementieren Sie eine digitale Plattform eines Bestell-systems, auf der ein Kunde der Plattform gewisse Produkte bestellen kann. Jedes Produkt besteht aus einer Menge von Komponenten, die von mehreren Zuliefern oder Servicepartnern produziert und geliefert werden. Entwickeln Sie eine Fassaden-klasse, um die komplette Bestellprozedur in diesem Prozess zu verbergen. Jede Kom-ponente soll dazu beispielsweise eine Methode `fertige()` und `versende()` enthalten. Simulieren Sie den gesamten Bestellprozess eines Anwenders durch geeig-nete Ausgabetexte.

Weiterführende Programmierkonzepte

18

In diesem Abschnitt besprechen wir einige wichtige weiterführende Programmierkonzepte in Java:

- Exception: Strukturierte Behandlung von Laufzeitfehlern
- Pakete: Gliedern von Klassen in Pakete
- Enum: Datentypen mit konstanten Wertebereichen
- Hüllklassen: Wrapper-Klassen für elementare Datentypen

Exception

Die Exception (Ausnahme) stellt ein Verfahren zum strukturierten Behandeln von Laufzeitfehlern dar. Beispiele sind das Nichtauffinden einer Datei, eine Division durch Null oder ein Array-Zugriff außerhalb der Grenzen. Bei dieser Fehlerbehandlung wird der Fehler in Form einer Exception abgefangen, an eine andere Stelle im Programm weitergereicht und dort auf die gewünschte Art und Weise behandelt. Mit dem Trennen von Fehlerauslöser und Fehlerbehandlung gestaltet sich der Quellcode wesentlich übersichtlicher.

Ablauf einer Exception-Behandlung

Eine Exception ist ein Objekt, das Attribute und Methoden für die Klassifikation und Behandlung eines Fehlers enthält. Die Behandlung einer Exception beginnt mit dem Auftreten eines Laufzeitfehlers. Das Abfangen von Exceptions besteht aus zwei Blöcken, die mit den Schlüsselwörtern `try` und `except` einzuleiten sind. Der `try`-Block überwacht das Auftreten von Exceptions in dem auszuführenden Code. Auf

© Springer Fachmedien Wiesbaden GmbH, ein Teil von Springer Nature 2023
S. Dörn, *Java lernen in abgeschlossenen Lerneinheiten*,
https://doi.org/10.1007/978-3-658-39915-3_18

einen `try`-Block folgen ein oder mehrere `except`-Blöcke, die auf unterschiedliche
Art und Weise die verschiedenen Fehlertypen behandeln.

```
try
{
    // Überwachen der Anweisungen
}
catch(ExceptionTyp1 e)
{
    // Fehlerbehandlung 1
}
catch(ExceptionTyp2 e)
{
    // Fehlerbehandlung 2
}
catch(ExceptionTyp3 e)
{
    // Fehlerbehandlung 3
}
```

Beim Auftreten einer Exception im `try`-Block unterbricht das Programm sofort
seine Abarbeitung. Anschließend prüft der Compiler der Reihe nach alle `catch`-
Klauseln. Hierbei wird die erste übereinstimmende Klausel ausgewählt und die
zugehörige Fehlerbehandlung durchgeführt. Wenn keine `catch`-Klausel mit dem
Exception-Typ übereinstimmt, bricht das Programm mit einer Fehlermeldung ab.
Um mehrere Ausnahmen auf einmal aufzufangen, sind die Exception-Typen E1,
E2, ... durch einen Schrägstrich als logisches Oder zu trennen:

```
try
{
    ...
}
catch (E1 | E2 | ... | En e)
```

Jedes Exception-Objekt besitzt die Methode `String getMessage()` zur Rückgabe eines Fehlertextes.

Beispiel 18.1 Wir demonstrieren eine Exception-Behandlung an der Methode
`Integer.parseInt()` zum Umwandeln einer Zeichenkette in eine Zahl:

```
 1  public class ExceptionBehandlung
 2  {
 3      public static void main(String[] args)
 4      {
 5          String s = "10+";
 6          try
 7          {
 8              int zahl = Integer.parseInt(s);
 9              System.out.printf("Zahl = %d\n", zahl);
10          }
11          catch (NumberFormatException e)
12          {
13              System.out.println("NumberFormatException abgefangen, Fehlertyp: " + e.getMessage());
14          }
15          catch (IndexOutOfBoundsException e)
16          {
17              System.out.println("IndexOutOfBoundsException abgefangen, Fehlertyp: " + e.getMessage());
18          }
19          catch (Exception e)
20          {
21              System.out.println("Exception abgefangen, Fehlertyp: " + e.getMessage());
22          }
23      }
24  }
```

Ausgabe
NumberFormatException abgefangen, Fehlertyp: For input
string: "10+"

Allgemeine Erklärung
Die Methode Integer.parseInt() löst bei einer fehlerhaften Eingabe eine
Exception vom Typ NumberFormatException aus. Das Programm wählt in
der Ausnahmebehandlung die erste catch-Klausel aus.

▶   **ACHTUNG** Eine allgemeine Exception vom Typ Exception e darf
    immer nur als letzte Klausel stehen, da ansonsten alle nachfolgenden
    Klauseln unerreichbar sind. Bei einem Verstoß gegen diese Regel gibt der
    Compiler einen Syntaxfehler aus. Es ist in der Regel nicht sinnvoll, einen
    leeren catch-Block zu verwenden, da hier der Fehler nur unterdrückt
    wird.

Beim sofortigen Beenden der Methoden werden weitere wichtige Anweisungen (z. B.
Schließen einer Datei) nicht mehr ausgeführt. Für das Ausführen von Abschlussar-
beiten wird an den try-catch-Block ein finally-Block angehängt:

```
try
{
    // Code der Anweisungen überwacht
}
catch (Exception e)
{
    // Code der Fehler behandelt
}
```

```
finally
{
   // Code der immer ausgeführt wird
}
```

Der finally-Block wird in den folgenden Fällen aufgerufen:

- Das Ende des try-Blocks ist erreicht.
- Eine Ausnahme ist aufgetreten, die durch eine catch-Klausel behandelt wurde.
- Eine Ausnahme ist aufgetreten, die nicht durch eine catch-Klausel behandelt wurde.
- Der try-Block wird durch eine Sprunganweisung verlassen.

Weitergabe einer Exception

Eine Exception können Sie entweder an der ausgelösten Stelle behandeln (catch) oder in einem Objekt mit der Fehlerinformation weiterreichen (throw). Die Weitergabe einer Exception erfolgt am Ende des Methodenkopfs mit Hilfe des Schlüsselwortes throws mit einer Liste aller Ausnahmen:

```
public rueckgabetyp methodenname(...) throws
ExceptionTyp
```

Wenn eine Ausnahme eintritt, wird der Fehler an den Aufrufer der Methode weitergegeben und in den umgebenden try-catch-Blöcken behandelt.

Beispiel 18.2 Wir betrachten eine Exception-Behandlung bei einer Division durch null:

```
 1  public class ExceptionBehandlung
 2  {
 3      public static double division(double zaehler, double nenner) throws Exception
 4      {
 5          if(nenner == 0.0)
 6              throw new Exception("Division durch null!");
 7          else
 8              return zaehler/nenner;
 9      }
10
11      public static void main(String[] args)
12      {
13          double zaehler = 2;
14          double nenner  = 0;
15          try
16          {
17              double bruch = division(zaehler, nenner);
18              System.out.println(zaehler + " : " + nenner + " = " + bruch);
19          }
20          catch (Exception e)
21          {
22              System.out.println("Exception abgefangen: " + e.getMessage());
23          }
24      }
25  }
```

Ausgabe

Exception abgefangen: Division durch null!

Allgemeine Erklärung

- Zeile 3–9: Die Methode division() erkennt den unzulässigen Nenner, erzeugt eine Exception und gibt diese mit throw an die aufrufende Methode weiter. Dem Exception-Konstruktor wird dazu ein Fehlermeldungstext("Division durch null!") übergeben.

- Zeile 11–24: Der Aufruf von division() befindet sich im try-Block mit einer catch-Klausel, der eine Exception vom Typ Exception abfängt.

Wenn wir in der Methode division() nur die return-Anweisung schreiben, erhalten wir die Ausgabe 2.0 : 0.0 = Infinity.

▶ TIPP In der folgenden Form können Sie eine eigene Exception erstellen:

```
class MeineException extends Exception
{
  public MeineException()
  {
    super("Ein Fehler ist aufgetreten");
  }
}
```

Diese Exception besitzt nur einen Konstruktor, der mittels der `super()`-Anweisung den Konstruktor der Klasse `Exception` aufruft und den gewünschten Fehlertext übergibt.

Pakete

Pakete sind Strukturelemente, die eine Menge von Klassen für einen gemeinsamen Verwendungszweck zusammenfassen. Das Ziel von Paketen liegt im sauberen Strukturieren von großen Programmsystemen. In Java gehört jede Klasse zu einem Paket, wie beispielsweise die Klasse `File` zum Paket `java.io` oder die Klasse `Arrays` zum Paket `java.util.Arrays` gehört. Für das Verwenden einer Klasse müssen Sie das zugehörige Paket mit Hilfe der `import`-Anweisung einbinden:

```
import paket.Klasse;
import paket.*;
```

Der erste Befehl bindet die angegebene Klasse und der zweite Befehl alle Klassen des angegebenen Paketes ein.

Um eine Klasse in einem Paket zuzuordnen, ist als erste Zeile im Programm die folgende Anweisung mit dem Schlüsselwort `package` und dem Namen des Paketes zu schreiben:

```
package paketname;
```

Der Name eines Paketes besteht stets aus Kleinbuchstaben. Falls Sie keine `package`-Anweisung angeben, wird standardmäßig das `default`-Paket verwendet. Die Klassen dieses Paketes sind in diesem Fall ohne `import`-Anweisung verwendbar.

Beispiel 18.3 Wir erstellen zwei Pakete, `paket1` mit den beiden Klassen `Klasse1` und `Klasse2` sowie das Paket `paket2` mit der Klasse `Klasse3`:

- Paket `paket1` mit `Klasse1`:

```
1  package paket1;
2
3  public class Klasse1
4  {
5      public Klasse1()
6      {
7          System.out.println("Klasse 1");
8      }
9  }
```

- Paket `paket1` mit `Klasse2`:

```
1  package paket1;
2
3  public class Klasse2
4  {
5      public Klasse2()
6      {
7          System.out.println("Klasse 2");
8      }
9  }
```

- Paket `paket2` mit `Klasse3`:

```
1  package paket2;
2
3  public class Klasse3
4  {
5      public Klasse3()
6      {
7          System.out.println("Klasse 3");
8      }
9  }
```

- Testklasse zur Verwendung der definierten Pakete:

```
1  import paket1.*;
2  import paket2.*;
3
4  public class TestPakete
5  {
6      public static void main(String[] args)
7      {
8          new Klasse1();
9          new Klasse2();
10         new Klasse3();
11     }
12 }
```

Ausgabe
```
Klasse 1
Klasse 2
Klasse 3
```

Im Ergebnis haben wir damit zwei Unterverzeichnisse `paket1` und `paket2` mit den jeweiligen zugehörigen Klassen.

▶   **ACHTUNG** Beachten Sie, dass eine Klasse eine andere Klasse nur dann
    einbinden kann, wenn entweder die beiden Klassen dem gleichen Paket
    angehören oder die einzubindende Klasse `public` ist.

Aufzählungstyp Enum

In praktischen Anwendungen finden sich häufig Datentypen mit einem kleinen konstanten Wertevorrat. Beispiele dafür sind Wochennamen, Monatsnamen oder Anredeformen. In Java können Sie diese Art von Datentypen mit dem Schlüsselwort `enum` definieren:

```
enum Typname {wert1, wert2, ..., wertn};
```

Mit diesen

Mit dieser Deklaration definieren wir einen Datentyp `Typname` mit dem Wertevorrat `wert1, wert2, ..., wertn`. Der Zugriff auf die Parameterwerte erfolgt mit dem `Typname`, gefolgt von einem Punkt und dem jeweiligen Wertenamen:

```
Typname.wert1
Typname.wert2
...
```

Die einzelnen Aufzählungstypen sind Klassen und ihre Werte sind Objekte in Form von statischen Konstanten vom Typ `enum`. Die Aufzählungstypen besitzen eine Reihe nützlicher Eigenschaften:

- `toString()`: Umwandeln des Wertes in Klartext.
- `values()`: Array mit allen Werten.
- `equals()`: Test auf Gleichheit.

Beispiel 18.4 Das folgende Programm wandelt Notenbezeichnungen in Notenwerte um:

```
 1 public class Enum
 2 {
 3     enum Note {sehr_gut, gut, befriedigend, ausreichend, mangelhaft};
 4
 5     public static void main(String[] args)
 6     {
 7         System.out.printf("Anzahl der Elemente: %d\n", Note.values().length);
 8         for(Note note : Note.values())
 9         {
10             int wert = 0;
11             switch(note)
12             {
13                 case sehr_gut:    wert = 1; break;
14                 case gut:         wert = 2; break;
15                 case befriedigend: wert = 3; break;
16                 case ausreichend: wert = 4; break;
17                 case mangelhaft:  wert = 5; break;
18             }
19             System.out.printf("%s = %d\n", note, wert);
20         }
21     }
22 }
```

Ausgabe
```
Anzahl der Elemente: 5
sehr_gut = 1
gut = 2
befriedigend = 3
ausreichend = 4
mangelhaft = 5
```

Allgemeine Erklärung

- Zeile 3: Definition eines Aufzählungstyps Note mit fünf verschiedenen Werten.

- Zeile 7: Bestimmen der Anzahl der Werte von Note mit der Anweisung values().length.

- Zeile 8–20: Durchlaufen des Wertevorrates von Note und Bestimmen des zugehörigen numerischen Wertes mit einer switch-Anweisung.

Hüllklassen

Für jeden einfachen Datentyp existiert eine sogenannte Hüllklasse (Wrapper-Klasse) zum Speichern der Werte dieses Datentyps:

Einfacher Datentyp typ	Hüllklasse Typ
boolean	Boolean
char	Character
byte	Byte
short	Short
int	Integer
long	Long
float	Float
double	Double

Mit diesen Hüllklassen sind die Werte von Variablen als Objekte ansprechbar. Diese Hüllklassen besitzen eine ganze Reihe von hilfreichen Methoden:

- `static Typ valueOf(typ var)`: Erzeugen von Hüllobjekten des Wertes eines einfachen Datentyps, z. B.

  `Double obj = Double.valueOf(wert);`

- `typ typValue()`: Rückgabe des umhüllten Wertes des angegebenen Datentyps typ, z. B.

  `double var = obj.doubleValue();`

- `static typ parseTyp(String s)`: Umwandeln einer Zeichenkette s in Zahlen, z. B.

  `double wert = Double.parseDouble(s)`

- `boolean equals(Object obj)`: Vergleichen des Hüllobjektes mit obj, liefert true, falls obj vom Typ der Hüllklasse ist und denselben Wert umhüllt.

- `String toString()`: Liefert den Wert des Hüllobjektes als Zeichenkette.

- `static char toLowerCase(char c)`: Umwandeln eines Buchstabens in Kleinbuchstaben.

- `static char toUpperCase(char c)`: Umwandeln eines Buchstabens in Großbuchstaben.

- Für die Hüllklassen Integer und Long existieren die Methoden zum Erzeugen einer Stringdarstellung von zahl als Dual-, Oktal- bzw. Hexadezimalzahl:

  `static String toBinaryString(typ zahl)`
  `static String toOctalString(typ zahl)`
  `static String toHexString(typ zahl)`

- Numerische Konstanten `MIN_VALUE` und `MAX_VALUE` für `byte`, `short`, `int`, `long`, `float` oder `double`, z. B.

```
double min = Double.MIN_VALUE;
double max = Double.MAX_VALUE;
```

Die Klassen `Float` und `Double` besitzen die Konstanten `NaN` (Not a Number) sowie `NEGATIVE_INFINITY` und `POSITIVE_INFINITY`, die bei Division negativer bzw. positiver Zahlen durch 0 entstehen.

Anhang

A.1 Java-Schlüsselwörter

`abstract`	Deklaration abstrakter Klassen und Methoden
`assert`	Prüfen den Wahrheitsgehalt einer als wahr angenommenen Bedingung
`boolean`	Java-Datentyp für boolesche Werte
`break`	Herausspringen aus Schleifen oder der `switch`-Anweisung
`byte`	Java-Datentyp für 1-Byte-Zahl
`case`	Auswahl der Fälle in der `switch`-Anweisung
`catch`	Ausnahmebehandlung bei Exception-Behandlung
`char`	Java-Datentyp für Schriftzeichen und 2-Byte-Zahl
`class`	Deklaration einer Klasse
`continue`	Erzwingen des Endes der aktuellen Schleifeniteration
`default`	Ausführungspfad in einer `switch`-Anweisung für keine `case`-Klausel
`do`	Teil einer do while-Schleife
`double`	Java-Datentyp für 8-Byte-Zahl
`else`	Teil einer `if else`-Anweisung
`enum`	Definition eines Aufzählungstyps
`extends`	Angabe der Oberklasse bei der Klassendeklaration
`final`	Definition eines Wertes als Konstante
`finally`	Ausführungsblock bei Exception-Behandlung
`float`	Java-Datentyp für 4-Byte-Zahl
`for`	Definition einer Schleife
`if`	Bedingte Anweisung
`implements`	Implementierung einer Schnittstelle
`import`	Einbinden von Klassen aus anderen Paketen
`instanceof`	Überprüfung der Referenz auf ein Objekt einer bestimmten Klasse
`int`	Java-Datentyp für 4-Byte-Zahl
`interface`	Deklaration einer Schnittstelle
`long`	Java-Datentyp für 8-Byte-Zahl
`native`	Modifikator für Methoden einer anderen Sprache

© Springer Fachmedien Wiesbaden GmbH, ein Teil von Springer Nature 2023
S. Dörn, *Java lernen in abgeschlossenen Lerneinheiten*,
https://doi.org/10.1007/978-3-658-39915-3

new	Erzeugung eines neuen Objektes
package	Deklaration eines Paketes
private	Variable oder Methode ist nur innerhalb der Klasse verwendbar
protected	Variable und Methode sind in untergeordneten Klassen verwendbar
public	Klasse, Methode und Variable sind beliebig verwendbar
return	Anweisungen für den Rücksprung aus einer Methode
short	Java-Datentyp für 2-Byte-Zahl
static	Variable und Methode gehören zu einer Klasse und nicht zu einem Objekt
strictfp	Beschränken der Verarbeitungsfähigkeit von sehr großen/sehr kleinen Zahlen
super	Aufruf des Konstruktors der Vaterklasse
switch	Auswahlanweisung, die mehrere Ablaufpfade enthält
synchronized	Synchronisation eines Threads
this	Referenz auf das eigene Objekt, Aufruf eines Konstruktors
throw	Auswerfen einer Ausnahme bei Exception
throws	Auflistung der Ausnahmen bei einer Exception-Behandlung
transient	Serialisieren von Objekten
try	Ausnahmeblock bei einer Exception-Behandlung
void	Methode besitzt keinen Rückgabewert
volatile	Kennzeichnen eines Datenfeldes, das von mehreren Threads verändert wird
while	Definition einer Schleife

A.2   Wichtige Klassenbefehle

public class System.out: Ausgabe

void println(String s)	Ausgabe des Strings s mit Zeilenumbruch
void println()	Ausgabe einer neuen Zeile
void printf(formstring, vliste)	Formatierte Ausgabe einer Variablenliste vliste

public class Math: Mathematische Funktionen

double E	Eulersche Zahl e
double PI	Kreiszahl π
long round(double a)	Kaufmännisches Runden einer Zahl a
double ceil(double a)	Aufrunden einer Zahl a auf die nächstgrößere ganze Zahl
double floor(double a)	Abrunden einer Zahl a auf die nächstkleinere ganze Zahl
double abs(double a)	Betrag des Wertes von a
double max(double a, double b)	Maximum von a und b
double min(double a, double b)	Minimum von a und b
double sin(double a)	Sinus von a im Bogenmaß
double cos(double a)	Kosinus von a im Bogenmaß
double tan(double a)	Tangens von a im Bogenmaß
double asin(double a)	Arkussinus von a im Bogenmaß
double acos(double a)	Arkuskosinus von a im Bogenmaß
double atan(double a)	Arkustangens von a im Bogenmaß

```
double sinh(double a)            Sinus Hyperbolicus von a im Bogenmaß
double cosh(double a)            Kosinus Hyperbolicus von a im Bogenmaß
double tanh(double a)            Tangens Hyperbolicus von a im Bogenmaß
double roDegrees(double a)       Wandelt die Zahl a in Grad um
double roRadians(double a)       Wandelt die Zahl a in Bogenmaß um
double sqrt(double a)            Quadratwurzel von a
double exp(double a)             Exponentialfunktion zur Basis e hoch a
double log(double a)             Natürlicher Logarithmus der Zahl a zur Basis e
double log10(double a)           Logarithmus der Zahl a zur Basis 10
double pow(double a, double b)   Potenz von a hoch b
double random()                  Zufallszahl zwischen 0 und 1
```

public class String: Zeichenketten

int	length()	Bestimmt die Anzahl der Zeichen
char	charAt(int i)	Bestimmt das i-te Zeichen
String	substring(int i, int j)	Bestimmt den Substring vom i-ten bis (j-1)-ten Zeichen
boolean	contains(String s)	Prüft, ob der String s als Teilstring vorkommt
boolean	startsWith(String s)	Prüft, ob der String s als Anfang vorkommt
boolean	endsWith(String s)	Prüft, ob der String s als Ende vorkommt
int	indexOf(String s)	Bestimmt den Index des ersten Vorkommens von s
int	indexOf(String s, int i)	Bestimmt den Index des ersten Vorkommens von s nach i
String	concat(String s)	Hängt an den aktuellen String den String s an
int	compareTo(String s)	Vergleicht den aktuellen String mit dem String s
boolean	equals(String t)	Vergleicht den aktuellen String mit dem String s
String[]	split(String s)	Aufspalten der Zeichenkette bei allen Strings s
String	toLowerCase()	Wandelt die Zeichenkette in Kleinbuchstaben um
String	toUpperCase()	Wandelt die Zeichenkette in Großbuchstaben um
String	trim()	Entfernt alle Whitespace-Zeichen

A.3 API-Dokumentation

Die zentrale Informationsquelle zum Programmieren in Java ist die offizielle API-Dokumentation von Oracle:

http://docs.oracle.com/javase/10/docs/api/

In Eclipse kann mit den Tasten Shift + F2 die eingebettete API-Dokumentation angesehen werden.

Die aktuelle Java Klassenbibliothek besitzt mehr als 200 verschiedene Pakete, wovon die wichtigsten die folgenden sind:

Paket	Beschreibung
java.awt	Ausgabe von Grafiken, Erstellung von grafischen Bedienoberflächen
java.awt.event	Behandlung von Ereignissen unter grafischen Oberflächen
java.io	Ein- und Ausgabe für Zugriff auf Dateien
java.lang	Automatisch eingebunden für String-, Thread- und Wrapper-Klassen
java.net	Kommunikation über Netzwerke
java.text	Behandlung von Text, Formatierung von Datumswerten und Zahlen
java.util	Datenstrukturen, Zufallszahlen, Raum und Zeit
javax.swing	Swing-Komponenten für grafische Oberflächen

Ausgewählte Pakete
java.io

Klassen	Beschreibung
BufferedInputStream	Gepufferter Eingabestream
BufferedOutputStream	Gepufferter Ausgabestream
BufferedReader	Gepuffertes Einlesen von Text aus einem Stream
BufferedWriter	Gepuffertes Schreiben von Text in einen Stream
Console	Schreiben und Lesen von Konsole
File	Sequentieller Zugriff auf Dateien
FileInputStream	Eingabestream aus einer Datei
FileOutputStream	Ausgabestream in eine Datei
FileReader	Lesen von Text aus einer Datei
FileWriter	Schreiben von Text in eine Datei
PrintWriter	Formatierte Ausgabe von Objekten
RandomAccessFile	Wahlfreier Zugriff auf eine Datei
StringReader	Lesen von Zeichen aus String
StringWriter	Schreiben von Zeichen in einem StringBuffer

javax.swing

Klassen	Beschreibung
ButtonGroup	Gruppierung von Auswahlelementen
ImageIcon	Klasse für Icons
JApplet	Klasse für Applets
JButton	Schalter zum Klicken
JComboBox	Kombinationsfeld
JFrame	Klasse für Fenster
JLabel	Beschriftung für Komponenten
JList	Liste von Items
JMenu	Popup-Menü
JMenuBar	Menüleiste
JMenuItem	Einzelner Menüeintrag
JRadioButton	Radiobutton
JOptionPane	Dialoge
JPanel	Container für andere Komponenten
JScrollBar	Bildlaufleisten
JScrollPane	Komponente mit automatischen Bildaufleisten
JTextArea	Komponente mit editierbarem, mehrzeiligem Text
JTextField	Komponente mit editierbarer Textzeile
UIManager	Look-And-Feel Manager

java.util

Klassen	Beschreibung
Arrays	Sortieren, Suchen, Vergleichen, Füllen von Arrays
ArrayDeque	Dynamische Datenstruktur einer Warteschlange
ArrayList	Dynamische Datenstruktur einer Liste
Calendar	Konvertieren von Datumsobjekten
Collections	Sortier- und Suchalgorithmen
Date	Datum und Zeit
DateFormat	Formatieren von Datumsanzeigen
HashMap	Dynamische Datenstruktur einer Hashtabelle
HashSet	Dynamische Datenstruktur einer Menge
Hashtable	Dynamische Datenstruktur einer Hashtabelle
Iterator	Durchlaufen von Collections-Objekten
LinkedList	Dynamische Datenstruktur einer Liste
PriorityQueue	Dynamische Datenstruktur einer Prioritätswarteschlange
Random	Erzeugung von Zufallszahlen
Scanner	Einlesen und Parsen von Eingabezeilen
Stack	Dynamische Datenstruktur eines Stacks
StringTokenizer	Zerlegung von Strings in Teilstrings (Tokens)
TreeMap	Dynamische Datenstruktur einer Hashtabelle
TreeSet	Dynamische Datenstruktur einer geordneten Menge
Vector	Dynamische Datenstruktur eines Vektors

java.lang

Klassen	Beschreibung
Boolean	Wrapper-Klasse für boolean
Byte	Wrapper-Klasse für byte
Character	Wrapper-Klasse für char
Class	Typen in der Laufzeitumgebung
ClassLoader	Klassenlader
ClassValue	Verbindet einen Wert mit einem Klassentyp
Double	Wrapper-Klasse für double
Enum	Aufzählungen
Float	Wrapper-Klasse für float
InheritableThreadLocal	Verbindet Werte mit einem Thread
Integer	Wrapper-Klasse für int
Long	Wrapper-Klasse für long
Math	Numerische Operationen
Number	Basisklasse für numerische Typen
Object	Basisklasse aller Java-Klassen
Package	Informationen eines Java-Pakets
Process	Kontrolle extern gestarteter Programme
ProcessBuilder	Optionen für externes Programm bestimmen
Runtime	Klasse mit diversen Systemmethoden
RuntimePermission	Rechte mit Laufzeiteigenschaften
SecurityManager	Sicherheitsmanager
Short	Wrapper-Klasse für short
StackTraceElement	Element für den Stack-Trace
StrictMath	Numerische Operationen strikt gerechnet
String	Zeichenketten
StringBuffer	Dynamische Zeichenketten
StringBuilder	Dynamische threadsichere Zeichenketten
System	Diverse Klassenmethoden
Thread	Nebenläufige Programme
ThreadGroup	Gruppieren von Threads
ThreadLocal	Verbinden von Werten mit einem Thread
Throwable	Basistyp für Ausnahmen
Void	Spezieller Typ für void-Rückgabe

A.4   Importieren von Projekten und Paketen

Importieren von Projekten

Das Importieren von selbsterstellten Projekten in den aktuellen Workspace wird in Eclipse wie folgt durchgeführt:

1. Auswahl des Menüs **File → Import**
2. Auswahl des Eintrags **General → Existing Project into Workspace → Next.**
3. Auswahl des gewünschten Projektes in **Select root directory**
4. Drücken auf **Finish**

Importieren von Paketen

Für viele Aufgaben finden Sie im Internet bereits fertige Programmpakete mit Klassen und Methoden. Das Hinzufügen von externen Java Paketen in Eclipse wird wie folgt durchgeführt:

1. Positionierung des Mauszeigers auf dem Projektordner im **Package-Explorer.**
2. Drücken der rechten Maustaste.
3. Auswahl des Menüpunktes **Properties.**
4. Auswahl des Punktes **Java Build Path.**
5. Auswahl des Reiters **Libraries.**
6. Klicken auf den Button **Add External JARs....**
7. Auswahl des jeweiligen Paketes.
8. Klicken auf den Button **OK.**

Erstellen von JAR-Files

- **Jar-File:** Projektordner markieren → Rechte Maustaste → Export → Java → JAR file → Next → Einstellungen vornehmen.
- **Ausführbare Jar-Files:** Projektordner markieren → Rechte Maustaste → Export → Java → Runnable JAR file → Next → Einstellungen vornehmen. ätzliche Ressourcen wie beispielsweise Bilder sind in einem separaten Ordner zu speichern und mit der Methode `getClass().getResource("/ordner/"+ name)` einzubinden.

A.5 Codierungsregeln

1. **Groß- und Kleinschreibung beachten:** Schreiben Sie Variablen- und Methodennamen klein und Klassennamen mit einem Großbuchstaben. Für die bessere Lesbarkeit sollten Sie alle Wortanfänge im Namen groß schreiben. Konstanten bestehen in der Regel vollständig aus Großbuchstaben.
2. **Aussagekräftige Variablennamen:** Benennen Sie Variablen, Methoden und Klassen mit konsistenten, aussagekräftigen, aussprechbaren und unterscheidbaren Namen. Verwenden Sie kurze Verben oder Verben plus Substantive für Methodennamen (z. B. `schreibeDaten()`) und prägnante (beschreibende) Substantive für Klassennamen (z. B. `FirmenKonto`).
3. **Übersichtliche Klammersetzung:** Von großer Bedeutung ist die vernünftige Einrückung des Programmtextes. Schreiben Sie öffnende und schließende Klammern in einem Codeblock zur besseren Lesbarkeit untereinander. Durch die korrekte Einrückung des Codes sparen Sie viel Zeit bei der Suche nach vermeidbaren Fehlern.

4. **Fehleranfällige Konstrukte vermeiden:** Verwenden Sie in Ihrem Programm-code keine genialen Programmiertricks, die nur sehr schwer nachzuvollziehen sind. Gestalten Sie logische Aussagen ohne Negationen auf die einfachste Art und Weise. Stark verschachtelte Kontrollanweisungen sind zu vermeiden, da diese schwer zu testen und zu verstehen sind.

5. **Leerstellen und Leerzeilen einfügen:** Für die bessere Lesbarkeit sollten Sie jede Anweisung in eine neue Zeile schreiben. Jede Zeile im Code stellt einen Ausdruck und jede Gruppe von Zeilen einen vollständigen Gedanken dar. Wie Absätze in Artikeln sollten Sie diese durch eine Leerzeile trennen. Verwenden Sie Leerstellen, um Anweisungen übersichtlicher zu gestalten, beispielsweise mit einem Leerzeichen vor und nach dem Gleichheitszeichen.

6. **Werte mit Variablen anlegen:** Viele Programme enthalten Codezeilen, bei der feste Zahlengrößen miteinander verrechnet werden. Diese Werte können sich im Laufe der Zeit durch neue Anforderungen verändern. Legen Sie unbedingt für jeden Wert in einem Programm eine eigene Variable an, damit Sie später keine Zeit zum Suchen und Auswechseln der Werte verschwenden müssen. Mehrfach verwendete Werte sind außerdem schwer zu finden, sodass vergessene Änderungen den Programmcode fehlerhaft machen. Definieren Sie die notwendigen Variablen eng bei dem Ort der Verwendung.

7. **Eine Aufgabe pro Methode:** Vermeiden Sie große und unstrukturierte Programme, da diese unübersichtlich und schwer wartbar sind. Sie erhalten keinen guten Code, wenn Sie nur Unmengen von Anweisungen aneinanderreihen. Die wichtigste Aufgabe beim Programmieren besteht darin, Aufgaben in kleine Teilaufgaben zu zerlegen. Schreiben Sie für jede dieser einzelnen Aufgaben eine Methode (ca. 20–100 Zeilen).

8. **Duplizierende Codezeilen sind verboten:** Vermeiden Sie unbedingt beim Programmieren das Kopieren und Duplizieren von Codezeilen. Unterteilen Sie sich wiederholende Teilaufgaben in passende Hilfsmethoden mit geeigneten Übergabeparametern. Das Hauptprogramm sollte so weit wie möglich nur die einzelnen Unterprogramme aufrufen.

9. **Geringe Anzahl von Methodenargumenten:** Die Anzahl von Argumenten in Methoden sollte so gering wie möglich sein, um aufwendige Testfälle zu umgehen. Vermeiden Sie Methoden mit mehr als drei Argumenten, sodass sie ggf. Argumente zu Instanzvariablen befördern. Wenn eine Methode ein Eingabeargument transformiert, sollte das Ergebnis den Rückgabewert darstellen. Verwenden Sie möglichst keine verkomplizierenden Flag-Argumente mit `true` oder `false`, sondern teilen Sie die Methode in zwei separate auf.

10. **Strukturierter Aufbau von Quelldateien:** Der Code in einer Klasse sollte wie eine Erzählung von oben nach unten lesbar sein. Schreiben Sie zusammengehörige Fakten stets eng beieinander. Im oberen Teil der Quelldatei sollten die Instanzvariablen und die wichtigsten Konzepte stehen. Die Detailtiefe nimmt nach unten hin zu, wobei am Ende die Hilfsmethoden stehen. Sinnvoll ist es, hinter jede Methode die Methode auf der nächsttieferen Abstraktionsebene zu schreiben. Die aufrufende Methode sollte möglichst über der aufgerufenen

Methode stehen. Typischerweise sollte die Größe einer Datei nicht 500 Zeilen überschreiten.

11. **Objektorientiert programmmieren:** In der objektorientierten Programmierung werden Programme durch eine Menge von interagierenden Elementen erstellt. Fassen Sie zusammengehörige Daten und die darauf arbeitende Programmlogik in eine Klasse zusammen. Schränken Sie die Sichtbarkeit von Variablen ein, sodass keine Fehlanwendungen möglich sind. Erstellen Sie passende Schnittstellen mit Getter- und Setter-Methoden für die Rückgabe und Veränderungen einzelner Variablen. Benutzen Sie geeignete Programmierparadigmen und Entwurfsmuster zur Modellierung von flexiblen und wiederverwendbaren Klassen.

12. **Jedes Objekt eine Klasse:** Jede Klasse sollte nur eine Verantwortlichkeit und nur einen einzigen Grund zur Änderung besitzen. Teilen Sie eine Klasse auf, wenn diese mehrere Verantwortlichkeiten hat oder gewisse Methoden nur bestimmte Variablen benutzen. Erstellen Sie eine Klasse in der Form, dass diese möglichst mit wenigen anderen Klassen zusammenarbeitet, um das gewünschte Verhalten zu erreichen. Jede Klasse sollte eine überschaubare Anzahl von Instanzvariablen besitzen.

13. **Angemessene Kommentierung:** Für die Verständlichkeit des Codes muss dieser ausreichend und einheitlich kommentiert sein. Ausdrucksfähiger Code mit wenigen Kommentaren ist besser als komplizierter Code mit vielen Kommentaren. Kommentieren Sie keinen schlechten Code, sondern schreiben Sie diesen um. Benutzen Sie für Kommentare eine korrekte Grammatik mit sorgfältig gewählten Wörtern. Eine gute Kommentierung hat die Aufgabe, zu informieren, Absichten zu erklären, Bestandteile zu unterstreichen, vor Konsequenzen zu warnen oder To-do-Vermerke zu erstellen. Auskommentierter Code führt zu unnötiger Verwirrung und ist zu entfernen.

14. **Teamregeln festlegen:** Ein Softwaresystem besteht aus einem Satz von ähnlich aufgebauten Quelldateien mit gleichen Formatierungsregeln. Wenn Sie in einem Team programmieren, legen Sie die zentralen Codierungsregeln für das Team fest: Klammersetzung, Größe der Einrückungen, Bezeichnung der Klassen, Methoden usw. Jedes Mitglied des Teams sollte dann genau diesen Stil benutzen, sodass der gesamte Code konsistent ist.

A.6   Fehlerbehandlung

Syntaxfehler

Syntaxfehler treten bei Fehlern im formalen Aufbau und bei falsch geschriebenen Schlüsselwörtern auf. Diese Fehler werden vom Compiler während der Übersetzung erkannt und das Programm wird nicht kompiliert. Der Compiler gibt in der Regel eine Fehlermeldung, die Fehlerposition und einen erklärenden Text aus, sodass diese Fehler in der Regel schnell zu korrigieren sind, wenn man sich in der jeweiligen Programmiersprache gut auskennt.

Typische Syntaxfehler in der Sprache Java sind die folgenden:

- Bei einzelnen Anweisungen fehlt das Semikolon.
- Klammern sind nicht alle geschlossen.
- Variablen wurden mehrfach oder gar nicht deklariert.
- Schlüsselwörter sind falsch oder großgeschrieben.
- Schreibfehler in selbstdefinierten Variablen- bzw. Methodennamen.
- Werte werden mit einfachen Gleichheitszeichen verglichen.
- Bei statischer Methodendefinition fehlt der `static`-Befehl.
- Globale Variablen sind ohne `static`-Befehl definiert.

Laufzeitfehler

Laufzeitfehler treten nach dem Programmstart während der Programmausführung auf, wobei dann das Programm mit einer Fehlermeldung abbricht. Die Laufzeitfehler sind abhängig von den aktuell bearbeiteten Daten. Hierbei kann es vorkommen, dass ein Programm in 1000 Fällen richtig arbeitet und beim 1001. Fall bei einer anderen Datenkombination mit einem Laufzeitfehler abbricht. Ein besonderes Problem bei der Softwareentwicklung ist die Zusammenstellung geeigneter Testdatensätze, die möglichst alle kritischen Fälle abdecken.

Typische Laufzeitfehler in der Sprache Java sind die folgenden:

- Division durch Null.
- Falscher Formatstring bei der Ausgabe.
- Zugriff auf ein Arrayelement außerhalb des gültigen Bereichs.
- Versuch, Datensätze über das Dateiende hinaus zu lesen.
- Fehlende Dateien, aus denen das Programm Daten beziehen soll.
- Stack Overflow bei einer endlosen Rekursion.

Semantischer Fehler

Semantische oder logische Fehler liegen vor, wenn das Programm ohne Fehler arbeitet, aber falsche Ergebnisse liefert. Ein solcher logischer Fehler kann auf einem einfachen Tippfehler beruhen. In der Regel ist diese Art von Fehler schwierig zu finden. Diese Fehler entstehen durch einen falschen Algorithmus und zwingen manchmal zu einer grundlegenden Umorganisation des Programms. Fehler in der Logik größerer Programme lassen sich durch ein klares Konzept des Programmaufbaus vorbeugen.

Typische semantische Fehler in Java sind die folgenden:

- Tippfehler bei Variablen, Operatoren und Indizes.
- Klammern falsch geschlossen.
- Algorithmische Beschreibung falsch und unvollständig umgesetzt.
- Bei `switch`-Befehl fehlt in den `case`-Anweisungen der `break`-Befehl.
- Semikolon wird hinter einer `if`-Anweisung oder `for`- bzw. `while`-Schleife gesetzt.
- Überschreiben von globalen Variablen durch lokale Variablen.

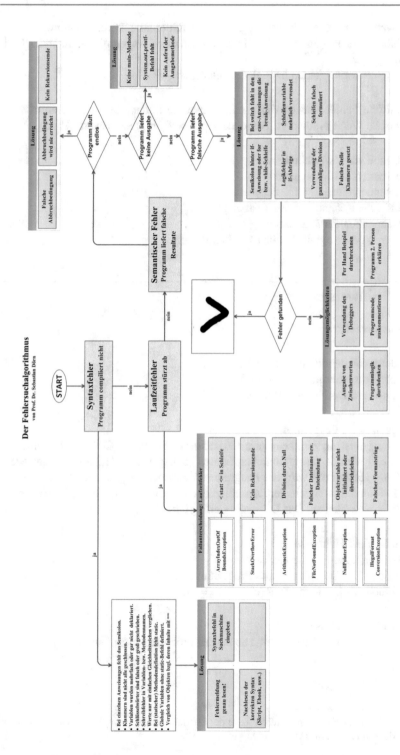

Abb. A.1 Ablaufschema zum Finden von Programmierfehlern

- Verwenden der ganzzahligen Division bzw. fehlerhafte Typumwandlung.
- Fehler in der Programmlogik wie Endlosschleifen wegen nie eintretender End-
  bedingung.
- Vergleich von Objekten bzgl. deren Inhalte mit ==.

Semantische Fehler sind teilweise sehr schwer zu finden, da das Programm läuft,
aber falsche Werte produziert. Folgende Tipps sind empfehlenswert (Abb. A.1):

- Ausgabe von Zwischenwerten
- Verwenden des Debuggers
- Verwenden einfacher Testbeispiele
- Händische Rechnung eines Testbeispiels
- Durchdenken der Programmlogik
- Erklären des Programms einer zweiten Person

A.7   Hinweise zu Eclipse

Tastaturkürzel

- Codevervollständigung: Strg + Leertaste
- Schnellformatierung: Strg + Shift + F
- Online Java-Doc Information: Shift + F2

Debuggen eines Programms
Der Debugger ist ein Werkzeug zum Auffinden von Fehlern in Computersystemen. In
diesem Fall wird der Programmablauf durch selbstgewählte Haltepunkte gesteuert.
Bei einem Haltepunkt wird das Programm bis zu der festgelegten Programmzeile
ausgeführt und dort angehalten. Anschließend zeigt Eclipse die aktuellen Werte der
einzelnen Variablen an. Das Debugging erfolgt durch diese Schritte:

1. Setzen eines Haltepunktes[1]
2. Menüpunkt Run ⇒ Debug ⇒ Yes
3. Schrittweises Durchlaufen des Programms mit F5
4. Abbruch des Debuggings: Rechts oben ⇒ Java

Probleme mit Eclipse
Bei der Arbeit mit Eclipse können ab und zu Probleme auftreten:

---

[1]Maus auf den grauen linken Rand der Zeile des Programmtextes bewegen und Doppelklick mit
linker Maustaste; Entfernen ebenfalls Doppelklick.

- **Dateien werden nicht angezeigt**
  Markieren Sie das Projekt und drücken Sie die rechten Maustaste. Auswahl des Menüpunktes Refresh.
- **Anzeige auf der Konsole: Hauptmethode nicht gefunden**
  Markieren Sie die auszuführende Klasse im Package Explorer und drücken Sie die linke Maustaste. Auswahl des Menüpunktes RunAs $\Rightarrow$ Java-Application.
- **Seltsame Fehlermeldung erscheint**
  Starten Sie das Programm neu. Falls das erfolglos ist, legen Sie ein neues Projekt an und kopieren Sie manuell im Explorer die alten Java-Dateien in den neuen src-Ordner.
- **Ein Fenster ist verschwunden**
  Versehentlich geschlossene Fenster können Sie im Menü Window im Unterpunkt Show View wieder anzeigen lassen.

Literatur

1. D. Abts, *Grundkurs Java*, Springer Vieweg, 2018.
2. B. Burd, *Mit Java programmieren lernen*, Wiley VC, 2014.
3. S. Dörn, S. Stoll, *Digitale Intelligenz: Das Betriebssystem für Digitale Revolutionäre*, Springer, 2021.
4. H. Erlenkötter, *Java*, Rowohlt, 2012.
5. M. C. Feathers, *Effektives Arbeiten mit Legacy Code*, mitp, 2011.
6. D. Louis, P. Müller, *Java 7 - Das Handbuch*, Pearson, 2013.
7. D. Louis, *Java 7*, Pearson, 2013.
8. D. Logofatu, *Grundlegende Algorithmen mit Java*, Vieweg, 2008.
9. H.-P. Habelitz, *Programmieren lernen mit Java*, Galileo Computing, 2012.
10. G. Krüger, *Handbuch der Java-Programmierung*, O'Reilly, 2014.
11. R.C. Martin, *Clean Code – Refactoring, Patterns, Testen und Techniken für sauberen Code*, mitp, 2009.
12. R. Osherove, *The Art of Unit Testing*, mitp, 2015.
13. U. Post, *Besser coden*, Rheinwerk, 2018.
14. D. Ratz, J. Scheffler, D. Seese, J. Wiesenberger, *Grundkurs Programmieren in Java*, Hanser, 2011.
15. R. Schiedermeier, K. Köhler, *Das Java-Praktikum*, dpunkt Verlag, 2011.
16. R. Sedgewick, K. Wayne, *Einführung in die Programmierung mit Java*, Pearson, 2011.
17. G. Saake, K.-U. Sattler, *Algorithmen und Datenstrukturen (in Java)*, dpunkt Verlag, 2012.
18. C. Ullenboom, *Java ist auch eine Insel*, Galileo Computing, 2013.

© Springer Fachmedien Wiesbaden GmbH, ein Teil von Springer Nature 2023   251
S. Dörn, *Java lernen in abgeschlossenen Lerneinheiten*,
https://doi.org/10.1007/978-3-658-39915-3

Stichwortverzeichnis

© Springer Fachmedien Wiesbaden GmbH, ein Teil von Springer Nature 2023
S. Dörn, *Java lernen in abgeschlossenen Lerneinheiten*,
https://doi.org/10.1007/978-3-658-39915-3

Weitere Bücher des Autors

In der dreibändigen Buchreihe „Programmieren für Ingenieure und Naturwissenschaftler" stelle ich Ihnen die Methoden des Programmierens und Algorithmen von ihren Grundlagen bis zu leistungsfähigen Verfahren aus dem Bereich der Künstlichen Intelligenz dar. Eine umfangreiche Auswahl von technischen und naturwissenschaftlichen Anwendungen soll diese Methoden für Sie greifbar machen.

Das Ziel dieser Buchreihe ist es, Ingenieur- oder Naturwissenschaftlern das Programmieren als Schlüsselqualifikation mit zahlreichen Anwendungsmöglichkeiten vorzustellen. Einen großen Wert lege ich auf eine praxisorientierte und verständliche Darstellung mit Hilfe von Schritt-für-Schritt-Anleitungen. Alle vorgestellten Algorithmen besprechen wir von den Grundprinzipien bis zu den Implementierungsdetails. Das Umsetzen von Programmierkonzepten und algorithmischen Verfahren erfolgt in der Programmiersprache Java.

Inhalte:

- Grundbegriffe der Programmierung

- Strukturelle Programmierung

- Entwicklung von Computerprogrammen

- Numerische Algorithmen

- Entwurfsmuster von Algorithmen

- Objektorientierte Programmierung

- Graphische Oberflächen

- Technische und naturwissenschaftliche Anwendungen

Inhalte:

- Anwendungen: Operations Research, Medizinische Informatik, Automatisierungstechnik

- Objektorientierte Entwurfsmuster

- Zentrale Programmierkonzepte

- Suchen

- Graphen und Netze

- Automaten

- Bildverarbeitung

Inhalte:

- Grundlagen der Digitalisierung

- Zentrale Konzepte

- Neuronale Netze

- Bayes-Netze

- Probabilistische Robotik

- Markov-Modelle

- Entwicklungsmethodiken

- Anwendungen: Autonomes Fahren, Kognitive Systeme, Digitale Medizin, Intelligente Roboter, Software-Agenten

- Schritte in die Digitalisierung

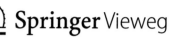

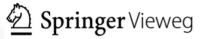

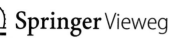

Printed in the United States
by Baker & Taylor Publisher Services